타로카드의
해석:
핍 카드 1

임상훈

타로카드의
해석:
핍 카드 1

2023년 2월 21일 초판 1쇄 인쇄
2023년 2월 28일 초판 1쇄 발행

지은이 임상훈

편집 김동석
펴낸이 임상훈

펴낸곳 서로빛나는숲 **출판등록** 2013년 1월 21일 제2015-000045호
주소 경기도 고양시 덕양구 화중로130번길 16, 314-3호
전화번호 010-2667-9841 **팩스번호** 0504-075-9841
전자우편 radiating.forest@gmail.com **홈페이지** http://www.radiatingforest.com

디자인 김동석 **종이** 한솔PNS
인쇄 및 제본 영신사 **물류** 해피데이

ISBN 978-89-98866-17-4 04180

타로카드의
해석:

핍 카드 1

임상훈

The Interpretation of Tarot: Pip Card 1

서로
빛나는
숲

일러두기

타로카드 총서의 제목들은 다음과 같이 약칭했다.

『타로카드의 상징: 메이저 아르카나』→ 메이저 상징편

『타로카드의 해석: 메이저 아르카나』→ 메이저 해석편

『타로카드의 상징: 코트 카드』→ 코트 상징편

『타로카드의 해석: 코트 카드』→ 코트 해석편

『타로카드의 상징: 핍 카드』→ 핍 상징편

『타로카드의 해석: 핍 카드』→ 핍 해석편

이 책에서 언급한 건강 관련 내용은 어디까지나 개인의 의견이자 대략적인 내용일 뿐,
확실한 진료와 처방은 의사, 약사와 상의해야 한다는 점을 당부드리고자 한다.

머리말

핍 상징편에서 언급했듯이, 핍 카드는 엄밀히 말하면 메이저 카드가 미처 다루지 못하는 세세한 이야기를 보완하는 역할을 한다. 문제는 이를 실제 해석에 활용할 때 각각의 상황, 환경, 시점, 관점의 차이에 따라 같은 의미도 다르게 쓰이는 상황이 잦다는 것이다.

나아가 현대사회의 변화나 기술의 발전 때문에 핍 카드의 의미가 바뀌는 일이 많은데, 이에 대해서도 어떤 변화가 이루어졌는지 짧게나마 이 책으로 설명하고자 했다.

또한, 지면의 한계 때문에 사례를 쓰면서 제한이 있었지만, 최대한 실생활에서 자주 마주할 법한 질문을 사례로 다뤄 핍 상징편의 내용이 어떻게 적용되는지 설명하려 애썼다.

이 책에서 아직 다루지 않았으나, 더욱 높은 수준으로 해석하려면 결국 연계 해석을 해야 한다. 카드 한 장만으로 모든 해석이 가능하다면 더없이 좋겠으나, 이는 현실적으로 어렵다. 또한, 배열법Spread이 등장한 뒤로 연계 해석은 너무나도 당연하게 받아들여져서 오히려 제대로 조명받지 못했다.

기반과 상황만 갖춰진다면 이 책에서 언급한 타로카드의 해석법뿐 아니라 해석이 이루어지는 과정·연계 방식·상성·구조에 대해서도 논하고 싶으나, 다뤄야 할 이야기가 많이 남아 있다 보니 이를 빨리 다루지 못한다는 점을 미리 양해드리고자 한다.

그저 최소한의 결과물을 이제라도 선보일 수 있게 되어서 안도할 따름이다.

이 책을 집필할 수 있게 만들어주신 모든 독자분에게 감사한다.

2023년 2월.
임상훈.

차 례

완드 카드의 분포와 해석의 방향성

완드는 순수한 영Spirit이기에 질문과 관련한 형이상학, 철학, 원론, 논리, 노동, 노력, 성취 의지 등과 깊이 관계있다. 배열에 완드 카드가 나오면 아래와 같은 분포도에 따라 완드 카드의 요소가 부족하거나 과하다는 점을 주목해야 한다.

이 책에서 기준으로 삼는 켈틱 크로스 배열에서 완드 카드의 많고 적음은 다음과 같은 기준으로 구분했다.

전무 0	적음 1~2	보통 2~3
많음 4~5	과다 6 이상	전부 10

1. 완드 카드가 전혀 없다면 질문 및 사전정보를 참고해 완드 요소가 불필요한지 먼저 확인하고, 그렇지 않다면 해당 문제에 대한 원론, 이상, 사상, 의지, 철학 등이 없어 벌어질 수 있는 문제들을 경고해야 한다.

예를 들어 특정 목적/의지를 구현하려는 것과 관련한 질문에서 완드 카드가 없다면 목적/의지를 달성하는 것과 관계없이 이를 '왜' 하려던 것인지 질문자 스스로 설명하지 못하거나 의지 없이 목표만 채우는 등의 부작용이 일어날 수 있다.

최악의 경우 애써 달성한 결과물을 제대로 사용해보지도 못한 채 남의 명분, 의도, 의지에 내줘야 하는 상황으로 몰리며, 뜻만 남은 채 현실을 바꾸지 못하는 비극에 부딪힐 수 있다.

다만 이런 내용은 질문의 내용/목적에 완드 요소의 개입이 필요 없다면 적용하기 어렵다.

2. 완드 카드가 적다면 질문자가 해당 완드 카드의 의미를 직접 실행할 수 있는 역량을 갖췄는지 확인해야 한다. 특히 1, 4번 위치에 나타나면 질문자가 어떤 노력을 해왔으며 과거부터 확립하려 했던 의지/원론 등의 완드 요소를 계속 유지하고 있는지 확인해 더 세밀한 내용

을 파악/조언할 수 있다.

특히 켈틱 크로스 배열의 2번 위치에 나타났다면 그 완드 카드의 의미를 부정적으로 해석한 뒤, 이것이 왜 질문자에게 결여/과다*한 지 파악해야 한다.

다만 질문이 완드 요소/순수한 영과 관련한 요소를 이미 충족한 상황**이거나, 필요하지 않은*** 사안이라면 위와 같은 내용을 직접 적용하기 어렵다.

3. 완드 카드가 많다면 완드 요소가 필요한 사안일 때는 일반적인 해석과 같지만, 필요하지 않거나**** 과도하게 나타났다고***** 판단될 때는 완드 요소 전체의 의미가 격하된다. 나아가 실체도 없는 스트레스를 혼자 떠안거나, 떠올릴 필요 없는 생각에 휩싸여 정작 자신에게 필요한 현실적인 행동들을 취하지 못하거나 문제 해결과 동떨어진 채 잡음만 발생하는 상황이라는 것을 암시한다.

4. 전부 완드 카드라면 이는 흔치 않기에 사례 또한 희귀하다는 점을 감안해야 한다. 카드를 제대로 섞지 못했거나 명상 용도로 고의로 카

---

* 일례로 2번 위치에 4w가 나타나면 비전Vision, 청사진의 부재(완드 결여)나 탁상공론이 현실이 되리라(완드 과다) 여기고 있는 것으로 이해할 수 있다.

** 수능/성적 관련 분야에서는 질문자가 질문할 때 이미 대부분 자신의 목적 (원하는 대학 입학 등)을 밝히므로, 이때는 완드 요소보다 이를 실행하는 검 요소의 비중이 커진다.

*** 정해진 일과/사건이 없을 때 "오늘 하루 잘 보낼까?" 식의 일상적인 질문은 특별한 이상, 노동, 의지와 거리가 있기에 배열에 완드 카드가 없어도 상관없다.

**** 아르바이트든 취직이든 "돈 벌려면 어떻게 해야 하나?"처럼 목적을 달성하려는 의지만 있으면 수단을 선택하기 쉬운 주제들이 이에 속한다. 이때는 대부분 '잡생각 하지 말고 일단 이력서를 넣든 가게를 찾아가서 아르바이트생으로 써달라고 말하든 행동부터 해라' 정도의 조언을 하는 것으로 귀결한다.

***** 기획된 바 없고 기반도 없는 상태에서 "이거 하면 잘 될까?" 식의 막연한 질문이 이에 속한다.

드를 배열한 것이 아니라면, **다른 요소가 없을 때 생기는 문제점부터 먼저 파악해야 한다.**[*] 그러나 결과적으로 파편처럼 흩어진 질문자의 화두나 생각을 정리하도록 당부하는 데 그칠 뿐, 오히려 급격한 상황 변화가 일어나는 사례는 지금껏 없었다는 점을 밝힌다.

---

[*] 각각의 논리나 난립하는 의지가 각자가 가진 설득력을 무기 삼아 더 극단적으로 대립/충돌하는 상황을 예로 들 수 있다.

타로카드 약어 설명

타로카드 여러 장을 쓰는 켈틱 크로스 배열을 설명할 때 빠르고 편리하게 기록하고자, 아래와 같은 규칙을 적용해 약어로 표기한다. 카드들을 한눈에 살피는 데 도움이 될 것이다.

메이저 아르카나 약어

역방향 (r) / 마르세유 (m)

0. THE FOOL. → 0
1. THE MAGICIAN. → 1
   …   …
21. THE WORLD. → 21

마이너 아르카나 약어

ACE *of* WANDS.	→ Aw	ACE *of* CUPS.	→ Ac
2 *of* WANDS.	→ 2w	2 *of* CUPS.	→ 2c
…	…	…	…
10 *of* WANDS.	→ 10w	10 *of* CUPS.	→ 10c
PAGE *of* WANDS.	→ Pw	PAGE *of* CUPS.	→ Pc
KNIGHT *of* WANDS.	→ Nw	KNIGHT *of* CUPS.	→ Nc
QUEEN *of* WANDS.	→ Qw	QUEEN *of* CUPS.	→ Qc
KING *of* WANDS	→ Kw	KING *of* CUPS.	→ Kc
ACE *of* SWORDS.	→ As	ACE *of* PENTACLES.	→ Ap
2 *of* SWORDS.	→ 2s	2 *of* PENTACLES.	→ 2p
…	…	…	…
PAGE *of* SWORDS.	→ Ps	PAGE *of* PENTACLES.	→ Pp
KNIGHT *of* SWORDS.	→ Ns	KNIGHT *of* PENTACLES.	→ Np
QUEEN *of* SWORDS.	→ Qs	QUEEN *of* PENTACLES	→ Qp
KING *of* SWORDS.	→ Ks	KING *of* PENTACLES.	→ Kp

ACE *of* WANDS.

(어떤 아이디어의) 발견, 창조, (영적Spirit 또는 (남)성적) 충동
(Unprocessed) New Idea/Inspiration, Wild Spirit

WANDS 공통 의미
철학, 원론, 윤리, 의지, 활력Vital, 노동, 스트레스, 언어

ACE 공통 의미
근원, 하찮으면서도 절대적인 요소, 홀로 존재하는 것, 신,
(기회인지조차 모르는 큰) 기회

ACE *of* WANDS의 키워드
깨달음, 아이디어/영감, (윤리, 도덕, 원론에서의) 절대 명제, (이유를 알 수 없거나 자연현상으로 생긴) 의지/활력/호연지기, (갑작스럽게 닥친) 분노/충동/폭력성, (긍정/부정적인 의미와 관계없는) 어떤 사건의 발생/새로운 발견, 호재/악재, 발화發話, 점화點火, 화두話頭, 발기勃起, 사정射精, 거근巨根 등

긍정/부정 확인 기준

질문자가 실제로 어떤 목표/목적을 이루고자 꾸준히 노력해왔는가?

질문자의 보유 자원/역량이 다른 사람/경쟁자들보다 월등한가?

질문자의 사고방식이 개방적이고 유연한가?

질문자가 질문과 관련해 벌어질 돌발 상황을 얼마나 예측하고 있는가?

변수를 질문자가 얼마나 잘 이용/활용할 수 있는가?

이는 핍 상징편에서 언급했던 의미들을 긍정/부정적으로 판단할 수 있는 몇 가지 기준이다.

핍 카드 중에서도 Ace는 '모 아니면 도' 성향이 있으나, 그 중에도 Aw는 돌발적인 상황과 밀접한 관련이 있다. 럭비공처럼 불규칙하고 정형화하기 어렵기에 상세한 사안을 확인/조언/예언하기 까다롭다.

그런데도 새로운 발견, 창조는 의도와 상관없이 어디에서나 일어나며, 기존의 체제·규칙에 대한 의문이나 반발 또한 평소에는 전혀 인지하지 못하다가 우연히 주목받기 마련이다. 이를 이용/적용하면 위대한 발견이나 새로운 관념, 개념을 창조할 수 있다.

물론 번뜩이는 순간을 활용하지 못한다면 이런 좋은 의미도 단순한 불만이나 충동으로 끝나버릴 것이며, 한때의 촌극, 놀람, 분노로 끝날 수 있다는 것을 Aw는 경고한다.

해석용법

긍정 Aw는 새로운 관념, 이상, 개념, 철학, 원론의 발견이기에 이를 더 강화하고 확립하는 데 성공하면 패러다임 전환에 버금가는 효과를 낳는다. 다른 때라면 부정적일 수 있는 충동, 분노의 의미 또한 질문과 관련한 모든 것을 변화/개혁하는 원동력으로 활용할 수 있는 강렬한 모습으로 바뀌며, 관련자들의 주목/관심을 받아 본격적으로 공론화/논의할 기회가 올 수 있다. 이렇게 긍정적인 의미를 받는 데 성공한 Aw는 배열의 다른 카드에도 긍정적인 영향을 미치며, 일시적이나마 메이저 카드의 영향력을 압도한다.

부정 그러나 이런 Aw의 긍정적인 의미들은 Aw의 잠재력을 활용할 역량/기반이 없거나 Aw에 해당하는 인물/요소를 알아보지 못하면 단순한 일회성 분노/흥분에 그치며, 단상斷想에 머무른 채 그 가능성과 잠재력을 활용할 기회를 놓친다. 오히려 순간의 폭력적이면서 급한 감정을 조절하지 못해 거친 말이나 정제하지 못한 속마음을 다른 사람 또는 상대방에게 쏟아내거나 물리적으로 타격해 자신의 권위를 실추시킬 수 있으며, 이 때문에 윤리적/법적 책임을 질 수 있다는 점을 경고한다.

모든 Ace는 각각의 의미와 상관없이 미리 알아보고 자기 것으로 소화해낼 수 있다면 질문자에게 긍정적인 답변을 내려주는 카드다.

특히 Aw는 패러다임의 기준을 확고히 하거나, 절대 명제 그 자체다. 그러므로 사람들의 불편함/공분을 취합하고 요약해 하나의 목소리로 만들고, 이로써 좁게는 상황을 역전시키거나 행운을 얻어내는 계기가 되며, 넓게는 한 분야/세상을 변혁하는 거대한 관념/개념이 되어 모두의 뇌리 깊숙이 자리 잡는다.

이런 과정을 완료하면 Aw와 관련되거나 생성에 공헌한 이들은 해당 분야 속 완드 요소 안에서 최소 코트 카드, 최대 메이저 카드 정도의 역량을 발휘하거나 이에 따르는 권위를 얻는다. 그리고 마침내 그 분야에서 좋든 나쁘든 자신의 크고 작은 발자국을 남긴다.

이는 현실이나 자신이 속한 분야에서 거대 담론을 주장하고 새로운 사조를 형성해 영역/기반을 확립해낸 이들을 예로 들 수 있다.

'정전식 터치 방식으로 쓰는 다용도 통신기기'의 개념을 구체화한 스티브 잡스,* 2차원에서 3차원을 묘사하는 데 기존 관념을 탈피한 파블로 피카소, 전기를 에너지원으로 활용하는 발상을 시도하고 확립한 마이클 패러데이,** 또는 인류 역사를 뒤흔든 계기가 된 목축,*** 농경,**** 불의 발견*****을 사례로 들 수 있다.

또한, Aw는 불교에서 논하는 화두話頭 자체를 뜻하기도 한다. 이는 그만큼 대오각성의 기회가 주어진다는 것이며, 매우 일상적이거나 당연하다고 여겨지는 순간 깨달음/발견이 있을 것을 예고한다. 아이작 뉴턴의 사과 일화나 불교 선종의 선문답이 담고 있는 것과 Aw의 의미는 매우 비슷하다.

이와 반대로 Aw의 폭력적이면서 급한 면모를 정제시키지 못하고 발산하거나, 받아들일 준비가 되지 않은 이들에게 마구잡이로 드러내며 순간의 반짝임에 그친다면, Aw의 잠재력을 활용하지 못한 채 웃지도 울지도 못할 사건들을 만들어낸다. 갑자기 화내거나 싸우는

---

* 아이폰 발매 전에도 PDA에서 발전한 통신기기들이 있었으나, 아이폰은 버튼을 최소화한 터치스크린과 정전식 터치 방식의 조작법을 전면 채용해 스마트폰 사용 환경에 혁신을 가져왔다.

** 패러데이는 1821년에 전자기력 실험에 성공했으며, 이윽고 모터와 발전기의 초기 모델을 구상, 완성했다. 그 뒤로 제임스 클러크 맥스웰이 현대 문명의 주춧돌인 전자기학을 정립한다.

*** 인간은 자신의 무력 외에 다른 생물의 힘을 빌림으로써 더 효율적인 방향으로 발전을 시작했다.

**** 사냥보다 노동력이 더 오래, 더 많이 요구되지만, 지력이 고갈되지 않는 한 일정량의 양식을 보장하는 농경은 인류를 문명으로 진입하게 만든 사건이었다.

***** 불의 발견은 모든 생물과 다른 인류만의 생활양식과 무력의 우위를 가져왔고, 이 덕분에 다양한 문화 속에서 여러 상징으로 표현된다. 마이너 아르카나 4원소 중 가장 처음 언급되는 것도 불이다.

일,* 엉뚱한 발상이라 치부되는 일**은 약과이며, 사건을 일으키거나 사건에 휘말린 이들의 몸, 마음, 재산마저 피폐해지고,*** 때로는 이 모든 일을 자조/조롱/희화화하는 수준으로 전락한다. 또한, Aw의 잠재력/폭발력은 쉽게 사라진다****는 문제가 있다.

　이런 특징들 때문에 Aw가 배열에 나타나면 Aw에 해당하는 사건이 왜 일어나게 되었는지 예측·탐색하거나 그 이유를 통찰하지 못하는 한 그 의미가 퇴색하는 경향이 있다. 그러나 모든 사안의 변화나 변수들을 전부 알고서 대비한다면 Aw는 엄청난 화두/아이디어를 가져오며, 이를 현실에 구현하면 그 폭발력에 모두 주목한다. 해석자는 Aw의 긍정적인 의미 발현이 가능하도록 도와야 하며, 질문자 역시 틀에 갇힌 사고를 벗고 새로운 화두/아이디어를 붙잡아 기회로 만들

---

* 이런 이유로 분노조절 장애도 Aw의 키워드에 포함된다. 이는 Ace 카드 특유의 '정제/절제하지 못한/않은'의 의미에서 비롯한다.

** 이런 엉뚱한 발상은 긍정적인 의미가 발현되면 많은 이의 삶을 바꾼다. 병뚜껑의 발명을 예로 들 수 있는데, 평소 콘돔 세척기나 충돌하면 발사되는 기차 좌석 등 엉뚱한 발명만 일삼던 윌리엄 페인터William Painter가 소다수를 선물로 받고 잊어버린 채 3일 동안 방치했다가 마신 뒤 배탈이 났고, 잔뜩 화내다가 문득 '이런 상황이 왜 벌어지는 걸까?' 하는 호기심을 해소하려 나섰으며, 1892년 완벽한 밀폐 마개이자 그의 마지막 발명품인 크라운 병뚜껑Crown Cap을 발명했다. 이 발명으로 그는 벼락부자가 됐고 그의 회사는 1956년 1주당 100달러였던 주식이 2006년 4만 1845달러로 급등했다.

　또한, 엉뚱한 발상이 부정적인 모습으로 외부에 드러나 희롱당하는 수준에 놓이는 사례를 다윈상 수상 목록에서 알 수 있다. 다윈상은 어이없이 죽거나 생식 능력을 상실한 이들에게 인류 진화에 도움이 되었다는 의미로 수여하는 조롱기 가득한 상이다. 2020년 수상자는 자신이 살 수 있다는 의지를 보여주고자 아무런 등산 장비도 없이 가벼운 옷차림으로 후지산에 등정하는 것을 생중계하다가 실족사한 어느 인터넷 방송인이었다.

*** 폭행, 상해, 근거 없는 주장 등으로 피해를 보는 상황을 들 수 있다. 의도와 상관없이 자신이나 남의 삶에 손해를 끼치면서 그 원인을 분석하지 못한 채 피해 사실만 영향을 미치는(그리고 스스로 이를 인지하지 못한 채 반복하는) 경향이 있다.

**** 이런 이유로 남성의 사정 직후 집중력/판단력 저하/상승 현상 또한 Aw의 의미에 포함하며, 나아가 조루 질환의 키워드가 파생된다.

준비를 해두어야 한다.

　다만 이렇게 갖은 노력과 준비를 하더라도 Aw를 완벽히 소화하기 어렵거나 불가능한 때가 많고, 엉뚱하거나 일상적인 사건이나 감정 표현 정도로 그칠 때가 대부분이기에 Ace 카드 해석이 어려워진다. 하지만 Aw의 긍정적인 효과를 받고 있다면 준비하거나 겪어보는 것 자체에 의미를 두고, 질문자가 성장할 수 있도록 해석자는 배려를 아끼지 않아야 한다.

　이런 점들 때문에 Aw는 방심할 수 없고, 나타날 때마다 두근거림을 안겨주는 카드라 할 수 있다.

배열 위치별 특징 켈틱 크로스 배열에서 Aw가 나타나면, 긍정/부정 판단 기준을 먼저 적용한 뒤 예측된 Aw의 사안들이 얼마나 크고 작은 것과 관련 있는지 확인해야 한다.

　Aw는 앞서 언급했듯이 이런 충동, 의지가 제대로/엉뚱하게 발현되는지만 파악해도 해석에 큰 고비를 넘길 수 있다.

　기본적으로 Ace 네 장의 강렬한 의미 때문에 1, 4, 9번 위치에 Aw가 나타나면 비교적 해석이 쉬워진다. 이는 이미 관측됐거나 그렇지 않다면 Aw의 의미 자체가 쓸모없어지기 때문이며, 9번 위치에서는 Aw의 긍정/부정적인 의미를 단순하게 적용하기만 해도 쉽게 해석할 수 있기 때문이다.

　이와 반대로 2, 3, 6번 위치에 Aw가 나타나면 해석이 매우 어려워진다. 예상하지 못한 발견/반전이 질문자에게 어떤 효과를 가져올지 예측해야 하며, 변수가 배열 전체의 판도를 좌우하기에 긍정/부정적인 의미와 상관없이 Aw의 영향력이 배열에서 강하게 적용된다.

　특히 3번 위치에 나타났을 때는 질문자의 성향/역량에 더해 질문 자체가 갑작스러운 욕망/의지 충족 욕구 때문에 발생했거나, 질문에 대한 뚜렷한 비전/정보 없이 단순한 발생에 기대어 문제를 바라보는 모습과 확고한 이상/아이디어의 구현을 꾸밈없이 열망하는 측면이 공존하기에 해석에 주의를 기울여야 하며, 그만큼 신중하게 접근해야 한다.

연애(관계가 성립한 상황) 연인/부부 둘 다 또는 어느 한쪽이 관계 발전/해체와 관련한 아이디어/사건을 접하거나 새로운 시도를 하는 상황을 뜻한다.

긍정 참신하고 발전적이며 새로운 시도로 관계를 더 공고히 하거나 호감은 있지만 애매한 상태에서 관계를 급진전시킬 수 있는 계기가 올 것을 의미한다. 이에 더해 현 상태가 만족스러운 상황이라는 점을 암시하며, 부격父格에 준하는 존재의 우연찮은 도움/지지를 얻는 것을 의미한다.

최상으로는 관계를 형성·유지하면서 뜻깊고 평생을 갈 만한 공통 의지/목표를 수립해 함께 나아가거나 원동력이 될 수 있는 행운을 손에 넣는 것을 뜻한다.

부정 감정이 격화하거나 각자의 의지를 꺾지 않아 다툼/충돌이 생기는 것을 경고하며, 오해로 생긴 격한 감정이 (의도하지 않은) 말이나 배려 없는 행동으로 폭발할 수 있다는 것을 경고한다.

더 심각하게는 다른 상대방을 발견하거나 지금의 인연에 흥미를 잃는 등, 다른 요소에 의지**하려는 징조로 작용한다.

극단적인 상황은 흔치 않으나 분쟁의 빌미/여지를 주지 않고 미리 피할 수 있도록 조처해야 한다.

연애(관계가 성립하지 않은 상황) 이성을 발견하거나 기존의 인물에게 보이지 않았던 숨겨진 매력을 찾아내는 등 새로운 관점이나 시도를 해보는 것과 관계있다.

긍정 관계 성립을 원한다면 새로운 사람을 발견하거나 제 나름의

---

* Aw는 주제와 상관없이 부정적인 영향을 극심하게 받을 때는 이성적으로 통제할 수 없거나 상식 밖의 억지 또는 말도 안 되는 일들을 갑자기 맞이하는 상황으로 치달으며, 폭력·폭언 등으로 문제를 일으킬 수 있다는 데 주의해야 한다.

** 최악의 경우 데이트 폭력, 가정 폭력 등의 모습으로 드러난다.

공략법을 확보하는 상황으로 해석할 수 있으며, 상대방을 (우연히) 만날 기회를 얻는 것을 의미한다.

단순한 연애운이면 호감이 있거나 인연이 닿은 사람과 마주칠 상황을 뜻하기에 기회를 놓치지 않도록 권할 수 있다. 질문자/해석자에게 단순한 호감을 어떻게 애정으로 연결할 것인지 고민하게 하는 카드다.

부정 관계 성립을 원한다면 상대방의 단점이나 결격 사유를 발견하거나, 질문자/상대방이 중요하다고 여기는 요소들이 부족하다고 여겨 호감이 사라지는 것을 뜻하며, 이는 부정적인 영향을 얼마나 받았느냐에 따라 단순히 기분이 상하는 것에서부터 언쟁, 갈등, 폭언, 폭력, 상해 등으로 심화 해석할 수 있다.

단순한 연애운이라도 해석은 비슷하다. 오히려 전혀 상관없는 이성/제3자들과 원치 않는 시비가 발생하는 식의 문제가 생길 수 있다는 점을 경고한다.

대인관계 특별한 목적을 띤 집단을 발견하거나 스스로 만드는 것과 관계있고, 그 과정에서 다양한 인연을 맞이하리라는 것을 암시한다.

긍정 새로운 취미·단체·모임을 발견하거나 의기투합할 만한 인연과 만날 기회가 왔고, 공동 목표를 합심해 이뤄내는 등 강렬한 시너지 효과를 낼 수 있는 상황/순간을 뜻한다.

부정 강력한 충돌을 의미하며, 특정 화제/화두에 다른 견해를 지닌 사람들이 소속해 있는 곳에서 벗어나려 하거나 자신의 의지를 구현하고자 새로운 집단을 형성하려 하는 모습으로 드러난다.

그러나 Aw의 의미가 부정적일수록 자신의 의지/의견에 어떤 문제가 있는지 돌아보지 못해 일을 키우거나 반드시 고려해야 할 사항들을 살피지 못하고 홧김에 일을 저지르는 수준으로 악화한다.

사업의 흐름이나 전망 일반적으로 어떤 사업 아이템의 발견을 의미하는 좋은 카드지만, 그 효율/지속성이 짧거나 현실성이 모자라다는 단점이 두드러진다.

긍정 획기적인 발견이나 아이디어를 (생각해낸 사람/단체의 도움을) 통해 체질을 개선하거나 수입을 늘리고 명성을 널리 알리는 계기를 맞이하며, 완드 요소가 주관하는 분야와 관련한 상을 받는 등, 매우 좋은 운을 담고 있다. 그렇기에 이런 기회를 어떻게 이용해 자신의 기반에 도움이 되도록 할 것인지 계획을 미리 세워둘 것을 당부해야 한다.

부정 우발적인 악재로 기반/역량이 소모되기 쉬운 상황이라는 것을 경고한다. 이는 가볍게는 작은 다툼이 큰 손해로 돌아오거나, 반작용/부작용을 대비하지 않고 모험을 시도해 자신의 기반을 소모할 수 있다는 점을 경고하며, 심각하게는 경영자의 건강/치부 문제가 대중/사법부에 노출되어 곤경에 처하는 상황을 암시한다.

최악의 경우, 자신이 경영하던 분야의 수명을 끝내버릴 새로운 기술/개념이 탄생, 발명되어 쇠락하거나 폐업해야 하는 상황으로 치닫는다.

창업의 성사 여부 Aw의 긍정적 의미를 실제 구현할 역량이 있어야 한다. 그렇지 못하면 잠깐 유행하는 신조어처럼 그 끝이 명확하거나 사업의 연속성을 보장하지 못해 창업 시도가 좌초하는 결말로 나타나며, 설령 성공하더라도 대부분은 적절한 시기를 놓치거나 사업의 지속성을 단언할 수 없다. 그렇기에 질문자가 초기 사업 아이템을 구현/성장시킬 방법의 청사진을 제시하지 못하면 그 의미가 퇴색하기 쉽다.

긍정 Aw는 창업과 관련한 아이디어/기획을 계획대로 진행한다면 큰 성공을 거두거나 목표를 달성할 잠재력이 있다는 점을 보증해주는 카드다. 최상의 경우 업계를 선도하거나 새로운 영역/분야/시장을 선점해 유무형의 큰 이익을 얻는 것을 뜻한다.

부정 틈을 노려 남을 현혹하려 하거나 숙고하지 않은 생각을 밀어붙임으로써 자신을 드러내려 다른 이들을 희생/폄하/무시하는 행동을 하다가 거꾸로 어려운 상황에 몰릴 수 있다는 점을 경고하며, 동시에 단순한 구호만 있을 뿐 실속이 없는 개념들을 사람들에게 전파해 민폐를 끼치고 자신을 망칠 수 있다는 점을 암시한다.

최악의 경우, 다른 분야/사람에게 강압적인 태도를 보이거나 공격성을 드러내 운영하는 사업들과 결부되며, 인과응보를 반드시 치르게 되리라는 것을 암시한다.*

진로 적성 Aw의 의미인 발견, 창조의 의미가 그대로 투영되는 편이나, Ace의 '정제되지 못한 상태'라는 의미도 결합하기에 다양한 해석을 낳는다.

긍정 자신의 영감/아이디어를 현실에 구현하는 직종에 재능이 있으며, 원론에 충실하거나 새로운 원론을 탄생시키는 재능이 잠재되어 있다는 것을 암시한다. 최상의 경우 자신의 분야나 세상을 뒤흔들 개념/사상을 만들거나 그에 따르는 것을 발명하는 현인賢人의 자질을 지니며, 잘못된 폐단을 바꾸는 데 큰 영향을 미치는 존재로 자라날 수 있다.

부정 호기심은 왕성하지만, 그 호기심 때문에 주변을 피폐하게 만들거나 몹시 산만해 싫증을 자주 내는 모습으로 드러난다. 그 밖에는 짧게 종사한 업무로 결실/결과를 얻는 직업군/진로를 탐색해 부정적인 영향을 낮출 수 있다.

최악의 경우 자신의 장점이나 역량을 남에게 피해/상해를 입히는 데 동원해 만족을 찾는 부류로 전락한다는 점에 주의해야 한다.

시험 결과나 합격 여부 보통 Aw는 긍정적인 영향을 받으면 배열에 나타난 것만으로 합격을 암시하는 경향이 있다.

긍정 큰 기대를 하지 않고 시도한 방법이 호평을 얻는 상황을 예로 들 수 있다.** 그 밖에 새로운 방법/방식을 제안/제시해 합격하는 경

---

* 노이즈 마케팅 또는 무력으로 남을 드러내놓고 겁박해 수익을 걷는 방식이 이에 속한다(예: 불법 강제 추심).

** 예를 들어 미국 스탠퍼드 대학의 경영학 개론 시험 문제는 '2시간 동안 5달러로 최대 수익을 발생시킬 것'이었다. 이에 대한 다양한 답(요식업, 복권, 차용, 경마 등)이 있었으나, 가장 기발한 방법은 '과제 발표 시간에 광고할 수 있는 권

향을 띤다. 이에 더해 출제 예상 문제라 여겼던 것이 그대로 시험에 나와 별다른 어려움 없이 점수를 얻는 식의 호운이 작용한다.

부정 부주의한 실수*나 갑작스러운 상황에 대처하지 못해 탈락할 수 있다는 것을 경고하며, 예상치 못한 시험 문항 때문에 경쟁에서 불리한 상황으로 내몰리는 것을 암시한다.

최악의 상황은 다른 유망주/기대주의 출현으로 자신이 주목받지 못하거나 시험/면접에 열의를 가지고 임했으나 단순한 의견 개진 수준이라는 반응만 얻는 데 그치는 모습으로 전락하는 것이다. 이때는 다양한 문제와 변수 들에 대응할 수 있도록 조언하거나, 기본 공식/원론/매뉴얼을 재검토해보도록 권해 실수를 줄이는 방식으로 부정적인 영향을 줄일 수 있다.

질병의 호전, 완치

긍정 신약/치료제를 발견한 수준의 행운이 아니라면 일반적으로 신체가 회복세로 접어들며 활력을 되찾는 순간이 찾아오는 것을 의미한다. 그러나 중환자라면 회광반조回光返照**하는 상황일 수도 있으므로 해석에 주의해야 한다.

부정 갑작스러운 병세의 악화나 발병으로 일상생활이 어려워지는 상황을 암시한다. 특히 긴급 상황에 발병하거나 급성 질환에 해당하며*** 응급 상황을 암시하므로 돌발 변수에 대비하도록 조언해 충격을 미리 방지해야 한다.

리'를 스스로 '창출'해 650달러의 수익을 벌어들인 것이었다.

〈2시간 동안 5달러로 수익을 올려보라〉, 《한겨레21》, 2010년 12월 30일 자.
https://h21.hani.co.kr/arti/culture/culture_general/28789.html

* 답지 표기 착오나 듣기평가 중 비행기 이륙/공사장 소음으로 예상치 못한 방해를 받는 상황을 예로 들 수 있다.

** 사람이 죽기 직전에 잠시 원기를 되찾는 상태를 비유하는 표현.

*** 뇌졸중, 심근경색, 고혈압 등 생명에 치명적인 급성 질환이나 갑작스러운 과다 출혈 등이 이에 속한다.

단순한 건강 문제

긍정 기저 질환이 없는 한 일시적인 공격성, 예민함을 뜻하는 정도에 그친다. 되레 건강을 유지/호전하는 방법을 발견/적용하거나 자신의 건강 상태에 관해 관심을 가지고 대처할 수 있는 여건이 잠시나마 갖춰질 것을 암시한다.

부정 분노조절 장애 등 폭력적이면서 급한 성정 탓에 생기는 신체/정신질환과 관계있으며, 4(황제)의 의미와 비슷하다. 다만 이는 부정적인 영향에 심각하게 잠식된 것으로, 보통은 타박상, 골절, 편두통, 치통 등의 일상적인 질환에 대응한다.

켈틱 크로스 배열 위치별 긍정/부정 해석법

1 → ②④⑦⑧ 카드 확인 질문자가 과거/현재에 이르기까지 어떤 불합리/불편함을 겪었는지 확인해야 하며, 그 과정에서 질문자의 견해/의지가 억지스럽지는 않은지 검증해야 한다. 또한, 7, 8번 위치에 나타난 카드의 의미/분위기가 크게 다르다면 부정적인 의미가 강화되기 쉽다. 이는 자신이 획기적이라 여겨도 주위에서 이를 주목해주지 않거나, 그 반대로 자신은 별생각 없이 꺼낸 이야기인데도 여론이 이상하게 호평/악평으로 흘러가면 Aw의 순수성, 잠재력 등을 검증/의심할 수밖에 없기 때문이다.

긍정 질문자의 의문/시도/의지는 정당하나 이를 현실에 구현하려면 꾸준한 관심과 노력이 필요하다는 점을 강조하므로 문제 해결/개선에 성공하면 보람찬 결실을 볼 수 있다고 역설함으로써 격려할 필요가 있다.

다만 긍정적인 영향을 받았는데도 결론(10번 위치)이 좋지 않을 수 있는데, 이는 처음 이상/의지를 구현하고 나서 자신에게 남는 게 몇 없어 보이는 상황으로 이해할 수 있으며, 이때는 의지 실현과 그 결과에 따른 후회의 여지를 없애거나 목표를 더 현실적으로 가져가는 등의 조언을 추가해야 한다.

부정 질문자의 분노/의지/계획 등이 단기간에 그치거나 일시적 흥분일 뿐이라는 점을 지적하며, 설령 정당한 의견이라도 무시당하기 쉬운 상황이라는 것을 경고한다. 이때 무턱대고 자신의 상황을 항변하기 전에 자신의 의견/의도를 정제하고 제3자들이 질문자의 말에 집중할 수 있는 상황을 만들도록 조언해 부정적인 영향을 줄여주어야 한다.

최악의 상황은 이미 폭력적이면서 급한 성정으로 남에게 위해를 끼친 것이다. 이때 그에 따르는 책임이나 처분이 선행되지 않는다면 배열 전체에 지대한 악영향을 미친다.

2 → ①③④⑨ 카드 확인 2번 위치에 Aw가 나타나면, 9번 위치에 극단적인 부정을 암시하는 카드*가 나타났는지 반드시 확인해야 한다. 만약 그렇다면 질문자가 현재 스스로 부족하지 않다고 여기거나 윤리적·도덕적 해이 상태는 아닌지 점검해야 한다. 이런 문제가 아니라면, 보편적으로는 다음 중하나에 속할 때가 많다.

(1) 아이디어/기획력 부재로 발전이 지체되는 상황
(2) 새로운 개념, 주장, 발견 들로 질문자의 추진력이 저하되는 상황

* 9s, 10s, 5p, 5c, 16 등의 카드를 의미한다.

(3) 일방적인 폭력에 노출되거나 스스로 폭력을 저지를 수 있는 상황

긍정 (1) 장계취계將計就計*로 주춤했던 일을 빠르게 추진할 수 있도록 조언해야 하며, 이런 방식으로 다른 경쟁자/상대방보다 우위에 설 수 있다는 것을 의미한다.

(2) 새로운 요소들을 (비록 어설프더라도) 빠르게 도입·사용해 앞서나갈 수 있다는 것을 뜻한다. 비록 그 효과가 떨어지더라도 최소한 자신의 기반/세력을 유지해낼 수 있다.

(3) 강압적인 수단/폭력을 자행해서라도 상황을 무마시킬 수 있다는 것을 의미한다. 다만 이런 수단을 쓸 때 명분,** 신상필벌*** 및 그 뒤의 대처에 대해 세심한 조언을 해주어야 한다.

부정 (1) 남의 아이디어를 도용한 것이 탄로 나거나 새로운 관념/이상을 내세운 경쟁자 때문에 계획이 어그러지는 등의 곤경에 처할 수 있다는 것을 경고한다.**** 그 밖에, 아이디어나 청사진이 없는/사라진 상태로 일을 계속하다 열정이나 추진력을 잃고 주저앉는 상황을 예로 들 수 있다.*****

(2) 질문과 관련한 분야에서 새로운 경쟁자/개념/발견이 이루어지고 이 때문에 질문자가 의도하고자 한 바가 수포가 될 수 있다는 것을 경고한다. 그렇기에 자신의 (사상/개념적인) 기반, 역량을 재점검할 것을 권해 부정적인 영향을 줄일 수 있도록 조언해야 한다.

(3) 질문자의 귀책 사유가 없다면 외부/공권력의 힘을 빌려야 하는 상황이며, 만일 귀책 사유가 있으면 그 피해를 가볍게 할 수 있는 조언을 해주되, 될 수 있으면 윤리적인 방법을 모색하도록 권해야 한다.

* 상대방의 계획/계책을 미리 알고 이를 역이용하는 것을 말한다.

** 전쟁이라는 극단적인 수단을 쓸 때 선전포고는 명분으로서 매우 중요하다. 9.11 테러로 본토를 공격당한 미국의 테러와의 전쟁은 그 과정이나 결과의 문제를 떠나 명분만큼은 어떤 국가도 비판할 수 없었다.

*** 강압적인 수단으로 개선한다고 해도, 그 과정에서 자행된 수단들에 대한 처벌을 감내하지 않는다면 어떤 행위를 하더라도 그저 폭력일 뿐이다.

**** 남의 지식/창작물을 도용하는 행위가 대중에게 폭로되는 상황을 예로 들 수 있다. 또한 자율 주행 기술 때문에 택시 운전사라는 직업이 설 자리가 좁아지는 상황도 예로 들 수 있다.

***** 번아웃 증후군이나 2년 차 징크스Sophomore jinx가 이에 속한다.

3 → ① ② ⑦/⑧ ⑨ **카드 확인** 질문자가 질문과 관련해서 염두에 두고 있는 계획/처리 방식이 실제로 뛰어난 효과를 일으킬 수단인지 점검해야 한다. 또한, 7/8번 위치의 카드가 상충하면 아래와 같이 판단할 수 있다.

	7번 위치	**8번 위치**
(1)	부정	긍정
(2)	긍정	부정

(1) 스스로 확신하지 못하거나 과소평가하는 것은 아닌지 먼저 점검해야 하며, (2) 자신을 과대평가하거나 대중/주변 사람들의 호응도 없는 상태에서 낙천적으로 대응하는 것은 아닌지 확인해야 한다.

또한, 9번 위치의 카드가 과도하게 긍정적인 의미가 있다면 상식 밖의 상황 해결이나 개선을 바라는 상태로 볼 수 있다. 이때는 회의적인 시각으로 질문과 질문자 및 사전정보를 전체적으로 재점검해야 한다. 비현실적인 희망을 품고 있다면 다른 모든 카드도 부정적인 영향으로 해석할 수밖에 없다.

긍정 질문자의 의도나 문제를 해결하려는 의지/욕구가 정당하다는 것을 의미하며, 의욕을 가지고 계속 나아가면 행운이나 기회를 잡아 원하는 바를 달성할 수 있다는 것을 뜻한다.

부정 질문자의 성미가 급하거나, 갑작스러운 행위/발상을 실행으로 옮기려다가 평가가 실추되거나 민폐를 끼칠 수 있다는 것을 경고한다. 부정적인 영향이 커지면 질문자가 자신의 (잘못된) 주장을 철회/양보하지 않거나 다른 이들과의 충돌을 무릅쓰는 성향이 있다는 것을 암시한다.

---

4 → ① ② ⑤ ⑦ **카드 확인** 과거의 어떤 사건/생각으로 질문자가 지금 같은 상황에 놓였는지 확인함으로써 긍정/부정적인 의미를 파악할 수 있다.

긍정 과거에 겪었던 계기, 교훈 들을 되새겨 목적을 달성할 수 있다는 것을 의미하거나 쉽게 지나치기 쉬운 단순한 발상/아이디어를 더욱 명확하게 구현하는 데 속도가 붙는 것을 의미한다.

부정 질문자가 과거에 있었던 기회를 놓쳤으며, 뒤늦게 이를 만회하려 한다는 것을 묘사하거나 적절하지 못한 의견/감정을 표현*하는 바람에 상황이 불리해졌다는 것을 경고한다.

* 사과해야 하는데 멋쩍어서 하라는 사과는 하지 않고 말을 돌리거나 되레 큰 소리치는 바람에 상황이 악화하는 것을 예로 들 수 있다.

5 → ① ② ③ ⑦ 카드 확인 Aw가 5, 6번 위치에 나타나면 해석이 어려워진다. (예측하지 못한) 새로운 사건/요소의 발생을 언급할 뿐, 긍정적인지 부정적인지 판단하기가 어렵기 때문이다. 그렇기에 어떤 변화인지를 추적하기보다, (예상하지 못한) 다가온/다가올 변화에 대해 질문자가 어떻게 생각하고 있으며, 이에 쉽게 대응할 수 있는 환경을 갖췄는지 확인하는 것이 정확한 의미 파악에 도움이 된다.

긍정 질문자의 의도와 상관없는 변수가 생기더라도 이를 기회로 삼아 자신이 원하는 바를 빠르게 얻을 수 있는 상황을 뜻하거나, 의도와 상관없이 자신/질문과 관계있는 이들의 의도가 외부로 드러나 문제 해결에 속도가 붙게 되는 것을 암시한다.*

부정 전혀 예상하지 못한 변수로 질문자의 의도가 무산되거나 역풍에 노출될 수 있다는 것을 경고한다. 그 밖에 전혀 엉뚱한 사건/인물이 끼어들어 질문과 관련한 상황이 혼란스럽게 바뀔 때도 있다. 가벼운 사안이거나 부정적인 영향이 덜할수록 잠깐의 화제 전환이나 이슈 생성에 그치나, 부정적인 의미가 강해지면 Aw에 걸맞은 사건이 벌어진 뒤에야 대안을 세울 수 있을 만큼 예측하기 힘들다.

최악의 경우 질문자의 의도대로 잘 흘러가던 일이 저항할 수 없는 제3자나 천재지변 때문에 모두 무효화하는 상황으로 드러나나, 이는 흔치 않기에 적용에 주의해야 한다.

---

6 → ① ② ④/⑨ ⑧ 카드 확인 이 위치에 드러난 Aw는 미리 인지/선점하면 Aw의 긍정적인 의미들을 쉽게 흡수/이용할 수 있다.

그렇기에 질문자가 과거 어떤 역량을 발휘했는지, 그게 아니라면 과거의 어떤 일들이 현재에 긍정/부정적인 영향을 미쳤는지 파악하면서, 질문자가 원하는/두려워하는 모습/상황이 어느 정도의 괴리 차/기대치로 형성되었는지 파악할 수 있다면 Aw의 의미를 비교적 쉽게 파악할 수 있다.

다만 4/9번 위치 중 어느 한쪽이라도 부정적인 카드여서는 안 된다는 점에 주의해야 한다. 더 나빠지는 것을 두려워하는 모습이 남아 있는 한 Aw의 긍정적인 의미를 발현시키기 어렵기 때문이다.

비슷한 이유로 사전 정보를 참고할 때 주위의 평가가 낮거나 질문자(의 의

---

* 고백했더니 상대방도 내게 호감이 있었다며 사이가 급속히 가까워지는 상황을 예로 들 수 있다.

견)에 대한 인지도가 없을 수밖에 없는 상황이 아니라면 8번 위치 또한 (다른 이들의 관점에서 혐오스러워하거나 기피 대상일 정도로) 부정적이면 안 된다.

긍정 질문자의 의도와 합치되는 호재/귀인이 찾아오거나 자기 일을 도울 사람의 방문/발견 등의 긍정적인 의미가 있다. 최상의 경우 뜻밖의 위대한 발견이나 명성을 널리 알릴 기회를 놓치지 않고 자신의 격을 드높일 수 있다는 것을 뜻한다.

부정 엉뚱한 사건/방해자들과 실랑이를 벌이다가 일이 지체되거나 무산되는 것을 경고하며, 비록 자신은 윤리적으로 옳다고 여겨 선의로 행동했던 것이 되레 손해/구설수*로 돌아올 수 있다는 것을 암시한다. 그렇기에 질문자에게 신중하게 행동하도록 주문하고 위험하거나 혼란한 상태에 자신을 내던지지 않도록 조언해 부정적인 영향을 낮추도록 조처해야 한다.

---

7 → ②③④⑧ 카드 확인 질문자가 왜 동요하거나 확신에 차 있는지 검증해야 한다. 질문자를 가로막는 요소 및 해당 문제와 비슷한 사안에 대한 질문자의 방침이 어떤 문제를 일으키는지 점검하고, 이를 대하는 주변 사람/제3자 들의 견해를 확인함으로써 긍정/부정적인 의미를 파악할 수 있다.

긍정 질문자가 문제 해결이나 상황 개선을 하고자 생각한 것 또는 결심한 의지가 옳은 방향이라는 것을 확신할 만큼 정답에 가깝다는 것을 의미한다. 그렇지 않더라도 스스로 정력적인 태도로 임하면 어렵다고 여기는 문제도 비교적 쉽게 해결할 수 있다는 것을 알려주는 길조다.

부정 질문자가 감정적으로 흥분/동요하고 있다는 것을 경고하거나, 스스로 확신하는 생각/계획이 비현실적이라는 것을 암시하며, 흥분 상태로 다짐/결심한 것에 시야가 치우쳐 있어 그 뒤를 대비하지 못하는 등, 지속력이 떨어지기 쉬운 상태(예: 작심삼일)라는 것을 경고한다.

---

8 → ①②⑤⑦카드 확인 왜 주변 사람/제3자 들이 질문자를 Aw로 여기는지 파악해야 한다. 질문자의 현 상황 및 의지의 굳건함을 살펴야 하며, 벌어진/벌어질 일이 질문을 둘러싼 이들에게 어떤 호재/악재로 적용하는지 판단해야 한다.

긍정 질문자의 가능성/잠재력을 고평가하거나 질문자가 제시한 의견/이상을 다른 사람들이 매력적이라고 인식/인정한다는 것을 드러낸다. 최상의 경우 첫눈에 반하듯 질문자의 의견이 받아들여지거나 다른 사람들의 호감

* 이 구설수는 단순한 헛소문, 음해를 넘어 무고, 누명을 포함한다.

30

을 사기 쉬운 상황/기회가 왔다는 것을 뜻한다.

이때, 긍정적인 영향을 강화하려면 무엇을 더 준비할 수 있는지 살핌으로써 더욱 큰 성과를 얻을 수 있다.

부정 질문자가 전혀 주목받지 못하거나 주목받더라도 부정적인 모습으로 인식되고 있다는 것을 경고한다. Aw의 영향이 미약하다면 단순히 뜬금없는 발언/행동에 대한 핀잔/혹평 수준에 그치나, 부정적인 영향이 강해질수록 반발하는 수준이 심해진다.*

---

9 → ①③④⑦ 카드 확인 보통 모든 Ace 카드는 이 위치에서 그 의미가 매우 단순하게 적용되곤 한다. 긍정/부정의 극단적인 면모만 적용해도 해석에 큰 무리가 없기 때문이다.

Aw는 질문자가 어떤 변수를 바라고/두려워하고 있는지 분석하면 더 쉽게 구체적인 내용을 파악할 수 있다.

희망 불리한 상황을 쉽게 역전할 수 있는 돌발/우발적인 사건·사고가 일어나거나 갑자기 떠오른 아이디어로 문제를 자신에게 유리하게 해결할 수 있기를 바라고 있으며, 능력 있는 새로운 인물/요소가 나타나길 바라는 것을 뜻한다.

두려움 상황을 더욱 혼란스럽게 만들 변수/제3자의 등장을 두려워하거나 갑작스러운 폭력/새로운 주장/질병에 휘말려 계획이 어그러지는 것을 두려워하는 모습**으로 드러난다.

---

10 → 모든 Ace의 극단적인 면모 때문에 해석이 매우 어려워진다. 그렇기에 Aw가 결론에 나타나면 질문자와 주기적으로 피드백 및 사례를 계속 쌓고 이어가야 한다.

긍정 결과적으로 질문과 관련한 고민이 해결되거나 최소한 이에 도움이 될 만한 단서를 얻게 된다는 것을 뜻한다. 만약 질문이 대인관계, 연애와 관계있다면 뜻을 함께할 이를 만나거나 공동 목표를 달성할 수 있게 되는 것을 의미한다. 또한, 질문과 관련한 사안들에 길조가 찾아오는 것을 뜻한다.

부정 질문자의 의도와 전혀 다른 일들이 일어나거나 배열을 펼친 이유 자

---

 * 트롤링 행위(의도적으로 협동 과제를 실패하게 하거나, 상대방을 고의로 화나게 하며 낄낄거리고 비웃는 것)를 예로 들 수 있으며, 다중 계정으로 사람을 농락하는 상황도 있다.

 ** 대회 직전에 규칙 또는 세부 사항이 바뀌거나 출근하다가 교통사고로 지각하는 상황을 예로 들 수 있다.

체가 무색할 만큼 지나가는 일이라는 것을 암시한다. 그러나 부정적인 영향이 강해질수록 새로운 경쟁자나 예상치 못했던 충돌로 뜻한 바를 이룰 수 없거나 자신의 의지/의도/운명을 남에게 빼앗기는 상황으로 내몰릴 수 있다는 것을 경고한다.

최악의 경우 질문자가 꿈꾼 모든 설계/기획/의도가 초기화된 수준으로 파국에 도달하는 상황*에 이를 수 있다. 그러나 이런 사례는 흔치 않기에 적용에 주의해야 한다.

* 기록 말살에 가까울 만큼, 스스로 창조한 모든 것을 제 것이라 말하지 못하는 상황을 의미한다.

질문　　고백하면 사귈 수 있을까?

사전 정보　같은 동호회의 이성에게 6개월 넘게 호감을 느꼈으나 표현
하지 못한 상태였다. 상대방은 갓 스물이 된 여성이었으며,
활달하고 당찬 모습이 매력적인 사람이었다.

$$Pp - 2s - Aw - 7s - 3 - 6s - 4w - Qs - 5p - 6p$$

Pp　　(질문자 자신) 이성/연애 경험이 부족하며, 순진/순수하게 상대
　　　방을 바라만 보고 있다.

2s　　(장애물) 딱히 어떤 행동을 취하지 않았기에 변화도 없다.

Aw　　(기저) 어떻게든 자신의 감정/생각을 상대방에게 말하려 하나,
　　　이런 마음을 정리/정제해 표현해본 경험이 부족하다.

7s　　(과거) 더욱 쉽고 편한 방식으로 이성을 만나려 했다.

3　　　(현재/곧 일어날 일) 상대방이 아량을 베풀어 관계가 유지되거
　　　나, 질문자가 상대방에게 지원해주기에 관계가 유지되고 있다.

6s　　(미래) (관계 발전과 상관없이) 상황이 진전/퇴보할 것이다.

4w　　(질문자의 내면) 자신이 생각하는 이상적인 상황이 다가오기만
　　　바라고 있다.

Qs　　(제3자가 바라보는 질문자) 주위에서조차 관계가 성립할 가능성
　　　이 없다고 여기고 있다.

5p　　(희망/두려움) 주위의 반대나 질시를 이겨내길 원하며, 상대방
　　　이 자신을 매몰차게 대할까 봐 두려워하고 있다.

6p　　(결과) 이도 저도 아닌 상황이 이어지거나, 상대방이 '사귀어
　　　주는' 수준의 관계가 될 것이다.

실전 해석

이 배열에서 Aw는 3번 위치, '기저'에 드러났다.

관계를 성립하려는 상황이기에 상대방의 마음을 확실히 사로잡을 수단이 없는 한, 사귀려는 열망만 가득하다는 점을 쉽게 간파할 수 있다.

Aw에 영향을 주는 카드는 Pp, 2s, 4w/Qs, 5p다. 이로써 미숙함(Pp)과 시도하기 어려운/힘든 분위기(2s)가 질문자를 가로막고 있는데도 상황을 낙관하고 있으며(4w), 가망 없다고 여기는 주변 평가(Qs)를 애써 부정하고 있다는 것을 알 수 있다(5p).

그렇기에 이 배열에서 Aw는 '충동적인 고백'이 일어나기가 매우 쉬운 상태라는 점을 지적하며, 먼저 냉정하게 상황을 판단해야 한다고 조언함으로써 헛된 시도로 평판이 떨어지거나 상심할 일을 미리 방지해야 한다.

---

① Pp(질문자 자신) 비교적 **부정**적인 영향을 받았다. 연애 경험이 부족한 탓에 자신이 어떻게 이성에게 다가가야 하는지 모른 채 쉬운 방법*을 이용했으며, 이 방법만으로도 상대방의 호감을 얻을 수 있다고 여기는 데 비해, 다른 사람/상대방은 질문자의 이런 속마음에 대해 별달리 반응하지 않거나 사무적으로만 응대하고 있기 때문이다(2s, 7s, 4w, Qs).

---

② 2s(장애물) **부정**적인 영향을 받았다. 주도면밀하지 못하고 오히려 즉흥적인 고백에 가깝다는 것을 암시한다. 또한, 경험/역량 부족으로 부정적인 영향에 쉽게 노출된다. 그러므로 질문자에게 마음을 고백할 기회조차 주어지지 않았거나 상대방이 자신에게 호감이 있는지 확인/확신하지 못했다는 것을 의미한다(Aw, 7s, 4w, 5p).

> * 동호회에 가입하는 이유는 보통 특정 주제를 같이 논하며 더 깊게 파고들려 하거나, 친목/연애/이익을 얻으려는 상황으로 나뉜다. 질문자는 친목(을 빙자한 연애) 활동에 기울어진 것으로 볼 수 있다.

③ **Aw(기저)** 앞에서 언급한 대로 **부정**적인 영향을 받았다. 무엇보다 Pp의 의미가 Aw의 약화에 매우 큰 영향을 미친다. 나아가 7/8번 위치에 드러난 4w/Qs의 대비 또한 확인할 수 있다. 여기서는 7번 위치에 긍정적인 카드, 8번 위치에 부정적인 카드가 나타났다.

이는 4w가 제시하는 이상향이 어디까지나 자신에게만 적용되는 것을 지적하며, 질문자의 낙관과 현실 사이에 큰 괴리가 있다는 것을 경고한다. 최악의 경우, Qs에 해당하는 인물이 제재를 가할 수도 있다는 것을 드러내기 때문이다.

다행히 최악의 상황은 피할 것으로 보이는데, 이는 질문자 자신도 고백 거절이 가져다주는 문제(5p)를 그 나름대로 고심하고 있으며, 그렇기에 아직 상황을 진정/개선할 여지가 남아 있기 때문이다(Pp, 2s, 4w/Qs, 5p).

---

④ **7s(과거)** **부정**적인 영향을 받았다. 질문자가 상대방과 만나거나 감정을 공유하고자 자신의 재화/역량을 써가며 상대방에게 접근하는 정도의 관계라는 것을 드러낸다.

또한, 질문자가 해당 모임 안에서 연애를 원치 않는 운영자/운영 규칙을 피하거나 애써 무시해가며 고백을 강행하려 한다는 것을 뜻한다. 그러나, 질문자를 도와줄 사람조차 없기에 부정적인 영향을 극복하기 어렵다.

이런 태도가 심하면 불법적인 수단을 쓰기도 하지만, 이 사례에는 해당하지 않고 단순히 연애하고 싶어 동호회라는 쉬워 보이는 수단을 택한 것으로 이해할 수 있다(2s, 3, Qs, 5p).

---

⑤ **3(현재/곧 일어날 일)** **부정**적인 영향을 받았다. 3의 기본 덕목들과 상충하기에 부정적인 영향을 받기 쉬운 상태이기도 하다. 3은 **대가 없는 후원, 양육**으로 그 격을 상승시키기 때문이다.

질문자가 호감을 느낀 것까지는 좋았으나, 상대방의 호감을 사려 시도한 행위들이 상대방에게는 당연하거나 별다른 의도가 없다고 여겨졌다는 것을 뜻하며, 자신이 쥐고 있는 재화를 낭비/탕진한 것에 가깝기 때문이다(Aw, 6s, Qs, 5p).

---

⑥ **6s(미래) 부정**적인 영향을 받았다. 상황이 긍정/부정과 상관없이 변화할 것을 뜻한다. 그러나 뒤이은 카드 중, 이전에 드러난 카드들의 부정적인 영향이나 분위기를 반전할 만한 것이 없었기에 부정적인 영향을 받는다.

이는 질문자가 굳센 의지를 품었더라도(Aw) 동원할 수단/접근 방법에 한계가 있거나 역량/명분이 부족(Pp)해 질문자의 노력을 인정해주는 이가 없고, 되레 질문자가 갑작스러운 돌발 행동*을 해 망신당하기 쉽기 때문이다(Pp, Aw, 7s, 5p).

---

⑦ **4w(질문자의 내면) 부정**적인 영향을 받았다. 현실적인 판단을 하지 못하고 있는 질문자가 상황이 자신이 원하는 대로 흘러가리라 생각한 나머지 주변의 반대/부정적인 관측을 아랑곳하지 않은 채 고백에 성공할 것이라 여기고 있으며, 이후 이어질 이야기를 상상하고 있다는 것을 뜻한다.

긍정적인 영향을 받았다면 자신의 이상/청사진을 상대방에게 공유하는 데 성공해 더 나은 방향으로 발전하려는 의욕이 가득한 상황을 뜻하지만, 이 사례에서는 적용되지 않았다(2s, Aw, 6s, 5p).

---

⑧ **Qs(제3자가 바라보는 질문자) 부정**적인 영향을 받았다. 이는 의지(Aw)를 구현하고자 질문자가 동원한 방식(7s)이 외부에 노출/간파당했다는 것을 의미하고, 이 때문에 질문자가 원치 않는/두려워하는 사람들의 평가가 질문자의 의도와 반대 방향으로 치우치기 쉬우며, 끝내 다른 사람들이 개입할 가능성이 커진다(5p).

> * 자신의 감정을 상대방도 당연히 알 것이라 착각하는 것은 연애 경험이 적은 이들이 자주 저지르는 실수다. 이는 곧 상대방의 의향을 오판한 채 고백하는 행동으로 이어지나, 이런 마음을 알 리 없는(알더라도 사귈 정도는 아니라고 판단하는) 상대방은 기분 나빠하거나 당혹해하는 일이 많다.

또한, 상황이 좋지 않은데도 질문자가 자신의 계획/이상대로 일이 이루어질 것이라 여기고 있다는 데서(4w) 이 질문과 관계있는 이들이 질문자를 '어떻게든 연애해보려는 사람'이나 '취미 공유가 아니라 만만한 이성과 연애하는 데만 관심 있는 사람'이라 평가할 공산이 커졌다는 것을 알 수 있다(Aw, 7s, 4w, 5p).

⑨ **5p (희망/두려움)** **부정**적으로만 해석하기 쉽지만, **긍정**적인 면도 부각할 수밖에 없는 위치라는 점을 고려해야 한다. 이 배열에서 5p가 의미하는 희망은 주위의 반대나 현실적인 어려움을 상대방과 함께 이겨내며 어려운 상황을 극복해 더욱 깊은 관계를 형성하는 것을 뜻한다.

반대로 연애 성립 시도가 실패한 뒤 남는 것 하나 없이 자신의 평가만 떨어지거나 심하면 해당 모임에서 축출되는 상황으로 내몰릴까 봐 두려워하는 모습으로 이해할 수도 있다.

이로써 질문자가 연애 경험 부족으로 자기 감정을 전달하는 방법이 옳지 않았거나 (자기 딴에는) 최선의(그러나 질문자의 편의만 맞추는 데 급급한) 방법에 근본적으로 문제가 있었다는 것을 알 수 있다(Pp, Aw, 7s, 6s).

⑩ **6p (결론)** 최대한 긍정적으로 해석한다면 상대방의 동정을 사는 데 성공해 연애가 시작될 수 있다는 것을 암시하나, 위에서 언급한 내용을 참고한다면 **부정**적인 영향을 너무 많이 받았기에 긍정적으로 해석하기 어렵다는 것을 알 수 있다.

다만, 고백 시도에 따른 충격이나 평판 저하가 덜 일어날 것을 뜻하며, 평판을 복구하는 데 시간이 걸리겠지만 강제 추방 등의 극단적인 일은 벌어지지 않으리라는 것을 암시한다.

해석을 정리하며 나는 될 수 있으면 고백하지 말 것을 권했으나, 질문자는 이런저런 낙관론을 늘어놓으면서 현실을 직시하지 않으려 했다. 나는 끝내 설득을 포기하고 해당 동호회의 운영진에게라도 사전에 양해나 자문을 구하라고 당부했는데, 이는 Qs의 의미상 최소한이라도 정보를 공유하거나 사건이 벌어질 징조를 관리자(Qs)들이 미리 인지/감지하면 큰 논란/분쟁이 일어나지는 않으리라고 여겼기 때문이다.

그러나 굳이 그렇게까지 할 필요 있겠느냐는 질문자의 말에 나는 해석을 종료했고, 며칠 안 돼 운영자들에게 이 내용을 알렸다.

이후 상황은 계속 미묘한 분위기로 흘러갔지만, 운영진의 관리로 질문자는 고백을 시도조차 할 수 없었다. 얼마 안 돼 상대방이 취업을 준비하면서 모임에 점차 발걸음이 뜸해졌고, 질문자의 관심 또한 다른 이성에게로 옮겨갔기 때문이다.

이 배열에서 Aw는 비교적 상세한 내용이 쉽게 유추된 사례다. 이른바 연애하고 싶은 이성을 '발견'하는 것이자, 연애하고 싶다는 '충동' 자체로 드러난 것이다. 흔한 질문은 그만큼 해석자가 눈치채기 어려운 변수가 덜 발생하기에 의미 탐색이 쉬워졌다고 볼 수 있다.

이처럼 연애와 관련한 질문에서 Aw는 '충동, 발견' 등의 의미를 혼자 지니는 것을 넘어 다른 사람/상대방에게 먼저 공유해야 한다. 연애는 혼자 하는 것이 아니기 때문이다.

서로 Ace라 여겼다면 굳이 고백을 주제로 질문하지도 않는다. 이럴 때는 말 그대로 첫눈에 반했지만 각자의 결격 사유나 서로 예방/교정해야 할 단점을 보완하고자 질문하는 경향이 있다는 점에 유의해야 한다.

연애 관련 점에서 Ace 카드가 해석하기 어려운 또 하나의 이유는, Ace의 양면적인 의미만큼 기반/수준이 압도적인 이들도 누군가에게는 관심 없는 사람일 뿐이기 때문이다. 그래서 제3자가 보기에 무척 괜찮아 보이는 사람도 거절당하는 사례를 종종 볼 수 있다.

실제 사례 (1994년 2월, 경기도 성남시 중원구 모처, 40대 초반 여성)

질문   이 메뉴 잘 팔릴까?

사전 정보 이사 가기 전에 집 앞의 목재상이 건강상의 이유로 문을 닫고, 그 앞에 임시로 노점을 들여 장사하던 이가 새로운 메뉴를 내놓을 것이라며 문의했다.

$$Pw - 2w - 4c - 6p - Aw - 9 - 5p - 5c - 10p - 2p$$

Pw   (질문자 자신) 장사를 시작한 지 얼마 되지 않았거나, 새로운 메뉴를 사람들에게 선보였다.

2w   (장애물) 주변에 적극적으로 알리지 않는/못하는 상황이다.

4c   (기저) 무언가 부족하다고 여기거나 불만을 품고 있다.

6p   (과거) 비교적 적은 자금으로 장사를 시작했거나, 기반이 매우 취약하다.

Aw   (현재/곧 일어날 일) 새로운 시도를 감행했지만, 성공 여부는 불투명하다.

9   (미래) 외부에 알려지지 못하거나 앞으로 운영이 힘들어질 것이다.

5p   (질문자의 내면) 자본 부족으로 매우 곤란하다.

5c   (제3자가 바라보는 질문자) 그다지 메뉴에 호기심을 느끼지 못하거나 금방 사라질 곳으로 여긴다.

10p   (희망/두려움) 이 아이디어로 장사가 잘되어 순환이 일어나길 바라며, 애써 노력했으나 별 반응이 없어 더욱 어려워질까 봐 두려워한다.

2p   (결과) 어떻게든 유지는 할 수 있겠으나, 상황의 극적 해결은 절대 이루어지지 않을 것이다.

실전 해석

이 배열에서 Aw는 5번 위치, '현재/곧 일어날 일'에 드러났다.

사업 및 새로운 시도(신메뉴)와 관계있기에 창업 성사 여부와 관련한 내용 또한 어느 정도 섞여 있다는 것을 참작해야 한다.

배열에서 Aw에게 영향을 주는 카드는 <u>Pw, 2w, 4c, 5p</u>다. 이는 긍정적이지도 부정적이지도 않은 애매한 상태로 보일 수 있으나, 질문 분야와 질문자가 처한 상황의 특성상 부정적인 영향을 받는다.

이는 의욕이나 열정이 있더라도 새로운 시도나 발견으로 대변되는 Aw의 효과를 사람들이 주목하지 못하거나(2w), 자본 부족(5p)에 시달리는 모습이 강조되고 있으며, 질문자 자신도 만족하지 못하는 (4c) 상황이 Pw의 의미를 퇴색시키고, 나아가 Aw의 의미에도 악영향을 미치기 때문이다.

그렇기에 이 배열에서 Aw는 '새로운 발견, 창조'의 의미를 질문자가 직접 실행했더라도 지속성이 떨어지거나 Aw로 얻은 성과를 더 확대하는 데 필요한 기반이 부족해 애써 잡은 좋은 기회를 놓칠 수 있다는 점에 주목해야 한다.

---

① **Pw(질문자 자신) 부정**적인 영향을 받았다. 자신의 새로운 시도를 외부에 알리고 싶어도 그렇게 하지 못하는 현 상황에 더해, 질문자의 기반/경험 부족(6p, 5p)이 발목을 잡기 때문이다.

또한, 질문자도 자신의 시도에 대해 불만족한(4c) 면모를 보이기에 긍정/부정적인 의미를 확정할 수 있으며, 좋은 시도였지만 수익성이 떨어지거나 소비자가 해당 메뉴에 매력을 느끼기에는 어려워 보인다는 것을 강조한다(2w, 4c, 6p, 5p).

---

② **2w(장애물) 부정**적인 영향을 받았다. 더 많은 홍보/자본을 동원하지 않는/못하는 태도가 문제를 악화시키고 있다는 것을 보여준다. 부족한 기반/예산(5p)이 계속 발목을 잡기에 홍보/자본 동원을 시도할 수 없는 현실과 질문자가 원하는 성공을 이 한 번의 시도만으로

이룰 수 없다는 점(4c)이 문제가 된다. 다만, 질문자가 새로운 메뉴에 기대를 많이 걸고 있을 뿐, 큰 욕심을 품지는 않았기에(10p) 부정적인 영향이 치명적으로 적용되지 않는다는 것을 알 수 있다(Pw, 4c, 5p, 10p).

---

③ **4c(기저)** 비교적 **부정**적인 영향을 받았다. 질문자가 새로운 시도를 하는 과정이나 이에 따른 결과물(신메뉴)에 대해 스스로 마음에 들지 않는 상황을 드러낸다. 이는 질문자의 시도(2w, Aw)가 성공을 거두더라도 외부에 잘 알려지기 어려워 부정적인 영향이 강해진다 (2w, Aw, 9).

---

④ **6p(과거)** 비교적 **부정**적인 영향을 받으나, 사안에 큰 영향을 끼치지는 못한다. 질문자가 빈약한 자본으로 이 일을 시작했거나, 외부/주위의 도움이나 양해를 얻었다는 것을 시사한다. 이는 필연적으로 일을 지속하기 어려울 수밖에 없다는 점을 강조한다. 분식이나 군것질거리의 특성상 대중의 폭넓은 후원이나 지지와 거리가 멀어 카드의 긍정적인 의미를 적용하기에는 여러모로 어렵기 때문이다.

점을 볼 시점에 이르러 질문자가 자립하고자 결정을 내렸거나 독자적인 행보를 시작했다는 점(Pw) 때문에 6p의 부정적인 영향이 줄어들었다. 다만 이 배열에서는 질문자가 더 먼 미래를 예측/설계하거나 큰 그림을 그리지 못하고 있으며(2w), 자신이 품은 불만이나 조급함이 다른 사람들에게까지 노출되기 쉬운 상황 탓에 6p의 긍정적인 면모를 끌어내지 못하고 있다(Pw, 2w, 4c, 5c).

---

⑤ **Aw(현재/곧 일어날 일)** 위에서 언급한 대로 **부정**적인 영향을 받았다. 이미 새로운 메뉴를 내놓았기에 '새로운 시도, 의지의 발출/표명'이라는 의미까지 폄하되지는 않았으나, 이를 주위에 선보이거나 자신 있게 권할 수 있는 상황을 만들기 어려운 당시 환경* 및 질문자의

---

* 이 당시 즉석 떡볶이를 제외한 분식 대부분은 대놓고 홍보할 수 없는 불량식품이나 비위생적인 음식으로 인식되었다. IMF 사태 이후 전국적으로 유행한

기반 부족 탓에 기회를 살릴 수 없는 상황이라는 점이 다른 카드들로 도 재차 강조된다(Pw, 2w, 4c, 5p).

---

⑥ **9(미래)** 비교적 **부정**적인 영향을 받았다. 현재의 난국을 현명하게 극복하면 새로운 메뉴를 스스로 창조한 Aw의 잠재력이 큰 자산이 될 수 있겠지만, 현실에 급급한 나머지 장기적인 시각을 갖추지 못해 잘못된 수단을 쓰거나 현재의 어려움을 극복하고자 손쉬운 방법을 동원해 찾아온 기회를 놓치기 쉬운 상황이다(2w, 4c, Aw, 5p).

---

⑦ **5p(질문자의 내면)** **부정**적인 영향을 받았다. 질문자의 정신/물질 적인 기반이 빈약하다는 것을 지적한다. 성공 가능성이 큰 메뉴라고 여겨 도전했으나 영세한 규모 탓에 기대만큼 일을 성사하기 어려운 현 상황을 드러낸다. 질문자의 불만/조급함(4c)과 질문자의 목표가 소박한 수준(10p)이라는 점 때문에 5p의 부정적인 면이 더 강조된다 (2w, 4c, Aw, 10p).

---

⑧ **5c(제3자가 바라보는 질문자)** **부정**적인 영향을 받았다. 질문자의 시도가 뚜렷한 반응을 얻지 못하며 임시 조치라는 것을 누구나 알고 있기에 사람들의 동정이나 후원을 받기 힘들며, 새로운 메뉴도 주 소 비층이 매력을 느끼지 못하거나 맛은 있어도 양이 턱없이 부족하다 고 생각하리라는 것을 지적하고 있다(2w, 6p, 5p).

---

⑨ **10p(희망/두려움)** 이 시도가 성공해 어려움에서 벗어나길 바라는 마음과 기껏 노력했지만 기대에 못 미치는 성과로 계획이 어그러질 까 봐 두려워하는 속마음으로 이해할 수 있다. 이를 더 세세히 관찰 해보면 질문자의 목표를 달성하더라도 이 정도의 시도로는 사람들 에게 '숨은 맛집'이라는 평을 끌어내는 정도에 그칠 뿐, 이익이 크지 않다는 것을 질문자도 잘 알고 있기 때문이다(Pw, 6p, Aw, 9).

프랜차이즈 덕에 이런 인식이 개선되었다.

⑩ **2p (결론)** 앞서 드러난 모든 카드 때문에 **부정**적인 의미를 띤다. 긍정적인 영향을 받았다면 새로운 시도로 최소한의 활로를 유지하는 데 성공해 장사를 이어갈 수 있다고 해석할 수 있겠지만, 부정적인 의미로 해석되기에 질문자가 주먹구구식으로 장사를 이어가다가 끝내 힘에 부치거나 인심을 잃어 폐업하리라는 것을 암시할 만큼 좋지 않은 의미가 강화되었다.

해석을 마치고 신메뉴를 시식했는데, 당면 순대와 찹쌀 순대의 중간 정도 되는 식감의 재료를 한 입 크기로 잘라 튀긴 뒤 당시 유행하던 떡꼬치 소스를 개량해 바른 것이었다. 200원이었던 가격*이 조금 비싸다고 느꼈지만, 맛은 글을 쓰고 있는 지금까지도 다른 곳에서 먹어보지 못했을 만큼 독창적이었다.

이건 분명 잘될 것 같았으나, 점의 해석과 반대 상황이기에 의아해하던 찰나, 본격적으로 내놓기 전이라 싸게 판 것이고 나중에 300원에 팔겠다길래 가격이 비싸다고 연신 만류했으나, 질문자는 괜찮다며 어린 나를 돌려보냈다.

얼마 지나지 않아 작은 순대 조각을 튀긴 이 새로운 메뉴는 300원으로 판매되기 시작했고, 임시였지만 중고등학생이 자주 오가던 버스 정류장 앞에 매대가 있었기에 처음에는 장사가 잘되는 듯싶었다. 별미였기에 나 또한 가끔 먼 거리를 걸어가서 사 먹기는 했으나 튀김 기름 관리가 안 되었는지 맛이 변했고, 결국 그해 겨울이 오기 전에 가격을 500원으로 올리더니 그 이듬해 개학 전에 폐업하고 말았다.

폐업 이유는 다양했다. 가격 문제뿐 아니라 중고교 평준화가 진행되며 버스 통학생도 줄고, 해당 점포 근처가 모두 재개발되면서 유동인구도 줄었으며, 질문자 자신도 이른바 깔세나 사글세** 개념으로

---

* 이 시기에는 떡볶이에 들어가는 밀떡 5~6개를 꽂은 떡꼬치를 150~200원에 팔았다.

** 깔세: 임차할 때 임차 기간만큼 셋돈을 한꺼번에 미리 지급한다.
사글세: 임차 기간 전체의 월세를 미리 내고 매월 월세를 공제한다.

자릿세를 내고 임시로 했던 것이기에 더 길게 장사하고 싶어도 방법이 없었다.

확실한 것은 이런 형태의 메뉴를 시도한 가게가 최소한 당시 그 일대에 전혀 없었을 정도로 발상은 좋았다는 점이다.

그 뒤로 이와 비슷한 길거리 음식은 20년 정도가 지난 뒤, 일반 순대를 길게 꼬치에 꽂아 소스를 발라 먹는 형태로 나왔지만, 그때의 맛과 큰 차이가 있어 아쉬웠던 기억이 있다.

이 배열에서 Aw는 결국 '새로운 시도'를 실행하는 데 그쳤다. 조리법이나 이윤을 생각하면 잠재력이 있었을 법했지만, 끝내 기회를 놓친 것에 가깝다.

이처럼 모든 Ace 카드, 그중에서도 Aw는 새로운 발상이나 시도가 성공하는 것과 상관없이 그 안에 잠재력이 있으며, 이를 정제/구현하는 데 성공하면 예상 밖의 성과를 거둘 수 있다는 점을 유의해야 한다.

특히 순수한 영/완드 요소의 특성상 Aw의 잠재력은 어떤 분야/장르/종목의 탄생과 밀접하게 관계있고, 새로운 조류를 형성해 기존에 없는(비슷한 것이 이미 있더라도 차별화할 수 있는) 것들을 선점한다는 점에서 다른 Ace 카드들과 구별된다.

2 *of* WANDS.

(완드 요소와 관련한) 관망, 사색, 고민
Contemplation

WANDS 공통 의미
철학, 원론, 윤리, 의지, 활력Vital, 노동, 스트레스, 언어

2 공통 의미
대립, 대적자, 병행, 평행선, 다른 존재의 출현(으로 벌어지는 일들)

2 *of* WANDS의 키워드
관망, 사색, 관조觀照, 고민, 의견 제시/제안, (대회/공모전 등) 응모, 발의發議, 검토, 비교, 대조, 초안 작성처럼 개괄적인 계획이나 목표를 설정하는 행위, 예상/예측, 멀리 헤아림, 선택지의 폭을 넓히려는 행위, 편견, 차별, 무지(에서 비롯되는 악) 등

긍정/부정 확인 기준

질문자가 고민/사색하는 내용이 (윤리적으로) 정상 범주에 속하거나
　　어느 한쪽의 일방적인 의견/주장에 편향되었나?

질문자의 관념/판단 기준이 다른 사람/경쟁자들보다 탁월하거나 통
　　찰력 있는가?

질문자가 외부에 자신의 생각/의견을 펼쳐야 하는 상황인가?

질문자의 시야가 좁은가?

선택/의지 표명으로 일어날 반발이 큰가?

이는 핍 상징편에서 언급한 의미들이 긍정/부정적으로 적용되는지
판단하는 몇 가지 기준이다.

　　모든 2 카드는 새로운 것 또는 자신과 다르거나 자신이 틀리다고
생각하는 것을 마주할 때 발생하는 상황들을 뜻한다. 그중에서도 2w
는 자신이 지니거나 옳다고 여기는 완드 요소를 선택하고, 이를 다른
완드 요소들이 혼재된 세상과 외부에 선보이거나, 선보이고자 사색/
고민하는 모습으로 요약할 수 있다.

　　문제는 이미 선택한 판단 기준과 관념이 잘못된 것일 때 편견에 휘
둘려 자신의 본의와 다른 반응을 얻거나 반발, 질시를 받을 수 있다
는 것이다. 이런 상황에서는 실제 행동에 나서지 않은 채 예상만 하
다가 때를 놓치거나 인심을 잃을 수 있다는 점에 주의해야 한다.

긍정 2w는 어떤 일을 시작하기에 앞서 자신의 역량을 확인하거나 일의 성사 여부를 미리 확인하는 등 비교적 앞날에 대해서 오랫동안/세세히 고민하며, 이 과정을 거쳐 더 현명해지거나 통찰력을 갖추게 된다.

이때 다른 사람들의 실수와 실패를 타산지석으로 삼거나 자신이 판단한 것이 실제 일어나서 큰 성과를 거두는 등의 결실을 얻고 주위의 선망이나 지지를 얻는다.

이렇게 긍정적인 의미로 해석된다면, 2w는 시의적절한 분석과 예측을 무기 삼아 질문과 관련한 사안들을 자신에게 유리하게 이끌며, 불리한 상황이라도 전력을 보존하는 데 성공해 비교 우위를 유지하는 효과를 낳는다.

다만 과유불급에 해당하는 사례도 있다. 이때는 너무 멀리/자세히 바라보고 행동에 옮기거나 대비할 것을 주장하는 바람에 당대에 인정받지 못하고 실제 사건이 벌어진 뒤에야 재평가받는 수순을 밟을 수 있다.

부정 2w의 의미도 퇴색되어 부정적인 영향을 받는 경우 아래와 같은 상황이 주로 일어난다.

(1) 생각'만' 하다가 행동에 옮기지 못하거나 때를 놓친 상황
(2) 판단 기준 자체가 잘못되어 그릇된 의지/주장을 내세우는 상황
(3) 자신은 사색에 따른 결론을 말했다고 생각하나 누구도 이를 인정/인식하지 않거나 못하는 상황

(1) 일상에서도 흔하다. 주저하는 바람에 자신이 원하는 것을 다른 사람이 가져가는 상황으로 이해할 수 있다. 다만 이는 자신이 갖춰야 할 것이라고 보이지 않거나 자신의 목표/기준에 맞지

않는다고 여긴다면 쉽게 적용할 수 없다.*

(2) 의도와 상관없이 차별, 폄하, 편견으로 연결되며, 이 때문에 비판 대상이 되는 상황으로 이해할 수 있다.

(3) 가장 흔하게는 자신이 말했다고 생각해왔으나 정작 주위 사람 모두 말한 적 없다고 항변하거나 타박 주는 모습으로 드러나며, 실제로 표현했더라도 다른 이들의 입장을 배려하지 않고 표현하다 보니 오해가 커져 문제를 일으키는 모습으로 드러난다. 이는 각각의 관념이나 언어 등이 다르기에 '이만하면 무슨 뜻인지 당연히 알겠지'라고 속으로만 생각하는 습관을 자제하도록 조처하면 문제가 비교적 쉽게 해결/개선되는 경향이 있다.

2w의 긍정적인 모습은 일상에서 어떤 과제, 시험, 고민에 대비해 그 나름대로 각오나 준비를 하는 상황으로 나타나며, 나아가 큰일이 벌어지기 전에 전략을 수립해 미리 포석을 쌓아두는 모습으로 드러난다. 이런 역사적인 사례로 제갈량의 천하 삼분지계** 등을 들 수 있으며, 제2차 포에니 전쟁 당시 불리한 상황을 이겨내는 데 성공한 로마 집정관 파비우스의 지연 전략***은 2w의 긍정적인 모습을 잘 활용했을 때의 효과를 보여준다. 다만 지나치게 앞서서 예상하고 대비하거나 기우杞憂에 가깝다고 여겨져 사람들에게 손가락질받다가 뒤늦게 재평가되는 사례도 있다. 제2차 세계대전 이후로 줄곧 전쟁을

---

* 어떤 명분을 주장하면서 "그 명분에는 부합하지 않으나 당장/앞으로 필요해 보이는 것을 얻을 것인가?"와 같은 상황이 이에 속한다.

** 제갈량의 천하 삼분지계를 조금 부족하나마 구현한 뒤, 유비는 황제에 오를 기반과 역량, 명분을 확보한다.

*** 퀸투스 파비우스 막시무스Quintus Fabius Maximus(기원전 275~203년)는 제2차 포에니 전쟁 시기에 한니발의 공격을 방어하려면 철저히 수세를 취해야 한다고 주장했다. 사람들이 그런 그를 '굼뜬 자Cunctator'라고 비꼴 정도였다. 결국 로마는 칸나이 전투에 대패한 뒤에야 그의 의견을 채택했고, 이에 더해 카르타고 본국을 노린 스키피오의 전략이 어우러져 전쟁에서 승리하는 위업을 달성했다. 이후 그를 '굼뜬 자'라고 비꼬던 호칭은 '지구전주의자'를 뜻하게 되었다.

반대해온 미국 하원의원 자넷 P. 랜킨을 예로 들 수 있으며,* 현대에
우공이산愚公移山의 고사를 직접 실현했던 인도의 다슈라트 만지**도
예로 들 수 있다.

이런 사례들은 2w가 긍정적인 영향을 받더라도 시기가 좋지 않아
벌어지는 일로 이해할 수 있다.

반대로 2w의 부정적인 의미가 적용되는 사안 또한 차고 넘친다.
지금도 다른 사람들을 배려하지 않거나 논란이 될 법하거나 잘못된
사상, 태도를 밝혀 구설수에 오르는 사람이 대부분 이에 해당한다.
이는 밝힐 필요 없는 속내를 드러내 비판받는 것도 포함된다.*** 이런
언행으로 큰일을 그르치거나 자신의 기반을 송두리째 빼앗긴 사례
가 바로 사담 후세인의 패망****이다. 그는 경솔한 발언으로 자신과

---

* 그는 1917년 미국의 제1차 세계대전 참전 의결에서도 반대표를 던졌던
4명 중 하나였고, 제2차 세계대전 개전의 유일한 반대자였다. 제2차 세계대전
참전을 반대할 때 그는 "민주주의란 만장일치가 있어서는 안 되는 정치제도"
라고 주장했으며, 이 때문에 정계를 은퇴해야 했을 뿐 아니라 생명의 위협을
느낄 정도로 압박받았음에도 꾸준히 반전운동에 나섰다. 사후 1985년 미국
국회의사당에 그를 기리는 동상이 건립되는 등 재평가를 받았다.

** 다슈라트 만지Dashrath Manjhi는 격오지인 자신이 살던 겔라우르에서 태
어나고 자란 사람이었으나, 1959년 여름 사고로 다친 아내를 둘러업고 병원
으로 향하다가 산에 가로막혀 55킬로미터를 우회해야 했다. 병원에 늦게 도착
하는 바람에 아내가 사망하자, 자기 재산을 처분해 22년 동안 망치와 정만으
로 산을 뚫기 시작했고, 끝내 길이 완성되어 시내로 향하는 길은 1킬로미터 남
짓한 거리로 줄어들었다.
〈맨손으로 거대 산 깎아 길 만들어…죽은 아내 위한 헌신〉, SBS 뉴스, 2015년
8월 26일 자.

*** 이른바 다양한 사회 관계망Social Networking Service에서 잘못된 추측성
발언이나 밝힐 필요 없는 속내를 드러내는 바람에 스스로 또는 전혀 상관없는
제3자를 곤경에 빠뜨리는 상황을 예로 들 수 있다.

**** 사담 후세인은 9·11테러에 크게 분노한 미국의 상황을 제대로 살피지
못한 채 생각 없이 '신의 천벌을 받았다'라는 말로 공분을 샀다. 이후 2003년
이라크 전쟁이 시작돼 스스로 자신의 인생을 파멸시켰다. 저 발언만 아니었더
라도 독재지만 세속주의 정권을 표방하던 그를 미국이 단번에 공격할 방도를
찾기 어려웠거나 무리해야 했을 것이며, 그만큼 미국에게 좋은 명분이 되어준

국가를 위태롭게 만들었다.

2w는 이런 특징 때문에 질문자가 고려하거나 준비해야 하는 사항을 미리 대비할 수 있도록 기준과 명분을 만들게끔 조언해야 한다. 이때 크게 무리하지 않는다면 비교적 쉽게 긍정적인 효과를 배열의 다른 카드들에 전파할 수 있다.

이는 선견지명으로 이어져 뭇사람들의 모범이 되거나 더 현명한 견해를 갖출 수 있게 해 자신의 영향력이나 기반을 형성하는 계기로 작용한다.

다만 그렇지 못하면 기우를 일삼거나 엉뚱하고 혐오스러운 발상을 구분 없이 퍼뜨려 자신을 망치거나 찾아온 기회를 지나쳐 버릴 수 있다는 점에 주의해야 한다. 이를 미리 방지하려면 해석자는 질문자가 말하려는 것을 다른 사람들에게 불편하지 않게 설명할 방법이 무엇인지 함께 고민해야 할 것이다.

배열 위치별 특징 켈틱 크로스 배열에서 2w가 1, 3, 4, 7번 위치에 나타나면 해석이 비교적 쉬워진다. 이는 2w의 의미를 질문자가 실제 실행했는지 확인하기 쉽고, 이에 따른 의미의 약화/강화를 파악하기도 쉬워지기 때문이다.

그 밖의 위치 중에서 2, 8, 9번 위치는 부정적인 영향이 비교적 덜하거나 긍정적인 면모를 강화하기 쉽고, 그만큼 2w의 영향력이 배열에 강력하게 적용된다. 이는 '관망, 사색'이 활성화되는 것과 더불어 다른 카드들의 긍정적인 의미들이 부각/결합하는 사례가 많기 때문이다.

이와 달리 6번 위치는 2w의 영향력이 약화하기 쉽다. 이는 소 잃고 외양간 고치거나 닭 쫓던 개 꼴로 전락하기 쉽고, 긍정적인 영향이 강화되더라도 변화를 계속 관망하는 수준에 그치기 때문이다.

다만 5번 위치는 어떤 경향성이 있다고 보기 어렵다. 다각적으로

발언이었다.

분석해야 하기에 비교적 핍 카드임에도 해석하기 까다로운 사례가 많으니 유의해야 한다.

연애(관계가 성립한 상황) 보통 상호 관계를 발전/악화하고자 고민/고려하는 모습을 묘사한다.

긍정 상호 관계 발전이나 기반 형성, 의견 합치를 위해 노력하는 상황을 드러내며, 때에 따라 각종 경조사와 관해 논의하거나 미래에 대한 청사진을 그리는 등의 의미가 있다.

부정 각자의 관점이 다르거나 오해가 생길 수 있다는 것을 경고하며, 어느 한쪽이 연애가 아닌 진로, 건강, 생계, 외도 등 다양한 다른 목적에 신경 쓰고 있다는 것을 암시한다.

연애(관계가 성립하지 않은 상황) 기본적으로 이성에게 자신의 감정이나 호감을 표현하려 하는 모습을 뜻하며, 그 밖에 연애 기준 확립이나 연애 대상 물색에 나서는 모습으로 드러난다.

긍정 연애 희망 여부와 상관없이 자신/다른 사람이 호감을 표현하려 방법을 찾고 있거나 고민하고 있으며, 자신의 연애관을 (재)정립하거나 연애하고 싶은 이성의 기준 및 이상형을 (재)설정하게 되는 것을 의미한다.

부정 연애 성립을 원하는 상황이라면 자신의 감정/호감을 제대로 표현하지 못해 연애에 지장이 생기고 있거나, 자신이 이성을 바라보는 관점/기준이 편협한 (또는 너무 이상적인) 수준에 머물러 있다는 것을 지적한다. 상황이 심각해지면, 현실과 괴리되어 다른 사람들의 비난을 살 수 있다.

단순한 연애운이라면 자신의 진로 계획이나 다른 고민으로 인해 연애에 전념할 수 없는 상황이거나 자신에게 걸맞은/자신이 원하는 이성이 있을 법한 새로운 장소/분야를 찾아 참여 의사만 타진할 뿐, 실제로는 어떤 준비나 행동을 취하지 않고 있다는 것을 암시한다.

---

* 2w는 어떤 주제여도 부정적이면 기본적으로 동상이몽同床異夢의 의미가 적용된다.

대인관계 외부 진출이나 자신과 비슷한/의기투합할 만한 이들이 어디에 있을지 생각하고 살피는 상황과 밀접하게 연관된다. 또한, 질문자가 추구하거나 전공인 분야에 대한 공통 목적을 이루고자 하는 모임(세미나, 포럼 등)들을 지칭하는 경향이 있다.

긍정 자신이 추구하는 것과 같은 분야에서 활동하는 집단을 발견하거나 해당 집단에 자기 생각이나 견해를 밝히는 방법으로 인맥을 넓혀나갈 수 있다는 것을 의미한다. 이런 이유로 2w는 (연구 잡지 등에 대한) 논문 투고, 프레젠테이션, 사설 기고 등으로 그 의미가 확장될 수 있다. 소소하게는 자신의 성향에 맞다 여기는 커뮤니티나 SNS*에 자기 생각이나 견해를 게시하는 것**까지 포함한다.

부정 자기 생각과 같지 않은 집단에 소속되어 겉돌거나 관심사를 공유할 곳 없이 고립된 상황이라는 것을 의미한다. 이 고립은 단순히 자신이 소속된 곳 없는 상황을 강조하는 것이 아니라 '만나던 사람만 만나는' 현상이 심해져 세상을 바라보는 시야가 점차 좁아지고 있다는 점을 경고하는 것이다.

이런 부정적 영향이 심해지면 자신의 엉뚱한/잘못된 생각을 공개적으로 밝히는 바람에 그나마 있던 주변 사람들조차 떠나보낼 수밖에 없는 수준으로 전락한다.

사업의 흐름이나 전망 기본적으로 사업의 장래성이나 수익 실현 여부를 견주어보는 단계에 머무는 상태라는 것을 뜻한다.

긍정 향후 이어질 사업 계획을 검토하고 이를 달성하고자 내부를 정리하거나 목표 달성 시 얻을 혜택/포상을 내부에 공유해 목적의식을 뚜렷하게 심어주는 등의 사기 진작이 필요한 상황을 의미한다.

다른 의미로 사업을 확장하려 새로운 아이템/아이디어를 기획/구상하거나 다른 유/무형적인 영역***으로 진출하는 방안을 타진하는 상

* 페이스북, 트위터, 포털 사이트, 커뮤니티 게시판 등.
** 단, 여기에는 자신의 (완드 요소가 담긴) 의견, 견해가 담겨야 한다.
*** 다른 분야(가전제품 분야에 몸담았다가 농업 분야에 진출하는 식) 또는 다른 지역(대한민국에서 해외/타국으로)의 의미가 중의적으로 적용된다.

황이 오는 것을 의미한다.

부정 잘못된 기획, 자신이 노린 수요층과 다른 실제 수요층, 해야 하는 것보다 하고 싶은 것에 치중하는 등의 사업을 운영하고 있다는 것을 지적한다.

이런 부정적인 영향이 심해지면 조직 내 여론이 상반되거나* 사업과 관련한 외부 흐름에 둔감해지는 등 정보력에 문제가 생긴 상황이라는 것을 경고한다.

창업의 성사 여부 기본적으로 창업을 준비/기획하는 단계에 국한된다. 특정 분야를 논한다면 이른바 어떤 사업을 진행하는 데 비계飛階**와 같은 쏨쏨이를 가진 요소를 만드는 과정을 대행하거나 작품/제품이 완성되기 전에 선행 체험*** 또는 사전 신청자들에게 제공해**** 수익을 내는 방식들에 해당한다.

긍정 창업 시점에 맞춰 원하는 효과를 최적/최대로 얻을 수단을 차곡차곡 쌓아가거나 사업의 명확한 공략 대상/기획 의도 등을 설정하는 상황이라는 것을 의미하며, 이 과정으로 사업의 방향성을 더욱 뚜렷하게 만들 수 있다는 점을 강조한다.

부정 창업 아이템이 시기상조거나 상품 가치를 높일 방법을 찾기 힘들어 창업할 수 없는 상황*****들로 드러나며, 심각하게는 너무 먼

---

* 이는 사내 파벌 싸움과는 거리가 있으며, 상부와 하부의 의견 전달/공유가 전혀 되지 않는 상황에 더 가깝다.

** 비계는 높은 곳에서 공사할 수 있도록 임시로 설치하는 가설물로, 흔히 '아시바'라 불리는 구조물이다. 건물의 외벽을 개축/보수하거나 미장, 도색하기 위한 임시 작업대다.

*** 어떤 매체를 미리 체험하고 감상을 남기는 것이나 게임 등의 무료 체험, 화장품 무료 샘플 등을 예로 들 수 있다.

**** 사전 등록/예약제를 이용하거나 후원을 중개해 수익을 내는 방식도 이에 속한다.

***** 이런 예로 가상현실VR 게임을 들 수 있다. 이미 1990년대에 〈공각기동대〉, 〈매트릭스〉 등 대중매체에서도 주목했고, 대중의 가상현실에 대한 인식도 이 시점에 확고히 자리 잡았지만, 당시 이를 무리해서라도 구현하려 시도

미래에 구현될 개념/사업성을 추구하는 바람에 이르게 사업에 실패할 수 있다는 점을 지적한다.*

진로 적성 '관망, 사색'을 직접/많이 활용하는 직군에 대응하되, 전면에 나서지 않거나 보좌/참모에 해당하는 직위, 직업에 어울린다. 이는 빅 데이터, 여론 조사, 통계, 정책 설계 등에서부터 전화 상담(단, 이때 2w는 아웃바운드Outbound**에만 해당한다), 관찰(교통량 체크 등) 업무 등으로 그 의미가 확장된다.

　긍정 탁월한 관찰, 통찰력을 이용해 자신을 넘어 많은 이들의 미래를 변화시킬 수 있는 분야들에 재능을 가진다. 최상의 경우 '눈으로 본 듯이' 어떤 흐름, 현상을 미리 간파해내거나 자신의 계획이나 목적, 의지를 현실에 구현해내는 존재로 성장한다.

　부정 시야가 좁거나 목적과 과정을 혼동하는 경향이 있으며, 심각하게는 자신이 놓인 현실과 통찰한 미래의 거리감을 조율하지 못해 스스로 평판을 깎아내리는 모습으로 드러난다.

　이는 현실에 충실할 것을 조언하거나 본말전도가 일어나지 않도록 여러 조건/제한을 설정하는 방식 등을 응용해 조율하면 다소 개선할 수 있다.

시험 결과나 합격 여부 2w만으로는 당락을 확정하기 어렵고, 오히려 시험에 응시하는 상황을 뜻하거나 당락과 상관없이 해당 시험으로 장래를 고민하거나 시야가 넓어지는 것을 시사하는 경향이 있다.

　긍정 시험 결과와 상관없이 질문자의 시각/관점이 확장되고, 이로

한 게임 기기들은 모두 실패했다. 가상현실과 관련한 아이디어들은 30여 년이 지난 지금에야 구현되고 있다.

* 부동산 그린벨트 해제나 재개발 완료 후 상승할 가치를 기대했으나, 해제 조치나 재개발 일정이 늘어지는 바람에 얻을 이익이 확실해 보여도 막상 그 이익이 언제 올지 모르기에 기다리다가 자금이 말라버리는 상황을 예로 들 수 있다.

** 콜센터에서 직접 고객에게 전화를 걸어 영업을 진행하는 방식을 뜻한다.

써 새로운 영역으로 진출을 시도하게 되는 것을 뜻한다.

부정 합격하더라도 단순한 통과점*일 뿐이며, 자신의 분야/전공과 맞지 않는 시험에 응했다는 것을 뜻한다. 심각하게는 편협한 의견/답안 탓에 실패하는 것을 뜻하는데, 이때는 시야를 넓히거나 관점/응시 분야를 전환하도록 조언해 더 효율적인 길로 인도해야 한다.

질병의 호전, 완치 장기적으로 치료**해야 하는 병이 아닌 한 2w는 (후유증 및 검사 결과를 관찰하려 진행하는) 정양과 휴식으로 의미가 쏠리는 경향이 있다.

긍정 별다른 병이 없다는 것을 확인하거나 중병을 조기 발견해 빠르게 치료할 기회를 잡게 되는 것을 의미한다. 입원 중이라면 퇴원 일정에 맞춰 회복이 (의사의 예정/단언대로) 이루어진다.

부정 검사 결과가 뚜렷하지 않거나 자신은 정상이라 생각하지만 다른 검사들이 필요해지는 상황 또는 반대로 자신에게 병이 있다고 여기지만 실제로는 아무런 병이 없는 상태를 뜻한다. 전자라면 최악의 경우 새로운 (치명적) 질병/노환이 발견되거나 심해지며, 후자라면 2w는 건강 염려증***의 의미를 적용할 수 있다.

단순한 건강 문제 2w는 카드의 의미에 걸맞은 질병들과 관계있다.

긍정 특정 질병과 상관없거나 미리 예방할 수 있는 수준에 그치며, 스스로 진단해도 될 정도의 경중을 의미한다. 단, 노령/기저 질환이 있을 때는 해당하지 않으며, 전문의와 (다가오는) 진료 일정에 맞춰 점검받도록 권하는 수준으로 의미가 조정된다.

부정 시력 관련 문제에 속하며, 잠깐 눈의 초점이 맞지 않거나 어지러워하거나 가벼운 두통/머리가 무거운 느낌 정도에 국한되나, 심

---

* (상식적인 대응으로만 일관해도 통과할 수 있는) 명목상의 시험이나 면접 등이 이에 해당한다.

** 2년 이상 통원, 입원 등의 조치가 필요한 치료를 말한다.

*** 실제로는 질병이 없으나 검사나 치료를 반복하는 강박증의 일환이다. 이 때는 배열에 7c와 함께 나타나는 경향이 있다.

각하더라도 근시, 원시, 노안(난시는 2w에 속하지 않는다), 기면증 정도
에 그친다.

켈틱 크로스 배열 위치별 긍정/부정 해석법

1 →②④⑦⑧ 카드 확인 질문자가 질문과 관련해 어떤 (극복할 수 있는/없는) 문제와 맞닥뜨렸고, 과거의 영향이 긍정/부정적으로 적용되었는지 확인해야 한다. 이에 더해 질문자와 이를 둘러싼 여론이나 평가가 일치하는지 점검해 긍정/부정적인 영향을 판단해야 한다.

긍정 질문자의 예상/계획/전망이 옳다는 것을 뜻하거나 질문자의 시야를 존중/공유하려는 이들의 지지/지원 덕분에 문제를 수월하게 풀어나갈 수 있다는 것을 뜻한다. 물리적으로 극복할 수 없을 만큼 막막한 상황이 아닌 한 계획대로/순리대로 일이 풀릴 것이라고 격려해주면 된다.

부정 질문자가 예상한 좋지 못한 일들은 대부분 실제로 일어날 것이며, 이 상황에서 할 수 있는 일들은 무엇이더라도 실천에 옮겨야 한다는 점을 강조해야 한다. 심하게는 아래와 같은 극단적인 상황이 펼쳐질 수 있다.

(1) 자포자기 상태거나 알면서도 상황을 방치해 문제를 악화하는 상황

(2) 상황을 자신에게 유리한 것만 인지해 주변의 반발을 사는 상황

(3) 외부 정보를 차단(당)한 채 내부에만 정보를 공유해 확장 기회*나 문제 해결/개선 기회를 놓치는 상황

2 →①③⑦⑨ 카드 확인 일반적으로 시야 협소, 정보 부족과 관련한 문제가 있는지 확인해야 한다. 이를 구체적으로 파악하려면 1, 3, 7번 위치의 카드들이 얼마나 일관적으로 긍정/부정적 요소들을 언급하는지 확인하면서, 9번 위치의 긍정적인 면(희망)과 얼마나 차이 나는지 비교해야 2w의 의미를 확정할 수 있다.

긍정 더 멀리, 더 넓게(예습, 선행 학습 등) 바라보고 계획을 세우거나 추진한다면 일의 진행이 더 빨라지거나 들인 노력을 넘어 탁월한 성과를 얻을 수 있다는 것을 강조한다. 최상의 경우 이를 극복함으로써 자신의 시야 확장이 다른 사람들에게도 예언이나 선견지명으로 받아들여져 추종자, 후원자가 생긴다.

질문자 스스로 극복할 수 없는 문제라면 외부 인력에 비용을 지급하거나 대가를 제시해 대안을 탐색할 수 있다(예: 법적 문제를 변호사에게 자문).

부정 무계획적으로 행동한 탓에 문제가 생기기 쉽거나 경쟁에서 불리해

---

* 이는 원론/원본을 유지/고수해야 하는 관점이 필요한 상황일수록 치명적 문제로 작용하며, 끝내 지켜야 할 것을 지키지 못하고 본말전도가 일어난다.

지는 것을 경고한다. 심각해질수록 이런 문제를 해결할 조언을 찾기가 더욱 어려워지며, 극단적인 수단*조차도 통하지 않는 경향이 있다.

---

3 → ② ⑤ ⑦ ⑧ 카드 확인 질문자가 장애물이 되리라고 예측한 내용이 현실에 벌어졌는지 점검하는 것만으로도 2w의 의미나 미덕을 질문자가 지녔는지 확인할 수 있다. 이에 대해 질문자가 얼마나 동요, 불안해하는지 점검하고 외부의 시각에서 질문자가 문제와 마주하며 많이 위태해 보이거나 피해가 심한지 확인해야 한다.

긍정 대부분 점을 볼 이유가 없을 만큼 질문자가 이미 상황을 정리했거나, 마무리 점검 중일 때가 대부분이다. 주변에서도 질문과 관련한 상황을 이미 다 알고 있기에 변수가 생길지만 확인한다면 별문제 없이 순조롭게 일이 해결되는 것을 뜻하는 길조다. 다만 아무리 좋더라도 7번 위치에 드러난 카드의 부정적 의미가 강조된다면 이 문제의 모순이나 해결되지 못한 요소들이 다시 불거질 수 있으니 이 점을 대비하도록 조언해야 한다.

부정 질문자의 견해가 틀렸거나 안일한 상황 판단으로 문제가 더 커지는 것을 의미한다. 특히 5, 8번 위치와 2, 7번 위치가 확연히 다른 분위기를 보인다면 더욱 위험하며, 이렇게 부정적인 의미가 클수록 질문자의 생각이 현실과 큰 괴리를 보이며, 우호적으로 보이는 사람들의 인식/반응이 사실은 정반대의 속내를 숨기고 있다는 점을 강조해 문제를 재점검하도록 강력하게 권해야 한다.

---

4 → ① ② ③ ⑧ 카드 확인 질문과 관련한 사안을 질문자가 어떻게 생각해왔는지 판단해야 한다. 이에 더해 비슷한 문제를 대하는 질문자의 태도나 관점이 현 상황에 적합한지 분석하고, 사안을 바라보는 제3자들의 반응을 점검해 긍정/부정적인 의미를 확정할 수 있다.

긍정 과거에 고려/고민한 만큼 문제를 사전에 해결/대비한 바 있고, 질문자의 의도대로 순조롭게 풀려나갈 것을 뜻한다. 긍정적인 영향을 받을수록 시의적절한 귀인의 등장/초빙이 이루어지며, 최상의 경우 질문자의 설계대로 일이 모두 이루어진다.

부정 가볍게는 질문자의 걱정이 기우로 그치나, 자신이 잘못 인식하거나 편견에 사로잡혀 있다는 것을 인지하지 못하고 있다는 것을 의미한다. 심각

---

* 극단적인 선택을 하더라도 문제(채무, 법적 문제 등)가 해결되지 않고 자신과 주변 사람들에게 영향을 준다(연대보증, 연좌, 가난의 대물림 등).

할수록 남의 조언으로 개선하기 어렵거나* 이미 너무 많은 일을 벌인 뒤라 수습이 어려운 상황으로 해석할 수 있다.

---

5 → ② ③ ⑧ ⑨ 카드 확인 질문자가 움직여야 할 상황, 질문자가 움직이려는 의도/의욕 여부가 문제 해결과 얼마나 적절히 맞물리는지 파악하는 것이 2w의 긍정/부정적인 의미를 판가름하는 척도다.

긍정 발전하고자 다음 단계를 모색하는 데 성공하거나 이미 자신이 하려는 것을 이룬 이와 접촉하는 것을 시사하며, 이로써 문제를 해결하거나 더 높은 수준으로 나아갈 수 있다는 것을 뜻한다.

부정 고민하는 것조차 이미 늦었거나 잘못된 판단 또는 의견 제시로 문제가 악화할 수 있다는 것을 강조한다. 이때는 특히 질문자의 성향과 문제 해결에 필요한 역량이 다를수록 상황이 더욱 부정적으로 흘러간다.

---

6 → ① ② ④ ⑨ 카드 확인 질문자가 목표를 달성하지 못하고 준비해야만 하는 원인이 무엇인지 규명하면 긍정/부정적인 의미를 확정할 수 있다.

긍정 도약 전의 도움닫기처럼 질문자가 최종 목적을 이루고자 추가적인 것들을 준비하거나 더 큰 그림을 그리는 과정에서 성장하게 되는 것을 의미한다. 이때 9번 위치의 희망은 높은 확률로 달성되며, 그렇지 못하더라도 이에 버금가는 성과를 얻는 데 성공할 때가 많다.

부정 고려해야 할 일들이 더 생겨나거나 다들 기회를 노려야 하는 상황이 올 것을 암시한다. 심각할수록 행동 없이 생각만 많아지는 모양새가 되며, 스스로 고립되거나 남의 눈치를 봐야 하는 상황으로 몰릴 수 있다는 점을 지적하기에 이를 미리 방지할 수 있도록 조언해야 한다.

---

7 → ③ ④ ⑤ ⑨ 카드 확인 먼저 질문자가 얻으려는 것이 문제에 휘말린 다른 이들과 어떻게 다르고 같은지 확인해야 한다. 이는 3, 9번 위치의 카드를 5번 위치의 카드와 비교하면 파악하기 쉽다. 그 밖에 과거의 상황에서 질문자의 심계, 심사숙고 및 의욕 수준을 점검해 긍정/부정적인 의미를 선별할 수 있다.

긍정 (외부 상황과 상관없이) 질문자의 예상이 적중하거나 문제가 생기더라도 그 틈에서 질문자가 원하는 것을 얻을 수 있다는 것을 예견한다. 오히려 이때 다른 카드들이나 질문을 둘러싼 상황이 혼란스러울수록 2w의 의미가 강해지고, 남들이 허둥지둥할 때 소리소문없이 다른 사람/경쟁자들을 따돌

---

* '사람 나이 몇 살이 넘으면 제 버릇 누구 못 준다' 식의 상황을 지칭한다.

리는 모습으로 구현되는 경향이 있다.

부정 질문자가 상황에 맞지 않은 태도*를 취하는 것을 의미하며, 자기 생각보다 상황이 급하다는 것을 전혀 고려하지 못하는 상태라는 것을 암시한다. 심각하게는 자신만의 생각에 갇혀 다른 사람이나 판세를 재단하는 오류를 범하는 모습으로 악화하며, 최악의 경우 스스로 마음의 문을 닫고 자신만의 세상에서 살게 되는 것을 뜻한다.

---

8 → ②③⑦⑨ 카드 확인 제3자/주변 사람들이 왜 질문자에 관한 판단을 미루거나 명확한 이미지/모습으로 확신하지 못하는지 분석해야 한다. 이는 질문자의 의도나 상황에 따라** 능동/수동적인지 관찰함으로써 알 수 있다.

긍정 외부 접촉으로 문제를 쉽게 해결할 수 있거나 사람들이 질문자의 생각/의견을 받아들일 분위기가 조성되었다는 것을 암시한다. 긍정적인 영향이 강해질수록 사람들이 일을 진행하기에 앞서 질문자에게 조언이나 견해를 얻으려 할 정도로 무게감 있는 인사로 자리 잡고 있다는 것을 뜻한다.

부정 보통 존재감이 옅거나 제 갈 길 가는 사람으로 여기는 데 머무른다. 심하면 견해차로 교류하지 않거나 자기 영역 밖으로 나서지 않는 이로 여기고 있으며, 질문자의 의견을 한낱 견해/가설로 여겨 적용하지 않는 모습으로 격하한다.

---

9 → ①②④⑤ 카드 확인 질문자가 무엇을 바라는지 확인해야 한다. 특히 상황이 암울하거나 부정적일수록 질문자가 원하는 것이 단순히 휴식일 수 있다. 상황을 악화하는 요소들이 질문자의 바람/희망을 얼마나 축소하는지 가늠함으로써 더 정밀하게 해석할 수 있다.

희망 질문자가 이 문제/주제의 해결을 넘어 장기 계획을 세우고 더 큰 영향력을 얻거나 이에 따른 결실을 얻고 싶어 하는 것을 뜻한다.

두려움 질문자가 자신의 가능성을 가두거나 품은 뜻을 펼치기 어려운 상황에 내몰리는 등, 자기 생각/의도가 남에게 받아들여지지 않을까 봐 겁먹고 있는 상황을 암시한다.

---

* 빨리 무언가 해야 하는 상황인데 움직이지 않거나, 움직이면 안 되는데 조급히 움직이려는 상황을 예로 들 수 있다.

** 갓 입학/입사한 상황처럼 함부로 나서기 어려운 환경/상황 탓에 어쩔 수 없이 수동적으로 행동하거나 질문자가 고의로 자신의 속내나 의도를 숨기는/숨겨야 하는 면을 다각적으로 고려해야 한다.

10 → 2w는 긍정/부정적인 의미 여부와 상관없이 질문과 관련한 문제를 (궁극적으로) 해결하기에는 시기상조거나 장기적인 시각이 필요하다는 것을 강조한다.

긍정 모든 문제가 해결되지 않더라도 최소한의 개선이 이루어지거나, 해결하는 방법/실마리를 얻어 더욱 발전적으로 궁리하게 되는 것을 뜻한다. 또한, 이 과정을 거쳐 질문자가 (급속도로) 성장하리라는 것을 의미하며, 작은 문제에서 더 거대한 문제를 해결할 좋은 징조로 해석된다.

부정 질문자가 이 문제를 직접 개입하기 어렵거나 자신의 수준Level을 더 올린 뒤에 다시 도전해야 하는 상황이라는 것을 의미한다. 일의 사안이나 부정적인 영향의 정도에 따라 해결이나 진행에 필요한 조건이 추가되거나 문제 해결이 어려워진다.

심각해질수록 상황이 더 좋지 않게 흘러갈 것이 뻔한데도 지켜볼 수밖에 없는 상황이 되는 것을 강조하므로, 이를 미리 방지하거나 그 충격을 덜어낼 방침/조언을 내려주어야 한다.

실제 사례 (2001년 6월, 충남 천안시 모처, 고1 여성)

질문   이 대학에 가려면 무엇을 준비해야 하나?

사전 정보 지망하는 곳은 그 지역의 교육대학교였다. 당시 질문자의
성적은 꾸준히 공부하기만 해도 무난히 합격할 정도였다.

$$4c - 7p - 5 - Ps - 6w - Qc - 2w - 4p - Ks - Np$$

4c   (질문자 자신) 현재 성적에 만족하지 못하고 있다.

7p   (장애물) 원하는 곳에 가는 다양한 방법이 있길 바라며 기회를
노리고 있다.

5   (기저) 더욱더 배우고, 가르치고자 한다.

Ps   (과거) 다양한 정보를 알아보려 했거나 다른 경쟁자들보다 더
빨리 움직여왔다.

6w   (현재/곧 일어날 일) 부족한 부분 없이 현 상태를 유지만 해도 될
상황이다.

Qc   (미래) 자신의 취향에 맞는 방식을 이용해 공부에 매진하게 될
것이다.

2w   (질문자의 내면) 앞으로 필요한 것들이 무엇인지 다양한 방법으
로 조언을 구하고 있다.

4p   (제3자가 바라보는 질문자) 더 나은 곳을 갈 수 있는데도 기존 선
택을 바꾸지 않는다고 여긴다.

Ks   (희망/두려움) 성적을 더 향상하길 바라며, 지원하는 것조차 불
가능해질까 봐 두려워하고 있다.

Np   (결과) 견실하게 성적을 향상할 것이며, 자기 실력에 맞는 대학
에 진학할 수 있을 것이다.

실전 해석

이 배열에서 2w는 7번 위치, '질문자의 내면'에 드러났다.

학업, 진로와 관련한 질문의 특성상 질문자가 자신의 수준을 과신하거나 시야가 좁아 살피지 못한 부분에 어떤 문제가 숨겨져 있는지 조언함으로써 더 나은 결과를 얻도록 도와야 한다.

특히 질문자 스스로 더 넓은 시야를 갖추려 하거나 장기 계획을 꾸리는 상황인 만큼, 어느 정도 긍정적인 영향을 받을 준비는 되었다고 이해할 수 있다.

2w에 영향을 주는 카드는 5, Ps, 6w, Ks다. 이로써 긍정적인 영향을 받은 것을 알 수 있다. 기본적으로 지망하는 분야에 관한 관심이 꾸준했으며(5), 그 나름대로 성과(6w)를 달성했음에도 목표를 이루고자 전문가가 되려 하거나 그에 따르는 기준을 통과하고 싶어 하기 때문(Ks)이다. 그나마 부정적인 영향을 미칠 법한 Ps조차 기회주의적 면모와 거리가 있는 상태로 등장했기에 질문자가 속에 품고 있는 청사진이 무엇인지 확인하고 이를 더 구체적으로 정리해주는 것만으로도 큰 효과가 있을 것이 확실시되는 상황이라는 점을 참고해 해석에 임해야 할 것이다.

---

① **4c(질문자 자신)** 비교적 **긍정**적인 영향을 받았다. 사전 정보에서 부족한 실력이나 자기 과신이 두드러진다면 부정적인 영향을 받아 자기 실력을 생각하지 않은 채 불만만 품고 있다고 해석되나, 그렇지 않고 자신의 역량이 부족하다고 여겨 더 노력하는 모습이 배열에서 더 강조되기 때문이다(Ps, 6w, 2w, 4p).

---

② **7p(장애물)** 비교적 **긍정**적인 영향을 받았다. 자신이 원하는 것을 얻고자 이런저런 궁리를 하고 있으나, 명확한 방법을 찾지 못하고 있다는 것을 뜻한다.

현실적으로 취할 방법을 차근차근 확보할 수 있도록 도와준다면 배열의 다른 카드들까지 긍정적인 영향을 받게 할 수 있다. 이때 5의 의미를 이용해 기존 학습량을 끈기 있게 유지하도록 주문하며, Ps의 의미를 참고해 여론에 흔들리지 말고 초지일관하도록 권하면 장애물을 극복할 수 있다(4c, 5, Ps, 8).

---

③ **5(기저)** 비교적 **긍정**적인 영향을 받았다. 질문자가 목적을 달성하려 노력해왔다는 것을 드러내며, 자기 재능이나 적성 또한 해당 학과(교육)와 깊이 관련 있다는 것을 질문자가 인지하고 있기 때문이다.

나아가 재능에 안주하지 않고 더 많이, 더 높은 수준으로 나아갈 수 있도록 꾸준히 노력하게끔 격려하면 그에 따른 성과를 얻어내 중요한 순간(대입)을 잘 대비할 수 있다. 외부 시선으로도 질문자의 의지가 집착에 가깝다는 것을 알 수 있다는 점에서 다른 경쟁자들보다 앞설 준비를 단단히 한 상황이라는 것이 확인된다.

다만, 질문자의 목표보다 질문자의 역량이 더 높다고 여기는 이들의 관점에서는 질문자가 괜히 자신의 꿈을 이유로 더 발전할 기회를 놓치는 것은 아닌지 우려하거나 이를 빌미로 개입해 질문자의 의도/의지를 흩트릴 수 있다는 여지를 남긴다(7p, 6w, 2w, 4p).

---

④ **Ps(과거)** **긍정**적인 영향을 받았다. 질문자가 자신이 지원하려는 대학에 대한 정보를 예전부터 꾸준히 수집했고, 이 과정을 거쳐 자신이 품은 확신이 점차 강해졌다는 것을 뜻하기 때문이다(7p, Qc, 4p, Ks).

---

⑤ **6w(현재/곧 일어날 일)** **긍정**적인 영향을 받았다. 방심, 자만과 관련한 카드가 배열에 나타났다면 부정적인 영향을 받기 쉽겠지만, 앞에서 언급했듯 방심은커녕 목표에 더 집착하는 모습이 강조되기에(4c, 4p) 질문자가 노력한 성과가 곧 나타날 것이며 상황이 순조롭게 흘러갈 것을 드러낸다. 나아가 질문자가 자신에게 도움이 되는 방법을 탐색하는 것을 게을리하지 않되(Ps), 편법을 사용하지 않는다는 점(5) 또한 긍정적인 의미를 강화하고 있다(4c, 5, Ps, 4p).

---

⑥ **Qc(미래)** 비교적 **긍정**적인 영향을 받았다. 자신이 틀리지 않았다는 것을 확신하고 지금껏 실행한 방법과 수단을 고수하는 데 전념하리라는 것을 뜻한다. 부정적인 요소라 볼 수 있는 Ps의 기회주의적 면모나 6w의 자만심조차 쉽게 적용하지 못하는 상태이기 때문이다. 그렇기에 본래 목표에서 과욕을 부려(7p) 목표에서 벗어나지 않는 한 Qc의 긍정적인 면이 드러나는 것을 확인할 수 있다(4c, 5, 6w, 4p).

---

⑦ **2w(질문자의 내면)** 앞에서 언급한 대로 **긍정**적인 영향을 받았다. 질문자가 예전부터 품었던 꿈이 틀리지 않았다는 것을 드러내며, 남들이 폄하하려 해도 꺾을 수 없는 자신만의 의지/이상을 확신하는 상태라는 것을 의미한다. 이는 시험 과정에 편법적 수단을 반드시 써야 하는 상황이 아닌 한 질문자처럼 장기적인 계획을 추진하는 다른 경쟁자가 몇 없기 때문이다. 이를 통해 질문자가 매우 유리한 고지를 선점하게 될 것을 알 수 있다(5, Ps, 6w, Ks).

---

⑧ **4p(제3자가 바라보는 질문자)** **긍정**적인 영향을 받았다. 제3자의 시각으로도 질문자가 자신의 진로 결정에 확신을 가진 상태로 보이며, 이에 자신의 신념이나 자신감이 큰 영향을 미치고 있다는 것을 알 수 있다. 다만 융통성이 부족하다 싶을 만큼 이외의 경우를 생각해두지 않은 것처럼 보일 수 있기에, 쓸데없는 감정/역량 소모를 예방할 수 있는 방법을 조언해야 한다(7p, 6w, Qc, Ks).

---

⑨ **Ks(희망/두려움)** 간단히 해석한다면 자신이 Ks와 같은 전문가로 성장하길 바라거나 Ks에 준하는 기준을 통과하길 희망하며, 반대로 전문가/권위자의 기준에 도달하지 못해서 탈락할까 봐 두려워하는 모습을 뜻한다. 자세히 풀어본다면 질문자가 자신이 모르는/볼 수 없는 영역이나 수준에 대한 정보/경험이 없어 일말의 두려움이 남아 있다는 것을 간파할 수 있으며, 이로써 질문자에게 효율적으로 조언하려면 무엇이 필요한지 알 수 있다(7p, 5, 4p).

---

⑩ **Np(결론)** 배열 흐름을 살피면 **긍정**적인 영향을 강하게 받은 것을 알 수 있다. 이로써 질문자가 자신의 노력 및 수준에 걸맞은 결실을 얻게 될 것이며 능히 한 사람 몫을 할 만큼 성장해나갈 것을 뜻한다. 또한, 지망하는 직종(교육공무원*)의 특성과도 일정 이상 일치하기에 원하는 바를 순조롭게 달성할 수 있다는 것을 알 수 있다.

해석을 다 마치기도 전에 화색이 만연한 질문자는 '역시 나는 틀리지 않았어'와 같은 말을 하면서 기쁨을 감추지 않고 자신이 지금까지 잘해왔다는 사실에 기뻐했다.

다만, 이제부터는 집안의 도움(특히 재정 문제)을 적극적으로 요청해야 할 필요를 언급했다. 이제 꾸준히 하는 것을 넘어 자신의 수준을 확고히 하려면 어쩔 수 없이 지출이 늘 수밖에 없으리라 판단했기 때문이다.

질문자는 3년 뒤 매우 여유롭게 합격했으며, 되레 그 성적으로 왜 상향 지원을 하지 않았느냐며 주위 사람들과 갈등이 생길 정도였지만 끝내 흔들리지 않고 제 뜻을 관철했다.

이 배열에서 2w는 질문자의 식견이 동갑내기들보다 월등히 뛰어났다는 것을 보여준다. 어떤 계획이나 희망을 염원하면서 필요한 것들을 얻는 과정과 방법을 스스로 조사하고 학습하며 자신의 격을 끌어올린 사례다.

또한, Ps가 Np로 성장하는 모습으로도 이해할 수 있다. 이는 단순히 눈치만 보는 Ps의 부정적인 의미보다 더 배우고, 배운 것을 나누려(5) Ps의 모습을 취했을 뿐 끝내 자신에 대한 믿음을 저버리지 않고(Qc) 성장하는 이야기로도 볼 수 있기 때문이다.

* Np는 모든 기사Knight 카드 중 가장 견실하며, 기반 확장 속도가 가장 느리다. 이런 성향은 연봉 상승 폭이 작은 대신(느린 기반 확장) 안정성(견실함)이 장점인 공무원과 연계해 해석할 수 있다.

이처럼 진로 탐색과 관련한 질문에서 2w는 질문자가 나태하지 않고 실력이 있다면 긍정적인 면모가 두드러진다. 이는 자신의 성취에 만족하지 않고 목표를 재설정하거나 장기 계획을 구상하고 다양한 방법을 능동적으로 탐색하는 사례가 많기 때문이다.

　다만 그 과정에서 벌어질 수 있는 촌극이나 실수를 어떻게 받아들이고 적응하느냐는 별개의 문제이고, 장기적인 시각을 갖추었다는 것만으로 모두 긍정적으로 볼 수는 없다는 점 또한 주의해야 한다. 무엇보다 카드의 의미가 적재적소에 나타났는지 확인하고 적용할 수 있도록 배열을 다각적으로 검토하는 것이 중요하다.

실제 사례 (2003년 봄, 서울 혜화동 모처, 20대 초반 여성)

질문   이 관계를 결혼까지 성사하려면 어떻게 해야 하나?

사전 정보 결혼으로 신분 상승을 꿈꾸는 여성이었으며, 상대는 유복한 집안의 20대 후반 남성이었다. 만난 지 1년이 채 안 된 상태였다.

$$2w - 7s - Ns - 5p - 10 - 4 - 15 - 6p - 10w - Qp$$

2w   <u>(질문자 자신)</u> 상대방을 전망 있는 사람이라 여기고 있다.

7s   <u>(장애물)</u> 정공법이 아니라 변칙적인 방법을 동원하려 한다.

Ns   <u>(기저)</u> 관계를 빨리 승인받거나 확정하려 서두르고 있다.

5p   <u>(과거)</u> 상대방보다 기반이 열악하며, 이 때문에 이성을 만나는 데 제한이 있었다.

10   <u>(현재/곧 일어날 일)</u> 상황이 바뀌기 때문에 이 틈을 노릴 수 있을 것이다.

4   <u>(미래)</u> 자신의 의지/욕망을 거두지 않고 계속 밀어붙이게 될 것이다.

15   <u>(질문자의 내면)</u> 목적을 달성하려 어떤 방법이라도 동원할 각오를 굳혔다.

6p   <u>(제3자가 바라보는 질문자)</u> 상대방보다 부족하다고 여겨지거나 동정받고 있다.

10w   <u>(희망/두려움)</u> 무리해서라도 관계 성립을 바라며, 자신의 한계에 부딪혀 포기(당)할까 봐 두려워한다.

Qp   <u>(결과)</u> 어떻게든 들인 노력만큼은 대가가 돌아오거나, Qp에 해당하는 이의 개입으로 상황이 (부정적으로) 바뀔 것이다.

실전 해석

질문자는 연애 관계를 빨리 끝내고 어서 결혼하고 싶다며 문의했으나, 내가 그 이유를 묻자 대답을 회피했다. 내가 이유를 언급하지 않는다면 점을 볼 수 없다고 이야기하자, 그제야 자신의 어려운 물질적 기반을 개선하려 고민한 결과라 말했고, 애정 유무와 상관없이 자신이 겪는 어려움만 해결해준다면 누구든 상관없으니 최대한 확실한 방법을 알려주길 거듭 부탁했던 사안이라는 것을 밝힌다.

이 배열에서 2w는 1번 위치, '질문자 자신'에 나왔다.

연애 이상의 관계 성립을 원하며, 자신의 본 목적(결혼으로 신분/기반 상승)을 다루는 점의 특성상 단순한 연애운으로 보기 어려우며, 연애(관계가 성립한 상황) 및 대인관계와 사업 흐름이라는 주제가 일정 이상 혼재한 사례로 보아야 한다.

당시 나는 이런 관점으로 질문자가 어떤 방법을 구사할 수 있는지와 상황을 가로막는 여러 문제를 극복할 방법을 고려해야 했기에, 배열의 카드들이 최대한 긍정적인 의미를 발휘할 수 있도록 만들어줄 조언이 무엇일지 고민해야 했다.

---

① **2w (질문자 자신) 부정**적인 영향을 받았다. 결혼할 여건이 되지 않아 편법을 쓰는 모습(7s, 5p)을 보이고, 질문자의 의도 또한 사랑과는 거리가 먼 데다(15), 주변에서도 이를 충분히 인지할 수 있기(6p) 때문이다. 질문자가 이렇게 행동하는 이유를 명확히 파악한 뒤 2w의 긍정적인 의미를 구현할 현실적이고 확실한 대안 또는 극단적인 방법을 조언해야 한다는 것을 알 수 있다(7s, 5p, 15, 6p).

---

② **7s (장애물) 부정**적이지만 배열에 큰 영향을 주지 않는다. 질문자가 찾는 방법이나 달성하려는 목표가 사람들에게 알려지면 좋은 평을 듣기 어려우리라는 것을 의미한다. 설령 질문자가 원하는 대로 상황이 펼쳐지더라도 계속 문제가 되거나 더 큰 분쟁/피해를 일으킬 수 있는 편법이라는 점을 강조하고, 부작용/비난을 피하려면 완벽에

가까운 일 처리와 보안이 필요하는 것을 암시한다.

그러나 이런 단점은 질문자가 이미 각오했으며, 부작용/비난을 마주하더라도 이를 감내할 마음을 먹은 한 해석에 큰 영향을 미치지 못한다(2w, Ns, 10, 15).

---

③ **Ns(기저)** 비교적 **부정**적인 영향을 받았다. 이는 질문자가 관계를 빠르게 진전하고자 서두른다는 점으로 보아 알 수 있으며, 관계 자체가 상대방의 배려나 동정(6p)에 기대고 있기에 질문자의 무리수(10w)를 구현하려면 천운(10)에 가까운 변수가 생겨야 한다는 것을 알 수 있다(2w, 10, 6p, 10w).

---

④ **5p(과거) 부정**적일 수밖에 없다. 긍정적이라면 어려운 시기를 함께 보낸 반려자이자 동지同志에 가까운 관계를 쌓아온 것을 의미하나, 사전 정보상 적용하기 어렵다. 되레 자신이 처한 물질적 빈곤이나 궁핍의 해소 또는 부에 대한 갈망 때문에 관계가 성립했으며, 이를 빨리 얻어내려 결혼을 서두르는 상황(7s, Ns)을 드러내는 카드 중 하나다.

이는 자존감 결여나 열등감 등의 부정적 요소로 확장될 수 있으며, 상대방을 반려자로 보기보다 자신을 구원할 동아줄(6p)로 보고 있었다는 것을 암시한다(2w, 7s, Ns, 6p).

---

⑤ **10(현재/곧 일어날 일)** 비교적 **부정**적이나, 일부 **긍정**적인 면도 있다. 부정적인 이유는 앞서 언급한 카드들로도 충분히 알 수 있지만, 스스로 주도권을 잡을 수 있는 몇 안 되는 기회라는 것을 이미 인지하고 있으며 이를 붙들고자 갖은 무리수를 두려 작심하고 있기에 긍정적인 부분이 아예 없지는 않다. 이는 곧 어떤 변수가 있더라도 질문자의 목표 의식이 흐려지지 않는 장점으로 작용하며, 이로써 (심지어 다른 이들의 시선에서 구차해 보이더라도) 관계를 진전시킬 적극적인 방안을 조언해 변수를 만들어낼 수 있다는 것을 확인할 수 있다(Ns, 5p, 4, 10w).

⑥ **4(미래) 부정**적인 영향을 받았으나, 관점에 따라 **긍정**적으로 해석할 수 있다. 이는 4의 독단성이 관계를 억지로라도 확립시키려는 질문자의 의도를 그대로 투영하며, 애정 없는 결혼이라는 점조차 질문자가 필요해 동원하는 수단일 뿐이기 때문이다(15). 그러나 영토 없는 황제처럼(5p, 6p) 무시당하지 않으려면 자신에게 없는 것을 있다고 상대방이 믿게 하거나 다른 유/무형적인 자산/서비스라도 확보/제공해 설득력을 갖춰야 한다.

다만 질문자가 실제로 설득력을 갖출 수 있는지는 별개의 문제이기에 신중하게 조언해야 한다. 아울러, 어떻게든 관계 변화(10)가 이루어질 시기라는 것도 4를 마냥 부정적으로만 해석할 수 없게 한다는 점 또한 유념해야 한다(5p, 10, 15, 6p).

---

⑦ **15(질문자의 내면)** 비교적 **긍정**적인 영향을 받았다. 질문자가 성장 환경이나 과거의 경험 때문에(5p) 자신의 목적을 달성하려 하며, 무리해서라도 가장 빠른 방법을 찾고 있다는 것을 의미한다. 다만 이 때문에 피해받을 다른 이들이 문제이나, 질문자의 상황을 먼저 고려해야 하기에 이처럼 해석할 수밖에 없었다(2w, Ns, 5p, 10w).

---

⑧ **6p(제3자가 바라보는 질문자)** 비교적 **부정**적인 영향을 받았다. 이미 다른 이들 대부분이 질문자의 기반 미비를 인지하고 있거나 상대방의 배려 또는 동정심으로 관계가 이어지고 있다는 것을 의미하며, 다른 사람들이나 상대방의 마음 또는 기준이 바뀌면 현 상황을 유지하지 못하리라는 것을 지적한다.

한편으로는, 이런 동정심을 이용/악용해 자신의 목적을 달성하거나 상대방이 질문자를 과소평가하게 만들고, 이 틈을 노려 모종의 수단을 마련하도록 조언할 수 있다는 것을 은연중에 드러내기도 한다(Ns, 10, 4, 10w).

---

⑨ **10w(희망/두려움)** 무리해서라도 목적을 달성하고자 하는 질문자

의 희망 어린 집념과 작은 실수로 모든 계획이 어그러져 낙담할까 봐 두려워하는 모습을 담고 있다. 이는 질문자 자신도 자기 역량 이상의 것을 탐내고 있다는 것을 이미 인지하고 있다는 점을 시사한다.

질문자의 성장 과정 동안 계속된 빈곤이 큰 영향을 미쳤으며, 자기 삶을 바꿀 기회가 눈앞에 왔다고 여기면서 인생을 통틀어 이런 기회가 흔치 않으리라는 것을 질문자 스스로 잘 알고 있기에 이처럼 무리해서라도 목적을 달성하려 한다는 것을 알 수 있다(7s, Ns, 5p, 10).

---

⑩ Qp(결론) 긍정/부정적인 측면이 극단적으로 나뉜다.

조언이나 질문자의 의지/노력이 흐름(10)을 바꾸는 데 성공한다면 상대방(의 집안)에 철저하게 종속당하더라도 의도대로(2w, 15, Ns) 과거와 다른 기반을 확보한다는 것을 보여주나(5p, 6p → Qp), 반대로 질문자의 불순한 의도(15)를 상대방이 감지하거나 간파당하면 들인 노력이 무색해지는 것을 넘어 법/도덕적으로 손가락질받을 수 있다는 것을 지적한다. 최악의 경우 질문자가 목적을 달성했다고 여기더라도 상대방(의 집안)이 질문자를 이용한 뒤 용도가 다했다는 판단이 서면 곧바로 버려질 수 있다는 것을 경고한다. 이는 Qp의 역량에 근본적으로 한계가 있기 때문이다.

질문자는 해석하는 내내 이런 문제로 점을 보는 것에 미안해하는 모습이 역력했다.

도대체 과거에 어떤 삶을 살아왔는지 궁금할 지경에 이르자, 질문자는 아름다워 보이는 외견과 달리 황량하고 기구했던 지난날의 기억을 내게 들려주었고, 재차 상대방에 대한 애정을 묻자 '어찌어찌 살결 부대끼며 살다 보면 정들겠거니'라며 나이에 어울리지 않는 말을 했다.

조언하기 전에, 나는 이 방법을 쓰더라도 성공하기 힘들고, 성공하더라도 상대방이 변심하는 순간 미련 없이 관계를 정리할 각오를 항상 하라고 말한 뒤 상대방의 반려자라기보다 철저히 '개인 비서/시녀'로 임하라고 주문했으며, 그 과정을 애정으로 포장하는 것이 질문자의 역량을 시험하는 장이 될 것이라고 강조했다. 특히 이런 노력으로 상대방 집안 어른들(4)의 불만을 조금이나마 덜 수 있을 것이라 조언했으며, 이에 더해 최악의 상황(상대방의 외도/변심에 따른 이혼 통보)에 의연히 대처할 것을 연신 강조했다.

질문자는 이런 내 조언에 기분 나빠하지 않고 이런 민감하고도 좋지 않은 상황에 대해 진지하게 조언해주어 고맙다는 말을 남기며 조언대로 해보겠다고 약속했다.

이 점의 후일담은 이듬해 겨울 상대방의 강력한 의지로 합의 이혼한 것으로 마무리됐다.

질문자는 내게 한참 지난 뒤에야 이혼 소식을 전하며, 결혼 생활 동안 평생 노력해도 겪어보지 못했을 다양한 일을 배운 것이 되레 다행이었다는 감상을 전했다. 이혼 당시, 상대방의 집안 어른 몇몇이 이혼 뒤 가업과 관련한 업무를 맡을 생각이 없냐고 제의할 정도였으나, 질문자는 목적을 달성했다는 판단 끝에 정중히 제안을 거절하고 잡음 없이 이별했다. 그 뒤 자기 기반을 형성해 자립에 성공한 뒤 잘 살고 있으며, 앞으로는 자기 삶에 집중할 것이라는 말을 남겼다.

이 배열은 핍 카드가 메이저 카드(10, 4, 15)의 흐름 속에서 자신이 할 수 있거나 하지 않아도 될 선택지로 드러나는 상황을 잘 보여주고 있다.

당장 2w의 관망이 아니었다면 자신의 인생을 바꾸려는 독한 결심이나 의지가 생기기 어려웠을 것이며, 자신이 원하지 않았으나 부여받아야 했던 불우한 과거사나 궁핍한 삶도 마냥 평생 뒤집어써야 하는 것이 아니었다는 사실을 보여주기 때문이다.

점의 주제가 무엇인지 정리하고 해석의 기준을 세우는 것 또한 해석 수준을 높여주는 기본 소양이다. 이로써 질문자는 질문을 잘해야 하고, 해석자는 질문자가 원하는 바가 무엇인지 정리해주어야 하는 과정이 꼭 필요하다는 것을 알 수 있다. 이는 곧 연계 해석이 중요하다는 점을 재차 강조한다.

마지막으로, 이 배열에서 2w의 관망, 사색은 질문자의 의지와 해석자의 조언 덕분에 단순히 관계에 대한 전망이나 질문자 개인의 예상, 욕구 정도에 그치지 않고, 관계를 맺음으로써 미래를 설계하고 그 뒤의 문제를 대비하며 자기 계발啓發까지 고려하는 '심사숙고, 와 신상담'으로 탈바꿈했다. 조바심이나 악의적인 발상에 그칠 수 있던 2w를 어떻게 상호 호혜가 가능한 상황으로 바꿀 수 있는지 보여주는 사례라 하겠다.

피드백, (어떠한 생각/행위에 대한) 반응을 얻다
Feedback, Export(trade)

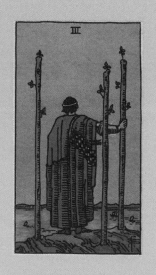

WANDS 공통 의미
철학, 원론, 윤리, 의지, 활력Vital, 노동, 스트레스, 언어

3 공통 의미
(각 원소에서 처음으로 이루어진) 조화/균형/순환

3 *of* WANDS의 키워드
(어떤 생각/행위에 대한 외부) 반응, 피드백, 수출/매출이나 납품 등 사업 성사
에 따른 입금/수입, 심사/시험 결과 등의 소식을 기다림, 우편/택배 수령, 자
신의 명예나 부에 걸맞지 않은 행실을 하는 사람/상황, 노력에 따른 결과를
얻지 못하거나 낭패를 봄 등

긍정/부정 확인 기준

질문자가 어떤 긍정/부정적인 답을 얻고자 하는가?

질문자가 다른 사람들의 반응을 얻고자 현실에서 어떻게 행동했는가?

질문자가 해석자에게 얻고자 하거나 요구하는 해석이 상식적으로 쉽게 실현할 수 있는 것인가?

이는 핍 상징편에서 언급한 의미들을 긍정/부정적으로 판단할 때 필요한 몇 가지 기준들이다.

이 책의 앞에서 언급했듯, 모든 3 카드는 각 원소가 담당하는 요소/분야에서 (비록 그 규모가 작고 어설프더라도) 조화/균형을 처음 이룰 때 어떤 모습으로 나타날 수 있는지 묘사한다.

그중에서도 3w는 자신이 내세웠던 주장 또는 관철해온 의지에 대해 다른 존재/요소들에게 반응/반작용을 받는다는 것을 의미하며, 다른 사람들이 이를 수용/거부하는 것과 상관없이 그 결과가 도착하기만을 기다리는 모습으로 요약할 수 있다.

그렇기에 3w의 긍정/부정 판단 기준은 역량 수준과 의도, 목적의 진실성이나 순수성을 비교/대조해보면 쉽게 파악할 수 있다.

이런 특성 때문에 3w는 질문자의 의도를 확인할 수 있는 카드 중 하나로 자리매김한다.

해석용법

긍정 3w는 어떤 일의 결과가 다다른다는 것을 의미하기에 '긍정적인 답변/반응' 정도의 키워드만 숙지하더라도 쉽게 해석할 수 있다. 긍정적인 의미가 강해질수록 예상보다 더 좋은 결과나 답변을 받는 것으로 볼 수 있다.

부정 부정적인 영향을 받으면 원인이 무엇인지 확인해 개선해야 할 부분이 반드시 있다는 것을 경고하며, 이는 대개 아래와 같은 유형으로 분류할 수 있다.

(1) 질문자가 해석자 및 상대방/제3자들에게 특정한 답을 얻으려 하는 상황
(2) 기대 이하의 성과나 원하지 않은 답변을 듣는 상황
(3) 예상 밖의 재난/변수로 질문자의 의도 자체가 무산되는 상황

(1) 타로카드로 감정적인 위안을 (강제로라도) 얻으려 자신의 의도에 대한 해석자의 공감을 억지로 끌어내는 행위에 속한다. 예전에는 이런 일이 흔치 않았으나, 최근 들어 특히 전화/온라인 환경에서 익명성 때문에 이런 오남용이 잦아졌다. 아무리 자신이 얻으려는 답이 있더라도 현실을 개선하지 않거나 조언을 받아들이지 않는다면 상황이 바뀌지 않으므로 무의미하다.*
(2) 부정적인 영향의 정도에 따라 그 수준이 바뀔 수 있다. 배열의 다른 카드들로 문제의 원인을 개선하거나 자신이 받을 답변을 예측해

---

* 흔히 말해 '답은 정해져 있으니 너는 정답만 말해' 식의 태도를 통칭한다. 이는 해석자도 매우 불쾌해하며, 질문자는 잠시 위안을 얻을 뿐 현실이 바뀌지 않기에(되레 악화하는 경향이 있다) 점을 보기 전에 이를 주의하도록 질문자에게 양해를 구하기를 권한다. 이를 개선하려면 업계에서 타로카드를 쓰는 방법의 표준 권고안이나 윤리 규정을 만들고 더 넓게는 점술을 올바르게 이용하는 방법을 안내해야 할 것이다.

상황을 호전하는 등 충격에 대비하도록 조언해야 한다.

(3) 대개 가장 좋지 않은 의미가 적용된다. 주로 급격한 변수나 누구의 탓도 못 하는 재난/재앙을 맞이한 상황을 뜻한다. 이런 상황은 3w 만으로 극복할 수 없으며, 답을 기다리지 말고 먼저 행동함으로써 위험을 회피하는 방식의 조언*을 고려해야 한다.

3w의 긍정적인 모습은 긴 설명이 필요하지 않다. 그 이유는 누구나 자신이 기다리는 반응, 답변, 결과가 좋길 바라거나 자신의 예상/계획대로 되길 바라기 때문이다. 또한, 해당 예상/계획이 복잡하고 장기적일수록 감회가 남다르거나 성과에 따른 영향력이 커진다. 그러나 이때 중도 하차가 불가능한 상황**도 있어 다분히 위험하기에 *** 주의해야 한다.

반대로 부정적으로 해석된다면 기다리던 답이 오지 않거나 오히려 엉뚱한 의도/목적이 섞인 결과를 받아들여 상황이 나빠지고 낭패를 겪는 모습으로 드러난다. 이는 그리스 로마 신화에 등장하는 테세우스의 실수****로 벌어진 일이나 수주대토守株待兎*****의 고사로도

---

* 택배가 무사히 도착할지에 관련한 질문 중에 미리 택배 물류 허브에 가서 직접 받으라고 조언해 응모 마감 기한에 늦지 않았던 사례도 있었다.

** 장기 투자를 많이 했으나 도중에 투자를 철회하여 이익금을 포기해야 하거나 오랫동안 준비한 시험/면접의 과목/영역이 갑자기 바뀌는 등의 변수에 매우 취약하다.

*** 여기서 말하는 위험은 Danger가 아니라 Risk이다.

**** 테세우스가 미궁에 있는 미노타우로스를 퇴치하러 떠날 때, 자신이 살아 돌아오면 흰 돛을 달고 죽으면 검은 돛을 달고 오겠다며 아버지 아이게우스와 약속했으나, 이를 잊어버린 테세우스는 검은 돛을 달고 돌아왔고, 이에 충격받은 아이게우스는 아크로폴리스 위에서 몸을 던져 자살하고 만다.

***** 춘추전국시대 송나라의 농부가 밭을 갈다가 토끼 한 마리가 근처 그루터기에 머리를 들이받고 목이 부러져 죽은 것을 보고 이를 횡재했다고 여겨, 그때부터 농사는 그만두고 나무 밑동만 지켜보며 토끼가 와서 부딪혀 죽기를 기다렸지만 한 마리도 얻지 못했으며, 결국 뒤늦게 정신을 차려 밭에 갔으나 잡초가 우거진 뒤였고 농사를 망친 농부는 사람들에게 웃음거리가 되었다는 고사다. 이를 처음으로 인용한 한비자는 과거에 요행으로 성공한 것을 계속

확인할 수 있다.

그 밖에 최악의 상황으로 기다리던 결과/성과에 전혀 다른 의도나 부작용이 섞여드는 것을 꼽을 수 있다. 의도하지 않은 외부 요소가 끼어들어 생긴 질병과 병충해*가 좋은 예다.

이렇게 3w가 부정적인 영향을 받았다면 질문자가 받으려는 것 외에는 반려하거나 유입 원인/저의를 살펴 미리 문제를 방지하거나 대응하도록 권해야 하며, 이에 성공한다면 부정적인 영향이 줄어들거나 전화위복으로 돌아올 수도 있다.

배열 위치별 특징 3w는 어떤 배열에 나타나더라도 극단적인 의미로 변질하지 않는다. 이는 질문과 관계없는 치명적인 변수가 없는 한 대부분 3w의 의미 자체가 제한되기 때문이다.**

그 밖에 켈틱 크로스 배열에서 1, 2, 3, 7번 위치에 나타나면 해석이 쉬워진다. 질문 내용에 대한 연계 해석이 비교적 쉽게 이루어지며, 그렇지 않더라도 질문자의 의도나 목적을 확인하면 해석이 쉬워지기 때문이다.

반대로 5, 6번 위치에 나타나면 어떤 반응이나 결과가 오는 것까지는 쉽게 예측할 수 있으나, 그 긍정/부정적인 의미를 읽어내기 어려운 경향이 있으므로, 배열의 다른 카드들을 살펴 변수를 줄여가며 접근할 것을 권한다.

또한, 3w가 1, 3, 5, 9번 위치에 나타나면 긍정/부정적인 의미와 별개로 배열에서 영향력이 쉽게 강화되곤 한다. 특히 1, 3번 위치에 나타났을 때 질문자가 추구하거나 원하는 것이 무엇인지 명확하게 확인하지 않으면 배열 전체의 해석이 어려워지며, 최악의 경우 자신

당연시하는 것이 미련한 행위며, 복고주의일 뿐이라고 비판하는 논거로 사용했다. 『한비자』「오두五蠹」편.

* 단순한 무역이나 교류가 목적이었으나, 엉뚱하게 유입된 외래종이나 질병 보균자 때문에 피해가 생기는 상황을 예로 들 수 있다.

** 시험 성적과 관련한 점을 보는데 천재지변 같은 변수로 시험 자체가 없어지는 등의 의미를 꺼내기 힘든 것과 같다.

이 원하는 것만 편취하려는 상황으로 전락하기 쉽기에 해석하면서 주의해야 한다.

거꾸로 2, 4, 7번 위치에 드러난 3w는 배열에 영향력이 거의 없거나 약화하기 쉽다. 세 위치 모두 3w가 의미하는 피드백, 반응, 결과를 확인하고 싶지 않거나(②) 결과를 받고도 현재와 같은 문제를 겪고 있다는 점(④)이 문제시되며, 실제로 얻을 수 있는지 불투명한 것도 얻을 수 있으리라 착오할 수 있기(⑦) 때문이다.

연애(관계가 성립한 상황) 기본적으로 어느 한쪽의 답변/반응을 기다리는 상황을 뜻한다.

긍정 자신이 상대에게/상대가 자신에게 해줬으면 하는 말/행동을 실제 받아보는 것을 의미하며, 이로써 소소하게는 호감 유무나 취향의 일치를 확인하는 수준에서 크게는 본격적으로 사랑을 키워가거나 프러포즈하는 등 관계의 발전이 이루어지는 수준으로 그 의미가 확장된다.

부정 동상이몽同床異夢을 암시하거나 다른 사람/제3자의 연락이나 반응을 기다리는 모습으로 변질하기 쉬우며, 서로 원하는 바가 달라 생기는 오해/분쟁이 생기는 상황이라는 것을 암시한다. 최악의 경우 서로 원하지 않거나 속으로 각오했던 답변/통보로 관계가 망가지는 꼴을 기다려야만 하는 상황에 내몰린 것을 뜻한다.

연애(관계가 성립하지 않은 상황)

긍정 관계 성립을 원한다면 질문자가 호감을 느끼는 상대방의 반응/답변을 얻을 수 있고, 이를 이용해 관계를 돈독히 할 수단들을 쓸 수 있다는 것을 뜻한다. 또한, 연애하기 어렵거나 상대방보다 불리한 상황에서 3w는 예상 밖의 호운을 뜻하기에 엉뚱한 계기로 인연을 맺을 수 있다는 것을 의미한다.**

단순한 연애운이라면 미리 낚시할 때 떡밥을 뿌리듯 준비 상태*** 일 때 긍정적인 영향이 더욱 강해지며, 이렇게 준비한 포석들이 좋은

---

* 3w는 부정적인 영향을 받으면 질문 주제와 상관없이 공통으로 질문자의 '감나무 밑에서 감 떨어질 때까지 입만 벌리고 누워 있는' 태도를 지적한다.

** 질문자의 의도가 불명확하거나 단순한 자기 위안을 얻고자 하면 해석에 큰 혼선을 빚을 수 있다. 사전 정보를 듣는 단계에서 악용 가능성을 미리 차단해야만 부정적인 의미 적용을 막을 수 있다.

*** 주변에 연애하고 싶다는 말을 남기거나 소개팅 주선을 부탁하는 것에서부터 연애를 위해 한껏 꾸미거나 자기 관리를 하는 행위들을 통칭한다.

답변/보상을 가져다줄 것을 뜻한다.

부정 관계 성립에 대한 의욕과 상관없이 상대방의 불성실한 답변이나 무응답을 의미하며, 사전 정보에서 질문자의 무성의한/무례한 반응이 있었다면 이에 따라 평판이 실추할 수 있다는 것을 경고한다. 최악의 경우 자신과 관련한 구설수를 뒤늦게 확인해 고생하는 모습으로 나타나기에 현실에 맞는 계획이나 목표를 설정하고 주변의 오해나 비판받을 수 있는 일을 줄이도록 조언해야 한다.

대인관계 모임 가입/참가와 관련한 이슈가 있거나 자신이 주장한 사안들에 대한 답변을 받는 모습으로 요약된다.

긍정 어떤 모임/단체에서 긍정적인 답변을 얻거나 이에 가입/가담하는 것을 의미하고, 자신의 견해나 주장에 따른 호응을 얻는 등, 영향력을 늘리려는 시도에 성공했다는 것을 뜻한다.

부정 질문자의 관점이 원래 편협하거나 잘못된 것은 아닌지 점검한 뒤, 그렇지 않다면 자신의 의도에 걸맞지 않거나 초라한 반응을 얻으리라는 것을 의미하며, 심하게는 해당 모임/분야 규모가 작아 질문자가 원하는 것을 얻기에는 한계가 있다는 점을 지적한다. 이는 외부 진출/확장으로 극복하도록 조언해 개선할 수 있다.

사업의 흐름이나 전망 기본적으로 판매 대금이나 어음 만기에 따른 수입을 암시하는 등, 사업에서 자신이 노력한 대가를 받아내는 상황을 묘사한다.

긍정 기다려왔던 수입을 얻고, 이로써 행동의 자유를 얻거나 확장을 시도할 수 있다는 것을 의미한다. 또한, 사용자/소비자에게 좋은 반응을 얻거나 불편을 접수하더라도 이를 개선하면서 새로운 발상을 얻을 수 있다는 것을 뜻한다. 의미가 강해질수록 실시간으로 피드백을 주고받아 사업에 활력을 불어넣거나 선순환이 시작되며, 최상의 경우 자신이 내놓은 제품/결과물이 사용자/소비자에게 인정받아 상을 받거나 브랜드 가치가 상승하게 된다.

부정 들어와야 할 수입이 너무 늦게 들어오거나 더 지연되리라는 것을 의미한다. 이는 거래처가 결제 대금을 지급하지 못해 현물/제품을 섞어 받아야 하거나 어음 만기일이 연장되는 식의 악재로 나타나며, 이 과정에서 원치 않은 덤을 떠안게 될 수 있다는 점을 경고한다. 또한, 외부의 부정적 반응에 엉뚱하거나 잘못된 대응을 해서 사안이 더 악화할 수 있다는 것*을 뜻한다. 최악의 경우 질문자는 애타게 시장의 반응을 기대하나 대중의 무관심이 길어져 고사枯死하는 모습으로 나타나기에, 더 유연하고 안정적인 재정 상태를 갖추도록 조언해야 한다.

창업의 성사 여부 기본적으로 창업을 시도하고자 신고/허가 서류를 접수하고 이에 따른 결과를 받거나 창업 구성원 사이의 의견을 마지막으로 조율하는 단계를 뜻한다.

특정 분야를 논한다면 3w는 외부/고객들의 수요를 입력받아 전송/전달하거나 내부에서 이와 관련한 정보를 분류/분배하는 작업과 관계있고, 기존에 구동되던 체제/제품의 결점을 탐색해 수익을 내는 분야/방식에 해당한다.

긍정 창업에 필요한 (최소한의) 준비를 완료했다는 것을 의미하며, 사업 기획안을 완성해 각자 업무를 나눠서 진행하면 빠르게 진척되리라는 것을 뜻한다. 3w의 의미가 강해질수록 시장의 반응이 좋거나 투자받기 쉬워지는 등의 호재로 작용한다.

부정 투자금 부족 또는 업무 분담 효율 저하나 협업 구조의 미완성을 지적하며, 창업에 따른 서류 신청, 허가 과정이 지연되는 등 문제가 생기기 쉬운 상태라는 것을 암시한다. 심하게는 제대로 시작해보기도 전에 내부 분열이 일어나는 것을 경고한다.

진로 적성 '피드백'의 의미를 더 전문적으로 받아들이거나 실행하는 직군에 대응하나, 자신의 분야에서만 통하거나 특정 집단에서만 활

---

* 화면이 좁다는 불만을 접수한 뒤 이를 개선한답시고 그 좁은 화면 두 개를 억지로 붙여 신제품이라 판매하는 사례처럼 주먹구구식 대응이 문제를 더욱 악화한다.

동하는 직위, 직업에 어울린다.

이는 곧 평가와 관련한 직무나 전화 상담(인바운드Inbound* 한정), 민원 접수, 피해 방어** 등의 업무나 내빈 접객/응대, 집단 구성원의 성과 분석 및 효율성 개선 업무 등으로 의미가 확장된다.

긍정 외부의 긍정/부정적인 의견들을 취합해 개선하거나 이를 내외부에 발표/보고하는 데 뛰어나며, 자신이 속한 원론적인 분야***를 더 발전시킬 비평, 분석으로 소속한 모든 이의 발전을 촉진하는 존재로 성장한다. 또한, 이런 영향력이 강해질수록 질문자가 위와 같은 재능을 띄는 분야가 더욱 다양해진다.

부정 수동적으로 업무에 임하거나 외부 평판에 민감하게 대응하는 바람에 자신이 발전할 기회를 놓치는 등의 실수가 잦다는 것을 뜻한다. 이는 자신의 주 분야 외의 문제에 신경 쓰지 않게 환경을 조성하거나 외부 정보를 차단****함으로써 개선할 수 있다.

시험 결과나 합격 여부 긍정/부정에 따른 의미가 단순히 '합격/불합격에 따른 결과를 통보받음'이기에 많은 설명이 필요 없다. 더 구체적으로 해석해도 질문자의 온전한 실력 발휘 여부나 공정한 평가 진행 여부를 점검/지적하는 수준에 그친다.

질병의 호전, 완치 치료에 따른 (중간) 결과를 받아보는 것을 뜻하며, 긍정/부정적인 의미 적용은 질병 치료, 퇴원, 완치 또는 질병 발견, 악화, 입원 등의 '예/아니오' 정도로 의미 분화가 이루어진다.

---

* 콜센터에서 고객의 전화를 받아 관련 업무를 진행하는 방식.

** 고객의 불편 접수나 해지 등의 불만을 조정해 자신이 속한 영역(회사)의 이익을 유지하고 피해를 방어하는 업무에 속한다.

*** 각 세부 과목/분야보다 상위의 원론/개념을 다룬다. 영화 분야에서 예술 전반이나 미학을 발전시키는 데 공헌하는 식이다.

**** 출판/편집 분야에서 작가 관리법의 하나로써, 작품 조회 수나 문단/독자 평가를 접하지 못하게 막거나, 외부 정보를 완벽하게 차단한 뒤 원고 작성에 집중하도록 하는 상황(일명 '통조림')을 예로 들 수 있다.

긍정 대부분 질문자가 이미 인지한 질환만 있는 상태를 의미하며, 긍정적인 의미가 강할수록 치료 경과가 좋아서 퇴원/완치하는 상황으로 이어진다.

부정 새로운 병을 발견하거나 입원/퇴원을 강제적으로 진행하는 등 자신의 의지와 다른 결과를 받아보리라는 것을 뜻하며, 심각할수록 자신의 과거나 왕년에 대한 확신을 앞세워 검사/진료를 거부하는 식의 모습을 취하고 있다는 것을 지적한다.

단순한 건강 문제 3w의 의미인 '피드백'을 어렵게 만들거나 거부하는 질환들과 관계있다.

긍정 투약량보다 효과를 잘 받거나 면역체계 형성으로 예방하는 것에 가깝다. 중환자, 기저 질환자, 노령 환자라면 당연히 올 수밖에 없는 질병이 찾아오는 것이기에 예방에 초점을 맞추도록 조언해야 한다.

부정 외부에서 유입되는 자극을 감각/신경이 인지할 수 없어 제 기능을 발휘하지 못하게 만드는 질병들과 연관된다. 작게는 단순한 건망증이나 혈행장애 수준에서 강하게는 인지능력 저하, 치매, 다한증多汗症, 복합부위통증증후군CRPS/무한증無汗症, 무통각증CIPA 등으로 의미가 확장된다.

켈틱 크로스 배열 위치별 긍정/부정 해석법

1 → ③④⑨ 카드 확인 질문자가 얻은 반응/결과/피드백이 왜 이런 문제를 일으켰는지 확인해야 한다. 질문자가 이 문제 및 이와 비슷한 문제를 과거부터 어떻게 처리/대응했고(③, ④), 이 과정으로 얻으려는/피하려는 것이 무엇인지(⑨) 확인함으로써 긍정/부정적인 의미를 판가름할 수 있다.

긍정 대부분 만일의 상황을 대비하거나 더 좋은 결과를 끌어내려 점을 본다고 말할 수 있는 수준이다. 그게 아니라면 자신이 얻은 성과가 제대로 된 것인지 의심하는 상황으로 이해할 수 있다. 다른 부정적 요소의 개입을 차단/예방할 방법을 물색해준다면 3w의 긍정적인 영향력을 배열의 다른 카드들에 전파할 수 있고, 거둔 것을 재투자해 더 큰 것을 얻는 흐름으로 이어진다.

부정 질문자가 겪는 어려움은 질문자 자신에게 원인이 있으며, 이를 고치지 못하면 같은 문제가 반복되리라는 것을 예견한다. 심각하게는 질문자의 관점, 기반, 역량을 교체하거나 이직/이사해서라도 원인을 제거할 수 있도록 조언해야 하며, 최악의 경우 조언을 받아들일 역량조차 남지 않아 문제를 해결하지 못하는 지경으로 전락한다.

---

2 → ④⑤⑦⑧ 카드 확인 질문자가 받을 답변/반응이 무엇 때문에 기대에 못 미치거나 아예 오지 않은 것인지 확인해야 한다. 먼저 질문자의 과거 행적을 파악하고 질문자가 현 상황을 어떻게 인식하는지 판단해야 하며(④, ⑦), 그 뒤 외부 변수들을 파악해(⑤, ⑧) 상황에 맞게 조언해야 한다.

긍정 질문자가 생각하는 것보다 상황이 심각하지 않거나 질문자의 능력으로는 어쩔 수 없는 문제로 고생할 수는 있겠지만 치명적인 것은 아니며, 이로써 다른 대안/대체재를 찾아 문제를 해결할 수 있다. 최상의 경우 이런 대안/대체재가 본래 자신이 기다리던 것보다 월등히 뛰어나 이에 따른 혜택/이익을 얻는다.

부정 질문자가 기다리는 것은 오지 못하거나/않거나, 기대에 못 미치는 반응으로 문제가 심화할 것을 암시한다. 심각한 경우 질문자가 문제의 발단/원인을 제공함에도 개선의 의지가 없어 반발이나 피해가 더 커질 수 있으며, 배열의 다른 카드에까지 부정적인 영향을 끼친다.

---

3 → ②④⑦⑨ 카드 확인 질문자가 왜 '내가 받을 것이 있다/받는 것이 당연하다'라고 여기는지 분석해야 한다. 이 생각의 당위성이 충분한지 파악하려면 질문자의 과거 행보와 속마음(④, ⑦)을 확인해야 하며, 이에 반대/방해

하는 존재의 명분이나 주장과(②) 비교해보아야 한다. 나아가 질문자가 얻으려는 것을 실제 얻었을 때 무엇을 기대하는지(⑨) 관찰함으로써 긍정/부정적인 의미를 더 명확히 적용할 수 있다.

긍정 질문자가 자신의 노력이나 의지를 쏟아부은 것에 대한 정당한 보상을 얻고자 하며, 욕심을 부리지 않아 실제로 문제가 생기더라도 최소한의 전술적 성과를 거둘 수 있다는 것을 의미한다. 카드의 영향이 강해질수록 이렇게 얻어내는 성과의 규모나 영향력이 강화되며, 이른바 대마大馬*를 쥐는 형국으로 나아갈 수 있다.

부정 질문자의 과욕이나 큰 기대감이 되레 일을 그르칠 수 있으며, 문제가 커지는 데는 질문자의 책임이 큰 상황이라는 것을 암시한다. 목표를 현실적인 수준으로 낮추거나 기대치를 내려서 질문과 관계있는 주변 사람/세력과 충돌하지 않도록 조언해야 하며, 질문자가 조언을 받아들이지 않는다면 해석을 멈추는 것이 나을 정도로 상황이 쉽게 악화할 수 있다.

단, 단순히 기대치만 높은 상황이라면 질문자가 원하는 것은 현실적으로 이루어질 수 없고, 설령 이루어지더라도 제3자가 본인을 위해 움직인 것이 아니며 각자의 필요 때문에 잠시 머물거나 궁극적으로 질문자와 같은 것을 바라지 않는다는 점을 명확히 함으로써 질문자의 생각을 환기할 수 있도록 도와야 한다.

---

4 → ① ② ⑧ 카드 확인 질문자가 과거에 받았던 반응/피드백이 현재 어떤 영향을 주고 있으며, 이를 바라보는 이들의 시선과 비교했을 때 그 의미가 어떻게 긍정/부정적으로 평가되는지 확인해야 한다.

긍정 질문자가 현재 겪는 문제들은 대부분 외부의 압력/질투 때문에 생긴 것이며, 이는 다양한 방법**으로 조기에 불식할 수 있다. 그 밖에 자신이 가진 것에 대해 의심하지 않고 초지일관하기만 해도 큰 변수가 없다면 위태로운 상황에 내몰리지 않는다.

부정 질문자가 현재 겪는 문제는 과거의 업보거나, 미리 방지할 수 있었던

---

* 바둑판에 넓게 자리 잡은 돌의 무리를 지칭하는 용어다. 그만큼 여러 방면으로의 활로를 찾을 수 있는 요충지다. 대마가 잡힌다는 것은 곧 패배나 다름없기에 온 힘을 다해 살려내려 할 정도로 중요한 위치를 의미한다.

** 이 다양한 방법은 배열 내 다른 카드들의 구성 또는 질문자의 역량/상황에 따라 무수히 많은 방법으로 분화한다. 다만 3w 하나만으로는 특정한 방법을 꼽기 어렵다.

위험/비판 요소를 내버려 둔 책임이 돌아온 것이다. 이때는 내부 단결력을 강화하거나 일정 조건을 양보해서라도 외부 세력의 개입을 받아들여야 문제를 해결할 수 있다고 조언해야 한다. 그러나 부정적인 의미가 심해질수록 조언할 수 없을 만큼 내몰리게 되며, 이 모든 책임/결과를 떠안아야 할 존재를 대체할 수 없다면 눈 뜨고 당해야 하는 상황이라는 것을 인정하도록 유도하고, 그에 따른 책임을 이행한 뒤 다시 점을 보도록 권해야 한다.

5→①④⑥⑧ 카드 확인 질문자에게 지금/곧 당도할 결과가 어떻게 긍정/부정적으로 작용하는지 분석해야 한다. 이때 1, 4번 위치에와 6, 8번 위치에 나타난 카드를 비교해 상황이 점차 나아지는지/나빠지는지 확인해야 하며, 이조차 여의찮다면 1번 위치와 8번 위치의 카드 사이의 괴리를 분석해 3w가 의미하는 반응/피드백이 질문자가 인지하는 것과 외부에 비치는 것 사이에서 어떤 차이를 만들고 있는지 확인해야 한다. 이후 이 차이가 질문자의 의도에 부합하는 것인지 파악해야 긍정/부정적인 의미를 확정할 수 있다.

긍정 질문자가 적절하게 양보해주기만 해도 목적을 달성하기 쉬운 상황이며, 더 명확한 정보/통찰이 가미되면 관련자들의 이해관계를 통합/정립해 함께 나아갈 수 있다는 것을 의미한다. 최상의 경우 속속들이 도착한 정보 덕분에 다른 이들보다 서너 수 앞서 나아가며 격차를 벌려 자신의 격을 높이는 징조로 작용한다.

부정 질문자가 정당히 받아야 할 보상이 밖으로 새거나 평판 감소를 감내해야 하는 상황이 오리라는 것을 의미한다. 그렇기에 기존의 수익 기반으로 소화하기 힘든 반응이나 피드백을 다른 사람들과 나누거나 과감히 포기함으로써 얻을 수 있는 것*에 초점을 맞추도록 조언해야 한다. 3w의 의미가 나빠질수록 질문자가 얻는 것에 비해 실속이 없거나 악평을 듣게 되며, 최악의 경우 일방적인 관계/계약 파기를 통보받는 상황이 펼쳐진다.

---

6 → ④⑤⑧⑨ 카드 확인 질문자가 피드백을 기다릴 수밖에 없는 경위가 능동/수동적인 이유인지 분석해야 한다. 능동적인 사유라면 긍정적으로 볼 수 있으나, 수동적인 사유라면 질문자의 역량으로 상황을 바꿀 수 있는지 없

---

* 당장 확인할 수는 없으나 썩은 사과가 몇 알일지 모르는(그러나 반드시 썩은 사과가 있는) 사과 여러 상자를 받는 것, 자신이 직접 확인할 수 있는 썩은 사과 하나만 있는 사과 한두 상자를 받는 것, 둘 중 어느 쪽을 선택했을 때 더 만족할 것인지 비교하는 상황을 예로 들 수 있다.

는지에 따라 3w의 긍정/부정적인 의미가 바뀐다.

긍정 질문자가 한 번 더 도약할 기회를 기다릴 때 그 나름의 확신이나 선견지명이 있다는 것을 드러내며, 다른 이들의 의뭉스러운 시선이 있더라도 묵묵히 견디도록 조언해 긍정적인 효과를 더 크게 얻도록 도와야 한다. 3w가 긍정적일수록 질문자의 예상/기대보다 큰 결실을 얻거나 후원/가담하는 이들이 늘어나며, 최상의 경우 '손 안 대고 코 푸는' 수준으로 일을 쉽게 성사할 수 있다.

부정 2보 전진을 위한 1보 후퇴를 조언하거나, 불가항력에 맞서지 말 것을 조언하고 중도 포기를 권해야 한다. 심각할수록 이 상황이 벌어진 원인이 질문자 자신에게 있다는 것을 암시하며, 앞으로도 외부의 부정적인 반응에 시달릴 것을 의미하기에 경거망동하지 말고 자중하도록 조언해야 한다. 만약 일이 이미 벌어진 상황이라면 이 책임에서 벗어나기 어렵거나 극단적인 수단을 마련해야 할 지경으로 내몰린다.

---

7 → ①③⑨ 카드 확인 질문자가 내심 기대하는 것이 현실적인지 파악해야 긍정/부정적인 의미를 판단할 수 있다.

긍정 질문자가 의심/걱정/기대하는 것은 실제로 이루어질 확률이 높고, 이를 미리 간파함으로써 생기는 여유를 이용해 유리한 고지를 선점하거나 불리한 상황을 피하도록 도울 수 있다. 의미가 강해질수록 질문자에게 별다른 조언이 필요하지 않을 정도로 알아서 상황 흐름을 통찰하는 경지로 성장/발전한다.

부정 질문자가 예상하는 것이 실제로 이루어지더라도 이를 막기 어려운 상황을 뜻하며, 최악의 경우 자신이 무조건 옳다고 여기는 상태에 빠진 것을 암시한다. 이때 먼저 상식적인 기준으로 판단/조언하되, 질문자가 조언을 받아들이지 않거나 행동을 개선할 의지가 전혀 없다면 강제적인 극약 처방을 하거나 아예 해석/조언을 포기할 것을 권한다.

---

8 → ③④⑤ 카드 확인 긍정/부정적인 의미와 상관없이 3w는 최소한 '저 사람은 저런 반응/피드백을 받을 만하다'라는 관점을 취한다는 것을 드러낸다. 다만 이 관점은 엄밀히 인과응보/권선징악을 기준으로 삼기에 3w의 개별적인 의미를 적용하는 것보다 배열 전체의 흐름을 더 우선해서 해석해야 한다.

이를 더 구체적으로 해석하려면 질문자가 외부에서 어떤 긍정/부정적인 반응을 받고 있는지 확인해야 하며, 이에 더해 질문자가 과거부터 어떤 태도/

방침을 보여왔는지 파악해야 한다.

긍정적인 의미가 강해질수록 질문자에게 응당 주어야 하는 보상/명예/권위를 외부에서 공인하는 분위기를 만든다.

부정적이라면 질문자가 겪는 어려움에 대해 다른 사람/제3자들이 공감하지 않거나 당연하다고 여기는 것을 넘어 더 크게 제재/비판하기 쉽고, 질문자가 그동안 빌미를 주었거나 해당 질문과 전혀 상관없는 문제까지 이 틈에 들고 와서 해명/해결을 요구하려 할 수 있다는 점을 경고한다. 이때는 의지할 수 있는 단체/개인을 찾거나 잠시 상황이 지나갈 때까지 숨죽이고 기다리도록 조언함으로써 피해/비판의 충격을 줄일 수 있다.

---

9 → ②④⑤⑦ 카드 확인 질문자가 원하는/두려워하는 것이 당도하는 것과 직결되므로, 매우 단순하게 해석할 수 있다.

희망 기다리던 반응/답변이 도착해 일의 진척 속도가 빨라지거나 문제가 해결되기를 원한다.

두려움 원치 않는 반응/답변이 도착해 일의 진척 속도가 느려지거나 실패를 두려워한다.

질문자가 과거부터 계속 어려워했거나 문제 삼았던 것이 무엇인지 파악(②, ④, ⑦)하고, 상황 변화를 만든 사건/인물이 질문자에게 유리/불리한 것인지 확인(⑤)함으로써 더 구체적으로 희망/두려움의 실체에 접근할 수 있다.

---

10 → 결론에 드러난 3w는 긍정/부정적인 의미와 상관없이 일이 어떻게 끝나더라도 그 결과/반응을 질문자가 확인하게 될 것이며, 이에 따른 흥망을 질문자가 함께할 수밖에 없다는 점을 강조한다. 그렇기에 배열의 흐름에 쉽게 치우친다.

긍정적인 영향을 받는다면 단순히 원하는 답을 얻고 문제가 해결되는 데 그치지만, 부정적인 영향을 받는다면 거듭 강조하나 질문자가 이를 외면할 수 없다는 사실을 주의시켜야 한다. 더불어 이를 외면하거나 교훈을 얻지 못하면 이와 유사한 문제들에서 고질적인 병폐를 계속 떠안는다는 점을 경고하고, 그 나름의 성과를 얻어낼 수 있도록 격려해야 한다.

실제 사례 (2008년 1월, 경기도 성남시 분당구 모처, 50대 초반 남성)

질문   검사 결과가 좋게 나올까?

사전 정보 새벽 투석 시간에 신장내과 정기 검진 결과를 기다리다가
점을 본 사안이었다. 이미 질환을 앓는 상황이었던지, 안색
이 탁하고 어두웠다.

$$11 - 3w - Ap - 4s - 5p - 8s - 2 - 10s - 4w - 20$$

---

11   (질문자 자신) 좋고 나쁨의 기준을 질문자 나름대로 세웠다.

3w   (장애물) 검사 결과가 안 좋게 나오면 일상생활이나 질문자가
세운 계획이 어그러지기 쉽다.

Ap   (기저) 질병을 이미 앓고 있다.

4s   (과거) 질병을 치료하고자 휴식을 취했거나 입원한 적이 있다.

5p   (현재/곧 일어날 일) 건강이 좋지 않아 곤란해질 것이다.

8s   (미래) 점점 안 좋아지는 건강 때문에 생활에 제약이 생긴다.

2   (질문자의 내면) 자신의 병세를 이미 인지하고 있다.

10s   (제3자가 바라보는 질문자) 겉으로도 건강이 좋지 않아 보인다.

4w   (희망/두려움) 기적 같이 완치하거나 후회 없이 살아갈 수 있길
바라며, 이제 정해진 끝이 다가올까 봐 두려워하고 있다.

20   (결과) 긍정/부정과 상관없이 질문자의 상태에 대한 선고가 내
려진다.

실전 해석

이 배열에서 3w는 2번 위치, '장애물'에 드러났다.

건강과 관련한 점이며, 이미 검사를 마친 뒤이므로 검사가 어떤 결과로 돌아오더라도 질문자의 심기가 편치 못할 것이기에 3w의 부정적인 의미가 적용된다는 점은 쉽게 간파할 수 있다.

배열에서 3w에 영향을 주는 카드는 <u>4s, 5p, 2, 10s</u>다. 이는 자신도 이미 결과를 어느 정도 알고 있으며(2), 다른 이들도 모두 인지할 만큼 건강이 좋지 않다는 점을 강조하고 있기에(4s, 5p, 10s) 최대한 더 나은 방향을 탐색해야 할 사례라 할 수 있다.

---

① **11(질문자 자신) 부정**적인 영향을 받았다. 질문자가 자신의 건강 상태에 대한 호전/악화 기준이 있다는 것을을 의미하나 건강을 예전처럼 완벽하게 회복하지 못하는 한 이런 기준은 유명무실할 수밖에 없다. 되레 질문자가 건강 관리에 소홀할 수밖에 없었던 과거가 병을 키운 원인이라는 것을 암시한다(3w, 4s, 5p, 10s).

---

② **3w(장애물)** 위에서 언급한 대로 **부정**적인 영향을 받았다. 신장 질환으로 기초 대사가 원활하지 못하다는 점을 경고하며, 질문자가 바라는 건강 호전과 관련한 소식은 오지 않을 것을 강조한다. 특히 질환의 특성상 건강을 개선하기에는 현실적인 문제가 많다는 점* 때문에 더욱 부정적인 관측을 내놓을 수밖에 없으며, 질문자 또한 이를 인지하고 있다는 점에서 극단적인 수단(신장 이식 등)을 동원하지 않는 한 문제 해결이 어렵다(4s, 5p, 2, 10s).

---

③ **Ap(기저) 부정**적인 영향을 받았으나, 배열에 큰 영향을 미치지 못한다. 질문자가 치료 비용을 마련하는 데 당장은 큰 어려움이 없으나 시간이 지날수록 지출이 늘어나기에, 가족이나 외부에서 도와준

---

* 신장 질환으로 투석을 시작하면 주기적으로 투석을 받아야 하기에 정상적인 사회생활이 어려워질 때가 많다.

다고 해도 계속 도움을 받을 수는 없는 상황이고 현실적으로 도움을 청할 곳도 없으며, 질문자가 두려워하는 마지막이 점차 현실로 다가오는데도 자신의 Ap만으로는 상황을 타개하지 못하리라는 것을 엿볼 수 있다.

다만, 이 모든 일이 당장 닥친 문제가 아니며, Ap 또한 배열에 큰 영향을 미치지 못하기에 불행 중 다행인 상황이다.(3w, 5p, 10s, 4w).

---

④ **4s(과거)** 비교적 **긍정**적인 영향을 받았으나, 배열에 큰 영향을 미치지 못한다. 질문자가 할 수 있는 만큼 대비하긴 했으나, 이로써 상황을 반전하지는 못하며, 대비한 것보다 지출이 더 늘거나 건강이 더 빠르게 나빠지고 있기에 4s의 긍정적인 영향이 다른 카드에 미치기 어렵다는 것을 알 수 있다(11, 3w, 5p, 2).

---

⑤ **5p(현재/곧 일어날 일)** **부정**적인 영향을 받았다. 단순히 건강 악화를 넘어 치료 비용을 감당하기 어려워지거나 최악의 경우 생계를 이유로 치료를 포기할 수 있다는 것을 지적한다.

이는 특히 질문자가 건강을 회복하려 휴식하는 과정에서 경제 활동을 포기하는 등의 문제가 일어났거나, 이 과정에서 평판/인맥이나 거래처를 잃어버리기 쉬웠다는 것을 다른 카드들이 보여주기 때문이다. 나아가 이런 부작용을 알고 있지만 어쩔 수 없이 할 수밖에 없다는 점에서 부정적인 영향이 더 강하게 미친다는 것을 알 수 있다 (3w, 4s, 2, 10s).

---

⑥ **8s(미래) 부정**적인 영향을 받았다. 질문자가 충분히 치료/휴식하더라도 상황은 계속 나빠지고 있으며, 이를 개선하려 애써도 기술적인 한계가 있다는 사실을 알기에 더 빠르게 악화하는 것을 막는 데 급급할 뿐 문제를 궁극적으로 해결하기는 어렵기 때문이다(4s, 5p, 2, 10s).

---

⑦ **2(질문자의 내면)** **부정**적인 영향을 받았다. 질문자의 '할 수 있는

것은 다 했다'라는 속마음을 드러낸다. 이는 현실/기술적인 한계(5p, 8s)를 외부에서도 인정하는 것(10s)으로 확인할 수 있으며, 이 검진 결과가 자신의 노력을 드러내리라 기대하고 있으나, 극적인 완치는 어렵다는 것을 이미 질문자 스스로 안다는 점에서 부정적인 영향을 벗어날 수 없다(11, 3w, 5p, 8s, 10s).

---

⑧ **10s(제3자가 바라보는 질문자) 부정**적인 영향을 받았다. 질문자의 계획/판단이 현실을 개선하기 어려웠다고 평가되거나, 마지막 신변 정리에 가까운 수준이라는 것을 드러내며, 질문자 또한 이를 감안해 움직여왔다는 점을 암시한다(11, Ap, 2, 4w).

---

⑨ **4w(희망/두려움)** 완치되기를 바라거나 후회가 남지 않길 바라며, 반대로 의도치 않게 삶의 마지막 장이 시작될까 봐 두려워하는 모습을 보여준다.

더 구체적으로 논한다면 더는 새로운 시도를 하거나 자신의 기반을 유지하기 어렵다는 것을 잘 알고 있으며, 질문자 스스로 부정적인 미래를 직감하고 있다는 점을 다른 카드로 확인할 수 있다(4s, 2, 10s).

---

⑩ **20(결론) 부정**적인 영향을 피하기 매우 어렵다는 것을 알 수 있다. 아무리 효과적으로 조언해도 과거와 같이 건강한 상태로 돌아갈 수 없으며, 약속된 마지막을 향해 나아갈 수밖에 없다는 것을 적나라하게 드러낸다.

===

내가 해석을 정리할 새도 없이 본래도 좋지 않던 질문자의 안색은 더 나빠지기만 했다. 그 와중 자신을 호명하는 간호사의 말에 그는 성급히 자리를 떴고, 몇 시간 지나지 않아 입원 절차를 밟는 모습을 보았다.

며칠 뒤 다시 만났을 때 그는 완연한 병색을 감출 수 없었지만, 애써 살다 보면 이럴 수도, 저럴 수도 있는 것이라며 웃을 뿐이었다.

이 배열에서 3w는 '피드백' 자체로 드러났을 뿐이었지만, 배열의 다른 카드 때문에 부정적인 영향을 넘어 '일방적인 통보'로 의미가 확장했다는 것을 확인할 수 있다.

건강과 관련한 질문에서 3w는 특정 질환을 언급하지 않는 한 대개 이처럼 검진 결과를 받아보는 수준에 그치는 경향이 있으나, 다른 카드의 영향을 어떻게 받느냐에 따라 배열 전체의 긍정/부정적인 의미를 증폭하는 특징이 있다는 점에 주의해야 한다.

실제 사례 (2011년 5월, 서울 관악구 모처, 20대 중반 남성)

질문   취직에 성공할까?

사전 정보 모 카드사의 상담사 직을 지원했으며, 면접 하루 전 저녁에 함께 맥주를 마시며 점을 봤다.

1 – Ns – 4c – 6p – 7p – Ps- 10p – 3w – 5w - Pp

1　　(질문자 자신) 합격할 것이라 자신하고 있으며, 자신의 능력을 믿고 있다.

Ns　(장애물) 서두르는 태도 탓에 저평가되거나, 면접 준비 시간이 얼마 없다.

4c　(기저) 더 좋은 직장을 찾았으나, 당장 급한 대로 취직부터 하고자 했다.

6p　(과거) 사람을 구하는 회사가 몇 없었거나, 질문자의 자금 사정이 좋지 않았다.

7p　(현재/곧 일어날 일) 자신이 할 수 없는 일도 할 수 있다며 허세를 부리거나, 노동 강도보다 보수가 적은 일자리다.

Ps　(미래) 눈치껏 대응하거나 약간의 꼼수를 써 상황을 개선하려 할 것이다.

10p　(질문자의 내면) 이 일에 큰 의미를 두지 않는다.

3w　(제3자가 바라보는 질문자) 회사는 심사 결과를 통보할 준비를 하고 있다.

5w　(희망/두려움) 일했으면 좋겠다고 생각하지만, 일이 예상보다 고될까 봐 걱정하기도 한다.

Pp　(결과) 일을 시작하겠으나, 이 일로 전문적인 수준에 오를 수는 없다.

실전 해석

이 배열에서 3w는 8번 위치, '제3자가 바라보는 질문자'에 나왔다.

시험/면접과 관련한 질문의 특성상 단순하게 해석한다면 회사가 탈락/합격을 알릴 준비를 하고 있거나, 사람들이 질문자가 자신의 노력/실력에 대한 답을 얻어내리라고 인지하는 상황으로 해석할 수 있다.

배열에서 3w에 영향을 주는 카드는 4c, 6p, 7p이다. 질문자가 이 채용 조건에 불만이 있는데도 돈이 급한 처지여서 지원했다는 점과 질문자의 '되면 좋고, 아니면 말고' 식의 태도가 부정적인 영향을 미치기 쉽기에, 조언으로 질문자를 더 나은 방향으로 이끌어야 했던 사례다.

---

① **1(질문자 자신) 부정**적인 영향을 받았다. 질문자 스스로 능력 있다고 자신하는 것을 의미하나 이를 증명하지는 못한다는 점에서 부정적인 영향을 받기 쉬우며, 자신이 구제/선택받아야 하는 처지인데도 불만스러운 태도를 보인다면 면접관에게 좋은 인상을 주지 못하거나 인성 문제를 걸고넘어질 빌미를 주기 때문이다(4c, 6p, 10p, 3w).

② **Ns(장애물)** 비교적 **부정**적인 영향을 받았으나, 이를 역이용/개선하기 쉽다. 이는 질문자의 조급함 또는 면접 준비 시간이 촉박한 상황이라는 것을 의미한다. 전자라면 질문자가 평소 실력이나 자신의 본모습을 가공하거나 숨기지 않고 내보여 문제 되기 쉽다는 것을 지적하나, 조언으로 극복할 수 있다. 후자라면 다른 경쟁자들도 똑같이 시간이 부족하기에 질문자만 불리한 것은 아니므로 큰 문제가 없다. 그 밖에 질문자가 당장 돈이 급한 상황이 면접 태도에 악영향을 미치기 쉽다는 점에 더 주의를 기울여야 할 것이다(1, 4c, 6p, 3w).

---

③ **4c(기저) 부정**적인 영향을 받았다. 질문자가 불만스러운 나머지 무성의한 태도를 보이거나 요령을 피워 문제를 대충 넘기려 하고 있

다는 것을 암시하며, 이런 질문자의 오만함이 겉으로 드러나 사람들에게 지적받기 쉽다(Ns, 7p, Ps).

---

④ **6p(과거)** 비교적 **긍정**적인 영향을 받았다. 질문자의 곤란한 처지를 참작하더라도 질문자에게 능력이 아예 없지는 않고, 다만 능력만큼 대우받지 못하는 데 불만을 표한 것에 가깝기 때문이다(1, 4c). 질문자가 서두르고 있다는 점에 더해 회사에서 연봉을 의도적으로 낮게 공지한 것은 아닌지 의심할 여지를 남기는 카드라 할 수 있다(1, Ns, 4c, 3w).

---

⑤ **7p(현재/곧 일어날 일)** 비교적 **긍정**적인 영향을 받았다. 다른 응시자들과 함께 면접을 보는 이상 노력에 따른 성과를 거둘 시기를 놓치기 쉽지 않고, 질문자가 자신의 역량을 선보여 취업에 성공할 방법을 궁리한다면 쉽게 긍정적인 영향을 끌어낼 수 있기 때문이다. 이 질문에서는 특히 질문자가 어느 정도 능력을 갖추고 있기에, 적절한 면접 전략만 구상해주기만 하면 된다는 것을 알 수 있다(1, 6p, 3w, 5w).

---

⑥ **Ps(미래)** 비교적 **긍정**적인 영향을 받았다. 지원 업무 특성상 언변이 중요하며, 어차피 실제 업무는 별도로 교육하기에 빠른 적응력을 강조하면 합격할 가능성이 크기 때문이다. 또한, 자신을 과대 포장하거나 당장 업무에 투입해도 좋다는 식의 적극적인 태도/공수표가 상대방에게는 자신감으로 비치기 쉽기에 다른 경쟁자들이 머뭇거리는 동안 먼저 유리한 고지를 선점하기 쉽다(1, 7p, 3w).

---

⑦ **10p(질문자의 내면)** **부정**적인 영향을 받았으나, 긍정적으로 활용할 수 있다. 질문자가 담당할 업무가 그리 큰일이 아니라고 여기거나, 자기 능력으로 쉽게 소화할 수 있을 것이라 자신하기 때문이다. 더 나아가 누구라도 앉혀 놓으면 굴러가는 일에 가깝다고 생각한다는 것을 드러낸다. 질문자의 이런 인식이 당시 이 업무에 대한 대중적인 인식과 크게 다르지 않기에, 부정적인 영향보다 질문자의 자신

감이 강조된 것으로 이해할 수 있다(1, Ns, 6p, 3w).

---

⑧ **3w(제3자가 바라보는 질문자)** 부정적인 영향을 받았으나, 개선의 여지는 있다. 앞서 언급한 내용에 더해 이런 부정적인 영향을 걷어내려면 질문자가 조건을 따지지 않고 저자세로 면접에 임하되, 자신의 능력을 토대로 경쟁자들보다 나은 적응력이나 업무 소화력을 과시하도록 조언해야 한다는 것을 알 수 있다(4c, 6p, 7p).

---

⑨ **5w(희망/두려움)** 취직에 성공하기를 바라며, 일이 힘들면 어쩌나 하고 두려워하는 것으로 해석할 수 있다. 자신의 기반이 취약하며, 이 기회를 놓치면 시간을 더 허비하기 쉽기에 대우와 상관없이 빨리 취직하려는 상황이라는 것을 간파할 수 있다(Ns, 6p, 3w).

---

⑩ **Pp(결론)** 긍정적인 의미가 적용되나, 지속성은 현저히 떨어진다. Pp가 의미하는 역량이 아무리 뛰어나더라도 일정 이상의 기반/지위를 얻기 어렵기 때문이다. 물론 당장 수입이 급한 질문자가 이를 고려할 가능성은 없으나, 상황이 진정되거나 더 나은 대우를 바랄수록 다른 곳으로 눈을 돌릴 수밖에 없다는 것을 강조한다.

해석을 마치자마자 질문자는 '이거 그냥 나대지 말라는 말이죠?'라는 말로 해석을 요약했다. 그는 갓 제대한 뒤 급한 대로 용돈이나 벌려고 한 것이지 거창한 목표는 없다며 속내를 털어놓았고, 나 또한 질문자에게 능력이 없는 것은 아니니 굳이 미운털 박힐 짓은 하지 말 것을 권했을 뿐, 더 이상의 말을 덧붙이지 않았다.

며칠 뒤 그는 합격했다는 말을 전하며 면접 상황을 들려줬다. 면접관조차 역량이 뛰어난 이를 선발한다기보다 감정적으로 무던하거나 업무를 소화할 수 있다면 가리지 않고 쓰는 아르바이트 면접 같은 분위기였으며, 자신은 합격 통보를 면접 당일 저녁에 받았고 이후 있을 3주 신입 교육 과정에서 버티는 게 진짜 시험이지 않을까 예측했다.

이때만 해도 상담사에게 바라는 역량 수준이 낮았고, 그만큼 사내 복지나 연봉 조건이 다른 직업보다 열악했기에 취직하기 쉬웠으나, 그만큼 스트레스에 쉽게 노출되며 휴식 및 식사 시간도 제대로 보장되지 않았던 시절이었기에 부정적인 의미들이 많더라도 질문자가 일자리를 얻지 못할 가능성은 적었다.

이처럼 3w 또한 다른 핍 카드와 마찬가지로 긍정/부정적인 의미를 전환할 가능성이 남아 있기에, 이에 착안해 배열의 다른 메이저 카드 또는 코트 카드를 이용해 흐름을 뒤바꿀 수 있다.

4 of WANDS.

이상의 완성, (일/생각의) 종료, 이상론
(Confined to Ideals) Paradise, Wedding

WANDS 공통 의미
철학, 원론, 윤리, 의지, 활력Vital, 노동, 스트레스, 언어

4 공통 의미
현실/변수를 겪지 못한 (각 원소가 담당하는 분야의) 안정/성공
폐쇄적, 고립, 방어적, 소규모 세력/집단을 이루다

4 of WANDS의 키워드
이상의 완성, (일/생각의) 종료, 이상론, (좋은/나쁜) 끝, 은퇴, 인연이 이 상태
로 고정됨, 결혼, (다시 이 분야/집단으로 돌아가지 못하는/않는) 이직/이사/이
별/사별, 황혼 이혼, 합의 이혼,* 현실에 구현하지 못한 희망과 이상향 등

긍정/부정 확인 기준

질문자가 어떤 사안을 무난하게/자연스럽게 끝내야 하는가?

질문자의 생각/행동이 이상/이론적인 가정들에 치우쳐 있는가?

질문자와 그 지지자들의 현실적인 기반이 견실한가?

질문자가 의도하지 않은 변수가 생기기 쉬운가?

인생의 어떤 분기점(결혼/정년 등)에 해당하는 상황인가?

이는 핍 상징편에서 언급한 의미들이 긍정/부정적으로 적용되는지 판단하는 몇 가지 기준들이다.

모든 4 카드는 자신이 품으려는 것을 어느 정도 정리, 완성했을 때 벌어지는 순간을 묘사하며, 이로써 안정을 취하면서 현 상태를 계속 유지하려 애쓰는 모습을 표현한다.

그중에서도 4w는 자신이 생각하는 이상적인 모습을 실현했다고/실현하리라고 여기며, 이를 달성할 때 행복/기쁨을 누리는 모습으로 요약할 수 있다.

문제는 세상/현실이 자신의 이상처럼 움직이지 않는다는 것이다.

수많은 이상 속 천국과 낙원이 실제 실현된 예가 없고 있더라도 흔치 않듯, 그저 자신의 머릿속 생각에 그칠 수 있다는 점을 주의해야 할 것이다.

하지만 4w는 녹록지 않은 현실에서도 이상을 추구하는 이들이라면 반드시 지키거나 존중받아야 할 점이 있다고 여기며, 스스로 이를 실천하는 한 무의미한 노력이 아니라는 것을 강조/주문하는 카드다.

긍정 4w는 이상의 완성을 의미하는 만큼 질문자가 구상/추구하는 청사진을 완성해 자신과 주변 사람들이 기뻐할 일이 생기고, 이로써 자신의 목표에 대한 발언이나 외부 활동을 할 수 있을 정도의 집단을 형성하는 것을 뜻한다. 이런 의미는 곧 가족을 구성하려는 이상적인 모습과 연계되며, 결혼식이나 정당 등 단체 결성이라는 의미가 파생한다.

또한, 이는 누구나 꿈꾸는 이상의 구현을 상상/실현하는 것으로 이어진다. 청사진을 그리거나 집단의 목표를 이루려면 준수해야 한다고 여겨지는 조직의 사상/강령*으로 표현된다. 이로써 이상을 구현/달성해 자신의 격을 높이거나, 여한 없는 마지막을 맞는 모습으로 드러난다.

부정 그러나 흔히 말하는 '손에 물 한 방울 안 묻히겠다'/'다른 날 태어나도 한날한시에 죽을 것이다'라는 프러포즈나 결의는 어디까지나 이상일 뿐, 현실을 살아가는 이들이 불가능하다는 것을 모를 리 없기에 그저 내부 결속을 위한 공허한 외침에 그치기 일쑤다.

또한, 구현 불가능한 이상향의 실현을 원하는 모습과 함께 자신의 의지와는 상관없이 예정된 끝이 다가오는 것을 막을 수 없다는 점은 카드의 부정적인 의미와 직접 연결되며, 이는 곧 이별, 결별 등의 키워드를 파생한다.

다만 이런 4w의 의미는 모두에게 드러나 처분당하는 20(심판)과 달리, 이상을 꿈꾸는 주체가 이상을 버리거나 끝내 이상이었을 뿐이라는 사실을 자각하고 물러나는 모습을 보이기에 20보다는 강제성이 덜하다.

이런 4w의 부정적 의미는 카드의 연계에 따라 이상을 악용하거나 견강부회牽強附會, 본말전도를 일으켜 공동체에 속한 이들을 거꾸로

---

* 대한민국 국군의 복무 신조나 회사 및 공익단체의 강령, 국시國是 등을 들 수 있다.

억압하는 모습부터, 외부의 물리적인 충격으로 동력을 강제적으로 상실하는 등 다양한 모습으로 드러난다.

4w의 긍정적인 면모들은 일상에서도 쉽게 찾을 수 있다. 카드의 키워드인 결혼(식)은 부부를 이루면서 집단의 최소 단위(가정)가 되며, 각각 사랑과 행복이 이 자리에서처럼 영원하기를 바라는 이상을 담고 있기 때문*이다. 또한, 현대에 발생한 고용 불안으로 정년퇴직까지 버텨 은퇴하는 모습도 이런 이상향이 닿아 있는 모습이라 할 수 있고, 이는 현대에 일시적으로 특정 지역에서 이루어진 것**이기에 4w의 의미에 들어간다고 볼 수 있다.

다른 의미인 '이상의 완성' 또한 수많은 사상가가 외쳤던 이상향에 그대로 적용해도 이해하는 데 지장이 없다. 제자백가를 비롯하여 동서양의 철학·종교 사상가들이 외친 구호와 이념은 모두 각각의 의지를 담고 세상을 더 평화롭게 만들고자 했던 이들이 남긴 통찰의 결과물이기 때문이다. 그러나 이를 현실에 적용할 때 생길 문제들은 그들 자신도 예측하지 못했고, 이런 이상을 담은 대부분의 거대한 사회적 실험들은 대개 실패해왔다는 점***에서, 이상의 완성을 현실에 모두 적용하는 것은 시기상조거나, 신중하게 접근해야 한다는 점을 강조한다.

---

* 핍 상징편 64쪽 참고. 추파 말고도 결혼식과 관련한 전통과 양식들은 모두 원형상징에 가까울 만큼 행복과 관련한 의미를 공통적으로 담고 있다.

** 가까운 예로 1960년대부터 거품 경제의 후폭풍이 닥치기 전까지의 일본에서 이를 실현했다. 그 전에 일본의 노동 환경이나 고용 시장은 농번기/농한기에 따른 이직률 증가와 저임금으로 기업에 대한 사원의 충성도가 낮았지만, '평생 직장'을 내세운 도요타의 정책이 성공을 거두며 장기 침체 전까지 이런 이상향을 잠시나마 구축하는 데 성공했다.

*** 춘추전국시대의 진나라는 상앙과 이사가 법가 사상을 내세워 통일을 이루었으며, 멸망 또한 법가 사상의 모순과 병폐 때문에 일어났다. 더불어, 카를 마르크스가 공산당 선언에서 외친 '만국의 노동자여, 단결하라!'라는 구호가 그들이 권력을 잡은 뒤에도 충실히 이루어진 적 있었는가를 되짚어 본다면 쉽게 이해할 수 있다.

반대로 4w가 부정적인 영향을 받았을 때 벌어지는 이상과 현실의 괴리는 결국 '이 이상향이 내게 맞는데 무슨 상관이냐'라거나 '내 이상향은 (나와 뜻을 같이하는 이들에게는) 완벽하다!'라는 식의 태도로 이어지며, 곧바로 현실의 다른 완드 요소를 지닌 이들의 반격, 반박, 비판에 부딪힌다.

작은/닫힌 사회*가 문제를 일으키는 사례들도 '이 지역/분야/단체/공간에서는 이런 방법이나 규칙이 이상적'이라는 평계를 대며 만행을 저지르는 명분으로 악용되기 때문이다. 이런 왜곡은 점차 악습, 아집으로 남아 지지자들의 운명까지 뒤튼다.** 또한, 이런 이상향이 자신의 현실과 맞지 않는다는 것을 확인하거나 거꾸로 대치될 때, 4w는 다시 돌아오지 않는 이별/인연의 끝을 암시한다. 이는 작게는 영원히 볼 일 없는 관계***부터 어떤 분야/직종에서 완전히 이직**** 이나 삶 속에서 노동의 소멸***** 등의 의미가 파생한다.

배열 위치별 특징 켈틱 크로스 배열에서 4w는 2, 4번 위치에 나타나면 배열에서 영향력이 강해진다. 이때 일반적으로 부정적인 면을 드러내는데, 이는 변수 자체가 없어졌거나 없어진 수준으로 질문자의 행동을 제약하는 효과를 낳기 때문이다.

* 여기서 말한 작은 사회는 외부와 구별해 구성원을 통제하는 별도의 규율을 갖춘 소규모 집단/공동체를 일컫는다. 닫힌 사회는 구성원을 구속하는 배타적 규율로 유지되며 외부 간섭을 거부하거나 간섭할 수 없는 사회를 통칭한다.

** 오랜 혼란에 지친 독일 국민은 당장 강압적인 질서라도 필요하다는 명분에 따라 민족주의와 우생학의 광기가 이상화된 나치즘을 채택했으나, 제2차 세계대전으로 이를 선택한 모든 국민이 더 큰 혼란을 맞이해야 했다.

*** 연인과 이별 후 재회할 수 있는지 질문했을 때 4w는 다시 만나면 결혼하거나 아예 다시는 볼 일이 없으리라는 극단적인 의미로 해석되며, 이는 다른 처지/상태/지위로 재회할 가능성이라도 열어두는 20(심판)보다 더 극단적인 의미로 적용된다.

**** 프로그래머가 치킨집을 여는 식의 급격한 직종 변경이나 특정 회사로 이직한 뒤 그 회사와 접점을 만들지 않는 상황을 예로 들 수 있다.

***** 은퇴 후 과거와 같은 업무를 다시 접하지 않는 상황을 예로 들 수 있다.

이와 달리 8번 위치에 드러나면 긍정적인 의미가 쉽게 강해지는데, 다른 사람들이 부러워한다는 의미이지만 상황이 자칫 최악으로 치닫는다면 극단적으로 좋지 않은 의미*로 변질하기 쉽다.

1, 3, 7번 위치에 나타나면 영향력이 약해지기 쉽다. 이는 질문자의 이상향이 현 상황을 이끌어가기 어렵거나, 이끌어가더라도 다른 카드의 영향력이나 연계에 따라 본말전도가 일어나기 때문이다.**

* 다른 사람들은 질문자가 물러나거나 패배한 상황으로 여기는 것에 가깝다.

** 이상향, 청사진을 제시하며 자신이나 다른 사람이 원하는 것을 우선시하는 등의 모습이 이에 해당한다.

연애(관계가 성립한 상황) 관계의 (이상적인) 종결을 의미하기에 사전 정보에 따라 의미가 극단적으로 달라진다. 일반적으로는 어떤 관계를 종료하는 것과 관계있으나 13(죽음), 20(심판)과 비슷하게 과거의 모습으로 돌아갈 수 없다는 의미를 지닌다.

다만 두 메이저 카드는 운명 등 되돌릴 수 없는 흐름에 휘말려 관계가 이루어지나, 4w는 어디까지나 질문자가 추구하는 것과 관계/상대방이 부합한다고 여기기에 계속 유지하려는 태도*에 가까우며 큰 충격(외도, 강제적인 이별(전쟁이나 천재지변, 사별 등))에 취약하다.

긍정 절친한 친구로 확실하게 자리 잡거나 연애의 시작 또는 결혼식 등 각자의 인연이 더 기쁘게/아름답게 결합하는 것을 의미하며, 서로 이상향이 같아 행복을 느낀다는 것을 뜻한다. 나이가 많더라도 여생을 함께하는 등 인생의 마지막을 뜻깊게 보내리라는 것을 의미한다.

부정 이 관계가 이어지더라도 지금보다 더 발전할 수 없거나 결정적인 이유로 포기 또는 한쪽이 예속에 가깝게 양보해야 관계가 성립하리라는 것을 암시한다. 이는 결국 관계가 영원하지 못하거나 내부 모순**을 지닌 채 억지로 끌려갈 수 있다는 것을 경고한다.

심각할수록 이별에 가까워지며, 서로 합의/한계에 다다라 재회하지 않는 상황으로 이어진다. 나이가 많다면 인간이 극복할 수 없는 정신/육체적 이별(사별, 치매 등)로 의미가 확장된다.

연애(관계가 성립하지 않은 상황) 관계 성립 의지 여부가 긍정/부정적인 의미에 큰 영향을 미친다. 이는 연애와 관련한 질문자의 이상향이 비혼/독신주의 또는 스스로 연애를 포기하는 상황으로 해석되기 때문이다. 이에 해당하지 않으면 보통 (관계 형성 실현 의지 여부와 상관

---

* 이마저도 의지만 있을 뿐 현실을 개선하려는 것과 거리가 있다.

** 상호 협의하거나 희생을 감내할 것을 이미 인지/수용하고 결합했다면 이에 해당하지 않는다.

없이) 자신의 이상형과 관련한 언급이 주를 이룬다.

긍정 관계 성립을 시도하고 있다면 질문자가 꿈꾸는 이상형이나 이성을 만날 때 원하는 상황과 관련한 희망 사항들을 어느 정도 구현할 수 있으리라는 것을 암시하며, 관계를 형성하려면 다른 사람의 이상형을 분석/간파해 이에 걸맞게 접근하도록 조언해야 한다. 의미가 강해질수록 새로운 인연과 이에 따른 화합을 예상할 수 있다.

단순한 연애운이라면 아무리 긍정적인 영향을 받아도 부정적인 면이 강해진다. 이는 '혼자 있는 이 상태가 내게는 가장 이상적인' 상황이라는 의미로 변질하기 때문이다. 그러나 독신/비혼주의를 표방하거나 연애할 상황 자체가 아니라면 그저 평온한 시절을 보내는 것으로 볼 수 있으며, 질문자가 굳이 지금처럼 평온한 상태를 깰 변수를 만들 생각이 없다는 것을 의미한다.

부정 관계 성립을 원한다면 질문자의 기준이나 상대방이 가능하다고 여기는 조건들이 (비현실적으로) 높다는 것을 지적하며, 현실에 맞게 기준을 낮추지 않으면 연애할 수 없으리라는 점을 경고한다. 최악의 경우 다른 사람이나 사회가 금기시하는* 방식을 취하거나 선망하는 상황으로 전락할 수 있다.

단순한 연애운이라면 자신의 이상형에 맞는 사람이 나타나기 전까지는 연애하지 않으려는 것으로 이해할 수 있고, 자신의 관점이나 습관을 버리지 못해 질문자 스스로 '왜 내 주변에는 다 그 나물에 그 밥이지?' 식의 불만이 스며들기 쉬운 환경이라는 점을 암시한다.

이때는 자신이 폐쇄적인 환경/의식을 개선할 수 있게 새로운 시도를 해보도록 조언해야 한다.

대인관계 기본적으로 뜻 맞는 이들의 결의나 소규모 조직의 의견 합치와 관계있고, 청사진의 완성과 함께 조직, 단체, 모임을 확장해가는 모습을 뜻한다.

긍정 질문자가 속한 집단에서 화합, 단결이 일어나고 공동 목표

---

* 동성애, 양성애, 불륜, 근친상간, 소아성애 등 흔치 않거나 일반적이지 않은 성향/관계를 암시한다.

를 달성하려는 흐름에 참가해 유무형의 이득을 얻거나 귀인을 만나는 것을 뜻한다. 이에 미치지 못하더라도 육성/후원으로 훗날 자신을 돕거나 이끌어줄 이를 만나는 등, 이른바 미담으로 회자할 수 있는 사건이 벌어질 가능성을 암시하며, 최상의 경우 도원결의나 삼고초려 등, 평생을 함께할 동지를 얻는 모습으로 드러난다.

부정 질문자가 속한 집단의 내부 모순이나 내부에서만 옳다고 여기는 규칙, 관습을 자신/남에게 강요하거나 집단의 이익을 위해 남을 불쾌하게 만들 수 있다는 것을 경고하며, 조직에 소집단을 형성해 조직과 다른 이상/목표를 추구하려 시도(당)하는 상황을 암시한다.* 최악의 경우 허울 좋은 이상 아래 이합집산을 거듭하며 기대감만 커지는 상태를 뜻한다.

사업의 흐름이나 전망 일반적으로 청사진을 완성하고 사업을 이끄는/운영하는 주체들과 함께 나아가려는 모습 또는 사업 목표를 (미)달성하고 정리하는 모습을 의미하는 경향이 있다.

긍정 사업 기획과 목적을 뚜렷하게 세우는 데 성공하고 이를 투자자/구성원들에게 설명/설득해 동기 부여하는 상황을 묘사한다. 의미가 강해질수록 견실한 기획과 이에 따른 성공으로 꾸준히 내실 확충이 이루어지는 것을 뜻하며, 최상의 경우 목적을 달성하고 자신의 수익을 분배/정산해 독립하거나 다른 분야로 진출할 수 있는 상황이 다가오리라는 것을 암시한다.

부정 수익성 없는 탁상공론이라는 것을 지적하며, 구성원과 함께 하는 것은 좋으나 한때의 경험에 머물 가능성이 크다는 점을 암시한다. 악화할수록 해당 사업 분야에 대한 (영구적) 철수를 뜻하며, 최악의 경우 강제 퇴거/격리에 가까운 상황이 오리라는 것을 경고한다.

---

* 실리를 추구하거나 내부 권력 투쟁/정치에 가까운 9p와 달리, 4w는 기존 조직/집단의 이상이 분화하는 바람에 갈등이 생기는 상황을 의미한다. 예를 들어 과학이라는 상위 분류가 있고, 그 안에 화학이라는 하위 분류에서 물리화학이냐 생화학이냐는 장르적 차이에 해당하거나, 이를 실험 또는 구현하는 데 필요한 도구나 요소, 환경, 입지 등이 달라져 벌어지는 문제들에 속한다.

창업의 성사 여부 긍정/부정적인 의미가 단순 적용되어 창업의 성공/실패를 뜻한다.

일반적으로 사업 기획의 성공적인/불안정한 완료를 의미하며, 그밖에 투자/후원받으려는 포트폴리오/프레젠테이션을 완성한 상황을 암시한다.

특정 분야로 4w의 의미를 논한다면 관혼상제에 따른 '행사'만을 주관하는 업계에 대응하며,* 그 밖에 마지막을 아름답게 만들어주는 과정에서 필요한 요소 중 원론/철학적인 면을 채워주는 종류의 사업과 관계있다. 다만 이는 질문자의 가치관이 어떤지 먼저 점검하고 그에 따라 이상적인 말년/마지막을 맞으려면 필요한 것이 무엇인지 배열의 다른 카드와 연계해 판단해야 한다.

진로 적성 미래지향적 시각이 활성화되어 있으므로 어떤 일이 실제 이루어질 때 얻을 수 있는 것들이 무엇인지 설파/설명하는 분야에 적합하다. 다만 4w는 2w와 달리 선견지명이 없고, 어디까지나 이상이 실현될 때 얻는 것에만 치중한다. 이에 더해 자신이 설파/설명한 주장의 구체적 수치나 방식을 제안하지 못한다는 한계가 있으므로 재능이 단순한 공상이 되지 않도록 상상/희망을 실제로 구현하는 데 필요한 역량을 갖추도록 조언해야 한다.

부정적인 영향을 받을수록 단순한 공상/망상 또는 현실화할 수 없는 것을 추구하는 상황을 의미한다.

시험 결과나 합격 여부 긍정/부정적인 영향에 따라 차이는 조금 있으나, 기본 골자는 '해당 시험과 인연이 다했다'라는 것을 뜻한다. 긍정적인 영향을 받을 때는 합격해도 재시험을 봐야 하는 것이 아니라면 큰 문제가 없으나, 부정적인 영향을 받으면 불합격과 함께 이 분야에 재능이 없거나 질문자의 인생에서 재응시할 필요가 없다는 것

---

* 웨딩 사업, 상조 등을 예로 들 수 있으며, 의전儀典 행사를 다루는 분야와도 관계있다.

을 암시하며, 최악의 경우 이제 합격/재응시해도 질문자가 원하는 것의 달성과 아무 상관이 없거나 그저 정신적인 위안에 그치는 것으로 전락한다.

질병의 호전, 완치 긍정/부정적인 의미가 극명해 이에 따른 구분이 의미 없다.

긍정적인 영향을 받는다면 대부분 해당 증상, 질병의 완치/퇴원을 의미한다.

부정적이라면 특히 나이가 많을 때 수명이 다했다는 것을 의미하며, 그 밖의 상황이라면 현대 의학 또는 질문자가 할 수 있는 모든 조치를 다 한 것에 해당한다(단, 연명치료는 해당하지 않는다).

단순한 건강 문제 특이사항/가족력 유무에 따라 의미를 다르게 적용해야 하며, 신체 질환보다 정신 질환에 비중이 기울어 있다. 말단 비대, 혈류 과다 등의 신체 질환이나 너무 긍정적인 면만 보려는 정신 질환과 관계있다.

긍정 자기 신체가 최상의 상태를 유지하거나 어떤 일에 임하려 미리 건강 관리를 끝마친 상황이라는 것을 뜻한다.*

부정 만약 만성질환 병력이나 가족력이 있다면 이를 벗어나지 못하기에 예방책을 꾸준히 사용하면서 병에 걸린 뒤를 대비할 수 있게 생활 습관을 정리하도록 조언해야 한다.

---

* 보디빌더 등 스포츠 선수가 경기 전에 몸을 관리하는 것을 예로 들 수 있다.

켈틱 크로스 배열 위치별 긍정/부정 해석법

1 → ②④⑤⑨ 카드 확인 질문자의 이상향이 현실화됐는지 확인해야 하며, 현실화를 막는 장애 요소를 질문자의 역량으로 극복할 수 있는지 판단해야 한다. 아울러 질문자가 생각하는 일들이 벌어지거나 벌어지지 않음으로써 생기는 두려움(⑨)이 무엇인지 분석한다면 긍정/부정적인 의미를 분별할 수 있다.

긍정 점을 볼 필요가 없는 사안이거나 성공에 따른 부작용이 무엇인지 탐색해야 한다. 긍정적일수록 단순히 재미 삼아 점을 본 것으로 이해할 수 있으며, 질문자의 계획은 무리 없이 진행/달성되리라는 것을 뜻한다. 그 밖에 큰 행사(결혼식 등)를 성공리에 마친 뒤 이에 따른 효과를 주변에 기쁘게 나누어 결속력이 단단해지는 것을 뜻한다.

부정 두 유형으로 나눌 수 있다.

(1) 질문자의 이상이 현실과 대치되거나 이룰 수 없는 상황

(2) 마지막을 앞둔 상황

(1) 질문자의 생각과 현실의 괴리가 크거나 달성 방법이 (단기적인 조치로는) 불가능한 상황이라면 더욱 부정적으로 변하며, 심하게는 이런 영향을 줄이려 이상을 꺾고 현실에 타협할 수밖에 없다고 조언하고 목표를 낮추도록 권해야 한다.

(2) 마지막이 임박한 것을 질문자 스스로 인지하는지 파악해야 한다. 인지했다면 이에 따른 대비를 더 보강해주거나 질문자가 힘겨워하는 부분에 대한 심리적 격려가 필요한 수준에 그치나, 그렇지 않으면 질문자에게 일방적인 통보가 도착하거나 손쓸 방법 없이 현 상황이 계속되리라는 것을 암시하며, 이 형세를 뒤엎으려면 그만큼 무리해야 한다는 것을 경고한다. 심각해질수록 늪에 빠져들듯 상황이 악화하거나 질문자가 이런 문제적/어려운 상황을 당연히 받아들이는 모습*으로 이어진다.

---

2 → ③④⑦⑨ 카드 확인 질문자가 과거에 질문과 관련해 긍정/부정적인 경험을 했는지 파악하고, 현 상황에 변수가 발생해야 하는 이유가 무엇인지 확인해 상황의 고착 상태에 따라 질문자에게 문제가 생기는지 여부로 긍정/부정적인 의미를 확인할 수 있다.

> * 이른바 정신이 오염, 세뇌당해 불합리한 상황을 당연하다고 여기는 모습으로 이해할 수 있다.

긍정 약간의 긴장감이 필요하다고 조언하면 그 밖의 문제들은 방심하지 않는 한(이 방심은 질문자의 논리/관념 속 모순 유무에 따라 구체적인 조언이 달라진다) 해결할 수 있다는 것을 뜻하며, 자신에게 유리한 상황을 이용해 더 세밀한 부분까지 얻을 수 있다는 것을 암시한다. 최상의 경우, 외부 간섭이 불가능한 독자적 영역/시간을 구축하는 데까지 이른다.

부정 대체로 (1) 계획/청사진의 부재, (2) 앞날에 대한 확신 부족, (3) 절망/부정적 상황이 길어진 상황을 암시한다.

(1) 전략적인 시야가 좁아 막상 원하는 일을 성취하더라도 상황이 계속 나빠지는 것을 의미하며, 자신이 추구하는 것이 정확하게 무엇인지 명료하게 파악하도록 조언해 그에 따른 행동 기준을 세운다면 부정적인 영향을 줄일 수 있다. 그러나 심각해진다면 상처뿐인 승리*들이 쌓여 결국 실패하리라는 것을 경고한다.

(2) 질문자가 처한 현실이 막막하거나 별다른 행동을 취하지 못한 채 일상을 반복하는 상황을 지적하며, 상황이 나빠질수록 상황이 불리해져 자포자기하거나 의욕을 잃게 된다. 이를 조금이라도 개선할 방법을 택하도록 권해 무기력함에서 벗어날 수 있도록 도와야 한다.

(3) 희망을 잃은 채 한탕주의에 기대거나 잡지 못할 것을 쫓아 자신을 소진하는 상황에 해당한다. 이때는 질문자 대부분이 조언을 거부하기 때문에, 사안이 위험할 지경에 이르면 어떤 징조들이 있을 것인지만 언급하는 선에서 해석을 마칠 것을 권한다.

---

3 → ① ⑦ ⑨ 카드 확인 질문과 관련한 분야에서 질문자가 그동안 실패를 경험해봤는지 먼저 파악해야 한다. 문제를 바라보는 낙관성의 정도와 질문자의 자신감 여부를 확인해 긍정/부정적인 의미를 확정할 수 있다.

긍정 실패 경험이 없다면, 5번 위치에 메이저 카드가 나타나고 이 카드가 부정적인 영향을 받지 않았다는 전제하에 주위나 가족, 소속 집단의 긍정적인 영향/유산/조력으로 일을 수월히 해결하며 자신의 스타일을 구축, 형성**하리라는 것을 의미한다.

실패 경험이 있다면, 질문자가 이전에 겪은 실패에서 교훈을 얻었거나 참고할 만한 상황이라는 것을 의미하며, 이로써 더 나은 방법을 채택했다는 것

---

* 좋은 의도이나 자신이 잘 모르는 (잘못된) 지식을 전파하려다가 사람들의 반감을 사거나 거꾸로 옳은 말을 해도 축출당하는 상황을 예로 들 수 있다.

** 이때 Kp와 연계되면 '완벽한 유산 상속/승계'라는 의미가 생긴다.

을 강조한다. 영향이 커질수록 자신과 소속 집단의 이상을 구현할 최선책을 찾아 남에게 위해를 끼치지 않고 목적을 달성할 준비를 마쳤다는 것을 암시한다.

부정 실패 경험이 없다면, 경험 부족 또는 성장 과정에서 온실 속의 화초처럼 자라온 것이 문제 해결에 치명적인 방해 요소로 작용한다. 이때 자신에게는 너무 당연한 것을 다른 사람에게 제안해도 상황/수준에 맞지 않아서 거꾸로 비난/핀잔을 듣기 쉬운 상황이라는 것을 암시하며, 자신의 이상을 남에게 분별없이 강요하는 모습으로 전락해 큰 곤경에 빠질 수 있다.

실패 경험이 있다면, 같은 실수를 반복하거나 요행을 바라는 상황을 지적하며, 더 직접적이고 현실에 필요한 행동을 하도록 조언해 상황을 더 빨리 바꿔야 한다는 점을 경고한다. 심각해질수록 변화하는 상황에 대응하지 못하거나 뒤떨어지기 쉬우며, 현실에 안주하기에는 이르다는 점을 강조해야 한다.

---

4 →①②⑦ 카드 확인 질문자가 과거에 어떤 이상향을 원했거나 달성했는지 확인해야 한다.

이는 이상을 완성했음에도 생긴 문제/모순들(①, ②)로써 확인할 수 있으며, 문제와 맞닥뜨린 상황에서 7번 위치의 카드로 질문자가 얼마나 의연한 태도를 보이는지 가늠해 긍정/부정적인 의미를 판단할 수 있다.

긍정 질문자가 마무리한/완성한 것에 대한 좋은 평판이 주변의 조력을 얻거나 (연인, 가족, 회사, 단체 등의) 공동체를 형성하는 데 일조했다는 것을 뜻한다. 의미가 강해질수록 자신(이 속한 집단)의 잠재력/역량을 끌어내는 데 성공하며, 이로써 공동체의 초심이나 이상향을 되새겨 보존하는 핵심 인물이라는 것을 뜻한다.

부정 과거에 매몰돼 현재를 보지 못하거나 이미 지나간 영광/행복에 사로잡힌 채 발전하지 못하고 있다는 것을 지적한다. 심각할수록 외부와 교류나 소통을 거부하고 자신이 성공/행복했다고 여기는 방법을 주변에 강요하거나 스스로 반복할 뿐이기에 익숙하지 않더라도 경험/사용하지 않은 방식을 접해 시야를 넓히도록 조언해야 한다.

---

5 →③⑦⑧ 카드 확인 비교적 긍정/부정의 의미 파악이 쉬우며, 그에 따른 의미도 극단적으로 나뉘어 해석하기 쉽다. 이와 관련해 예정된 것이 겉보기에 질문자 자신에게 유리/불리한지만 확인해도 4w의 의미가 쉽게 특정되기

때문이다.*

다만 이런 특정 상황이 어떻게 긍정/부정적인 영향을 몰고 오는지 알려면 4w에 해당하는 상황을 맞은 질문자(③, ⑦)와 제3자의 시각(⑧)에 큰 차이가 있는지 확인해야 하며, 이를 떠나 질문자가 진정 원하는 결말이 실제 4w로 구현되는지 점검해야 더 세밀하게 해석할 수 있다.

긍정 어렵고 힘든 상황이 이어지더라도 극복 과정에서 미담, 업적을 만들거나 질문자에게 찾아온 좋은 일/사람 덕분에 문제가 해결되는 등 프로젝트가 성공리에 끝나 소속한 곳의 구성원과 기뻐하게 되리라는 것을 뜻한다. 긍정적일수록 이런 문제에 다시 휘말리지 않거나 자신이 세운 공로가 꾸준히 회자하는 등 인정받는다.

부정 다 끝난 줄 알고 편하게 지내다가 문제가 다시 불거지거나 수렁에 빠진 것처럼 문제의 근본이 해결되지 않는 것을 드러낸다. 심각하게는 자신이 문제의 해답을 알고 이를 제시하려 해도 발언권/재량권이 없어 문제가 악화하는 것을 바라봐야만 하는 상황까지 있으므로, 상황에 따른 대안이나 개선점을 찾도록 조언하되, 퇴로가 없다면 과감히 포기하고 다른 일에 집중하도록 권해야 한다.

---

6 → ⑦ ⑧ ⑨ 카드 확인 질문자에게 다가올 마지막과 이상의 완성이 안팎에서 어떻게 평가되는지 파악하면 긍정/부정적인 의미를 확인하기 쉬우며, 이 과정에서 질문자가 꿈꾸는/두려워하는 요소(⑨)가 실제 외부 반응(⑧)과 결합했는지 가늠해봄으로써 질문자의 시각/관점(⑦)을 엿볼 수 있다.

긍정 질문자가 문제를 조기 해결하고 휴식하거나 외부의 시빗거리에서 벗어나리라는 것을 예견한다. 질문자가 고생한 보람을 느낄 수 있게 자신에게 보상을 주도록 조언하고 뒤에 이어질 일을 대비/기대할 여유를 찾도록 권해야 한다. 다만 이때 질문자가 해결된 문제에 다시 개입하려 한다면 이런 해석을 적용할 수 없다.

부정 뒷맛이 시원하지 않더라도 사안을 끝내야 할 때다.** 심각해질수록

---

* 자기 나름대로 계획/청사진을 세우고 퇴직금을 받아 무언가를 하려는 이에게 일정 기간 일하고 계약에 맞춰 해직/권고사직이 이루어지는 것은 오히려 긍정적이거나 순리에 맞는 일로 보아야 한다.

** 취업을 앞둔 상태에서 마지막 학기 (취업과 상관없는) 성적이 좀 낮게 나왔다고 취업을 미루면서까지 학교를 더 다니거나 재수강을 신청하기에는 모호한 상황과 유사하다.

불리한 상황이 계속 남아 자신의 진가를 제대로 평가받지 못하거나 폄하되는 등* 잘못되거나 의도하지 않은 이미지가 불거져 손해를 볼 수 있고, 최악의 경우 낙인**이 되어 흉터가 깊게 남을 수 있다는 점을 경고한다.

7 → ②③⑥⑨ 카드 확인 질문자가 왜 행복/(모든 일이 끝났다는)허무에 휩싸였는지 확인해야 한다. 그렇기에 질문자의 의도/습성과 이를 가로막는 장애물을 비교해 판단하고, 조언 없이 상황이 진행될 때 벌어질 일들이 질문자의 희망 사항과 어떻게 대응되는지 확인함으로써 긍정/부정적인 의미 적용을 올바르게 택할 수 있다.

긍정 질문자는 편안함/행복함을 누릴 자격이 충분하지만, 이를 방해/강탈하려는 것들을 경계할 필요가 있다는 점을 자극해 현상 유지에 힘쓰도록 조언해야 한다. 대부분 질문자가 굳이 행동함으로써 변수를 만드는 것조차 원하지 않을 수 있으나, 지키기만 하면 이기는 상황이라는 점을 강조해 양해를 구할 필요가 있다(다만 5, 6번 위치에 나타난 메이저 카드들의 부정적인 영향이 강하게 미칠 때는 이 방법을 쓸 수 없고, 곧장 부정적인 의미를 적용해야 한다).

부정 문제와 상관없이 현실에 안주하거나 자신의 이상에 취한 상태라는 점을 경고한다. 더 나빠질수록 이런 경향이 강해지며, 문제가 해결되지 않는 원인이 자신에게 있다는 것을 아랑곳하지 않고 행동하는 수준으로 격하된다. 이때는 매우 강경하게 충고하거나 (싸움을 강요할 생각이 없다면) 결과적으로 질문자의 비위를 맞춰야 하는 상황이 강제되는 등 정상적으로 해석을 진행하기 어려워지므로 조언을 삼갈 것을 권한다.

---

8 → ①④⑤ 카드 확인 외부에서 질문자의 상태를 4w처럼 바라보는 이유를 알아내야 한다.

질문자가 이전에 만들었거나 겪었던 결과물/일을 열거한 뒤, 이를 제3자들이 어떻게 긍정/부정적으로 평가하는지 파악해야 한다.

긍정 남이 보기에도 부러움을 사거나 고비를 넘겨 독자적 영역/수준에 안착했다고 평가하는 상황이라는 것을 드러낸다. 긍정적일수록 질문자가 이를 인지해 이용할 수 있으며, 최상의 경우 별 의도가 없었음에도 사람들이

---

* 결정적인 순간이나 치명적인 실수가 계속 사람들의 뇌리에 남은 상황을 예로 들 수 있다. 주로 스포츠 선수에게 자주 나타난다. 한 이닝에 만루 홈런을 두 번 맞아 야구 역사에 남은 LA 다저스의 박찬호 선수를 들 수 있다.

** 고대, 중세 동양의 자자刺字형이 이에 해당하며, 한국 근현대사에서 무고하게 '빨갱이'로 몰려 억울하고 고된 삶을 살았던 이들도 이에 속한다.

질문자의 인상/이미지를 믿고 추종/후원하는 상황까지 올 수 있다.

부정 이른바 '한물간', '자기 세상에 갇힌' 사람으로 평가받기 쉽거나 지나친 이상/낙관론을 펼치는 사람으로 여겨진다는 것을 뜻한다. 질문자가 이런 반응에 적대적이거나 몰이해한 모습을 보이면 이대로 부정적인 이미지가 굳어진다는 점을 경고한다. 사안에 따라 질문자의 입장을 변경/고수하도록 조언하되, 부정적인 의미를 조언이나 상황에 따라 역이용할 수 있도록 도와야 한다.

---

9 → ④⑦⑧ 카드 확인 4w는 희망/두려움의 극단적인 적용 말고는 특이사항이 없다. 다만 질문과 관련해 예전부터 지금까지 무엇을 줄곧 바라고 두려워했으며, 이에 대한 외부 반응을 참고함으로써 왜 이런 희망/두려움이 생겼는지 추적할 수 있다.

희망 원하는 것이 이루어지거나 다시 같은 문제를 겪지 않았으면 하는 바람을 드러낸다.

두려움 자신이 이상적이라 여기던 것을 얻을 기회가 다시는 돌아오지 않을까 봐 걱정하거나 잡지 못한 것에 미련이 남을까 봐 걱정하는 모습이다.

---

10 → 4w가 결과에 나타나면 긍정/부정과 상관없이 이 문제/사건/인물/분야에 같은 상황이 벌어지기 매우 어렵거나 인연이 다했다는 것을 의미한다. 이 때문에 배열의 다른 카드들이 어떻게 일관적으로 해석되는지를 관찰해야 하나, (조언을 받아들이게 만들어서라도) 모두 긍정적인 영향을 주지 않는 한 긍정적인 의미를 적용하기 매우 어렵다.

이는 이상의 완성을 현실화하기가 어렵기 때문이다. 이 점에 착안해 사안의 마무리를 긍정적으로 구현할 수 있도록 여러모로 점검해야 한다.

긍정 행복한 끝을 의미하며, 문제는 해결된다. 질문 주제에 따라 영원한 인연, 확고한 기반/사상/역량의 확보로 이어진다.

부정 문제를 정면으로 마주하지 않더라도 이에 따른 부상/감정/의지의 손상이 일어나며, 사소하게는 어려운 상황을 잠깐 모면하거나 문제에서 손을 떼고 돌아보지 않는 데 국한하나, 심각하게는 정신 승리에 가까운 태도로 사안을 은폐/무시하리라는 것을 암시한다.

질문   애 요새 왜 이럴까?

사전 정보 고등학교 동창인 동성 친구가 결혼, 출산 후 점차 다툼이 잦아지거나 질문자가 들어주기 어려운 부탁/요구를 하는 등 소통에 문제가 생기는 상황이었다.

17 – 7s – 8p – 4w – 5s – Pw – 5c – 6p – 10p – 2s

---

17   (질문자 자신) 이 관계는 내게 소중하다.

7s   (장애물) 상대방이 자꾸 얌체같이 행동한다.

8p   (기저) 내 나름대로 상대방에게 맞춰주려 애써왔다.

4w   (과거) 예전에 우리 사이는 아주 좋았다.

5s   (현재/곧 일어날 일) 계속 내게 희생이나 양보를 강요한다.

Pw   (미래) 어떤 소식이 올 것이다.

5c   (질문자의 내면) 상대방의 이런 행동에 매우 상심했다.

6p   (제3자가 바라보는 질문자) 남들이 보기에도 친구 관계로 보이지 않는다.

10p   (희망/두려움) 그저 평범히 지낼 수 있기를 바라며, 반대로 이 친구도 그저 '남'이었을 뿐이지 않을까 하는 걱정이 든다.

2s   (결과) 먼저 행동하지 않는 한 상황은 바뀌지 않을 것이다.

이 배열에서 4w는 4번 위치, '과거'에 나왔다.

대인관계와 관련한 질문에서도 그동안 잘 지내다가 문제가 커진 상황이기에 4w를 해석하는 것은 어렵지 않다.

4w에 영향을 주는 카드는 17, 7s, 5c이다. 이는 질문자가 과거를 잊지 않고 이 우정이 가져다준 긍정적인 모습을 계속 붙들고 있지만, 상대방이 변했거나 처음부터 질문자와 같은 마음이 아니었을 것을 암시한다. 이로써 아름다웠던 과거가 거꾸로 이 관계의 지속을 회의하게 만드는 원인이라는 것을 알 수 있다.

① **17(질문자 자신) 부정**적인 영향을 받았다. 이는 질문자가 자신의 관점으로는 이해하기 힘든 문제라 여기는 것에 더해, 서로 상황이 달라지며 생긴 문제이기 때문이다. 또한, 질문자가 계속 노력하는데도 상대방이 제 생각을 제대로 밝히지 않고 요구만 계속해왔거나 이기적인 언행으로 질문자를 속상하게 만든 점이 두드러진다(7s, 4w, 5c, 10p).

② **7s(장애물) 부정**적인 영향을 받았다. 질문자가 예전처럼 행동하다가 현 상황에 적절하게 대처하지 못하고 있으며, 상대방이 무리한/이기적인 요구를 반복해도 질문자가 당연히 이를 들어주지 않고는 못 배길 것이라 여기는 태도에 질문자가 환멸을 느끼기 쉽다는 것을 강조한다(17, 8p, 5s, 5c).

③ **8p(기저) 부정**적인 영향을 받았다. 질문자가 예전부터 상대방과 잘 지내고자 배려나 노력을 아끼지 않았음에도 상대방의 태도는 변함없기 때문이다. 이렇게 계속 상대방의 비위를 맞추다가는 자신을 망치기에 십상이지만, 상대방의 버릇을 고치려 하면 관계가 깨지기 쉽다는 것을 질문자도 알기에 별수 없이 투정을 들어줬다는 것을 짐작하게 한다(7s, 4w, 5s, 6c).

④ **4w(과거)** 앞서 언급한 대로 **부정**적인 영향을 받았으며, 나아가 질문자만 과거를 아름답다고 생각하나, 상대방은 그저 어울려준 것 뿐이라고 생각할 수 있다는 점을 암시한다.

이는 특히 상대방의 얌체 짓이나 무리한 요구가 이전에는 질문자에게 약간의 손해를 끼치는 데 그쳤으나, 이제는 질문자가 불편을 느낄 정도로 커졌다는 점으로 미루어 유추할 수 있다. 이로써 4w는 배열의 다른 카드까지 부정적인 영향을 강하게 미친다(17, 7s, 5c).

⑤ **5s(현재/곧 일어날 일) 부정**적인 영향을 받았다. 이 관계를 이어가려면 결국 상대방의 억지 요구를 들어줘야 하며, 이런 식으로 상대방이 질문자를 이용해 자신의 편의를 우선해도 되레 질문자가 상대방의 양해를 구하는 구도가 굳어지기 때문이다. 심하게는 관계를 개선하려 다투는 과정에서도 모든 문제의 원인이 질문자에게 있다며 몰아세우거나 다른 사람들에게 질문자에 대해 악평하는 등 부작용이 클 수 있다는 것을 암시한다(17, 5c, 6p).

⑥ **Pw(미래) 긍정**적인 영향을 받았으나, 배열에 큰 영향을 주지 못한다. 이는 질문자에게 도착할 소식이 기대에 못 미치거나, 화해할 가능성을 열어주더라도 질문자가 실망/상심할 수밖에 없거나, 예전처럼 질문자에게 양보/희생을 요구할 가능성이 크기 때문이다(17, 7s, 8p, 5s).

⑦ **5c(질문자의 내면) 부정**적인 영향을 받았다. 소중하고 아름다운 기억이라 여겼지만, 상대방에게 질문자는 그저 편한 도구에 가까웠다는 사실을 깨닫거나, 세월이 지나며 관점/성향의 차이가 벌어진 끝에 문제가 생겼다는 사실을 애써 부정하고 있다는 것을 강조한다. 그렇기에 이 관계를 이렇게 망치고 있는 상대방을 이해하지 못한 채 속앓이가 심해지는 상황을 드러낸다(17, 4w, 5s).

⑧ **6p (제3자가 바라보는 질문자)** 부정적인 영향을 받았다. 외부자/제3자들은 질문자가 극단적인 선택을 피하기 어려운 상황에 있다고 판단하거나, 상대방에게 그동안 잘해줬으면서 왜 지금은 잘해주지 않냐고 빈축을 사기 쉬운 상태라는 점을 강조한다. 더 심하게는 이러한 구도가 너무 당연한 나머지 질문자가 속 좁거나 배려 없다고 평가하는 등 일상적인 잡음이라 치부하기 쉽다(8p, 5s, Pw, 10p).

---

⑨ **10p (희망/두려움)** 평소처럼 잘 지냈으면 하는 바람과 함께, 상대방은 관계에 별 가치를 두지 않는 것은 아닐까 하는 두려움이 있는 상황을 드러낸다. 이는 질문자가 상대방의 나쁜 습관이나 잘못된 태도를 내버려 두거나 간단한/무성의한 사과 및 인사치레를 받고 대충 넘겨왔던 것이 일을 더 심각하게 만들거나 교우 관계를 넓힐 수 있었던 선택지를 좁혀왔다는 사실을 짐작할 수 있다(17, 4w, 5s, Pw).

---

⑩ **2s (결론)** 부정적인 영향에서 벗어나기 어렵다. 질문자에게 일방적인 희생과 양보를 강요하는 상대방에 대해 단호하게 조치할 각오가 없다면 상대방은 바뀌지 않을 것을 의미하며, 이 상황에 지친 질문자가 떠나거나 현상 유지될 것을 암시한다.

===

해석을 마치고 해석자인 내가 더 화를 내는 상황에 질문자는 쓴웃음을 지은 채 아무런 말도 하지 않다가 몇 분이 지난 뒤 마음이 정리되었는지 상대방과 지난 인연을 내게 들려주었다. 그 모습은 정보 전달이라기보다 고해성사에 가까웠다.

나는 어차피 인연이 길게 이어지기 어려우니 그동안의 불만과 오해 및 속앓이를 털어놓고 관계를 정리하라고 권했으나, 그럴 여력도 없고 괜히 자기만 나쁜 사람 되기는 싫다며 조언을 거절했다.

나는 마지막으로 (상대방이 관계를 개선하지 않는다는 전제하에) Pw가 전해줄 소식을 다른 사람과 함께 있는 자리에서 받는다면, 공개적으로 질문자의 사정을 사람들에게 이야기해보도록 권하며 해석을 마쳤다.

그 뒤 명확하지는 않으나 계절이 바뀌고 무더위가 기승을 부리던 어느 날, 질문자는 친구와 절교했다는 연락과 함께 자초지종을 내게 알렸다. 자세한 내용을 밝히기는 어려우나, 요약하자면 남의 집 잔칫상을 엎은 정도의 일이 벌어졌고 지금은 그를 대신할 좋은 인연들과 연락하며 잘 지낸다는 후일담이었다.

이 배열에서 4w는 단순한 의미에 비해 배열 전체에 부정적인 영향을 강하게 미친 편이다. 이상적인 과거는 그렇지 않은 현실을 애써 무시하는 원인이 되었고, 결국 콩깍지가 벗겨지자 큰 상심과 분노, 회한으로 이어졌기 때문이다.

또한, 이는 결혼 및 출산, 육아로 상대방이 사람을 대할 여유나 배려가 사라지자 속내가 드러난 것으로 볼 수 있다.

아울러 문제의 근본 원인을 탐색할 때 4번 위치를 어떻게 활용할 수 있는지 엿볼 수 있는 사례이기도 하다.

대인 관계와 관련한 질문에서 4w가 나타나면 부정적인 해석으로 기울어지기 쉽다. 이는 사람이 언제까지고 같은 이상을 추구하기도 쉽지 않을뿐더러, 현실을 겪으며 조금씩 각자 삶의 방향/궤적이 어긋나며 갈등을 빚게 되기 때문이다.

실제 사례 (2014년 가을, 서울 송파구 모처, 10대 후반 여성)

질문   내 계획대로 사는 게 그리 큰 문제일까?

사전 정보 고등학교 졸업 후 곧장 취업 전선에 뛰어들 예정이며, 딱히 거창한 꿈은 없고 지금처럼 살아도 문제는 없으나 주변에서 계속 뭐라고 하니 걱정되긴 한다며 점을 보았다.

6s - 6c – 7w – 5 – Pw – 4w – 0 – 2p – 9w – 12

6s   (질문자 자신) 흘러가는 상황에 적응하고 싶을 뿐이다.

6c   (장애물) 너무 철없는 생각에 빠져 있다.

7w   (기저) 어떻게든 되리라 생각하고 살아왔다.

5   (과거) 기본적인 교육은 마쳤다.

Pw   (현재/곧 일어날 일) 취업은 쉽게 할 수 있을 것이다.

4w   (미래) 자신이 원하던 삶을 (잠시나마) 살 수 있다.

0   (질문자의 내면) 상황의 심각함을 모르거나, 그저 느끼고 배운 대로 할 심산이다.

2p   (제3자가 바라보는 질문자) 현실에 어떻게든 적응할 것이라고 평가받고 있다.

9w   (희망/두려움) 험난한 삶을 피하려 하며, 노력 이상의 성과를 굳이 바라지도 않는다.

12   (결과) 취직할 것이며, 사회에 적응해야 할 것이다.

실전 해석

이 배열에서 4w는 6번 위치, '미래'에 드러났다.

진로 탐색과 관련한 질문의 특성상 질문자의 꿈과 현실의 괴리가 클수록 부정적인 영향을 받기 쉽다는 것을 짐작할 수 있다.

4w에 영향을 주는 카드는 0, 2p, 9w이다. 이 중 특히 0이 배열에 어떤 영향을 미치느냐에 따라 4w의 의미도 변하기 쉽다. 이는 질문자에게 아무런 대책이 없거나 능력이 부족한 상황을 지적하든지 아니면 긍정적인 마음으로 현실에 맞춰 삶을 유지하려는 마음을 먹음으로써 4w가 의미하는 이상향을 향해 나갈 수 있기 때문이다.

그렇기에 이 배열에서는 '소박하고 평온/평범한 삶'을 꿈꾸는 질문자가 어느 정도를 '소박'하다고 여기며, '평범한 삶'의 기준을 어떻게 잡고 있는지에 따라 긍정/부정적인 의미가 크게 나뉠 수 있다.

---

① **6s(질문자 자신)** **부정**적인 영향을 받았다. 이는 질문자의 생각/발상이 다른 사람들에게는 더 큰 일에 대비하지 못하는 수준이거나 철없는 아이의 꿈처럼 여겨지는 등 현실도피에 가깝게 여겨지기 때문이다(6c, Pw, 2p, 9w).

---

② **6c(장애물)** 비교적 **긍정**적인 영향을 받았다. 이는 질문자가 기초교육은 다 받았고, 사회에서 요구하는 역량을 채우는 과정에서 조금 고생할 수는 있어도 큰 문제는 없기 때문이다(5, Pw, 2p, 9p).

---

③ **7w(기저)** **긍정**적인 영향을 받았다. 질문자가 원대한 꿈을 꾸는 것이 아니며 자신의 생활을 유지하려는 정도이기에, 필요한 역량도 크지 않기 때문이다. 또한, 0의 영향으로 '어떻게든 되겠지!' 식의 낙천적인 태도가 문제 해결의 원동력으로 작용할 수 있기에, 이 과정에 따르는 압박/스트레스는 '하라니까 해야지' 정도로 인지하고 넘길 가능성이 크다는 것을 시사한다(6s, 0, 9w).

---

④ **5(과거)** 비교적 **긍정**적인 영향을 받았다. 질문자가 사회생활을 하기 전에 필요한 지식을 익혔다는 것을 뜻하거나 삶의 방향성을 조율해줄 이가 곁에 있었다는 것을 의미한다. 이는 질문자의 순수함과 의욕이 아직 유지된다는 점에 더해 질문자의 바람이 불가능하지 않다는 것을 누구든 쉽게 알 만한 상황이기 때문이다(6s, 6c, Pw, 2p).

---

⑤ **Pw(현재/곧 일어날 일)** **부정**적인 영향을 받았으나 배열에 큰 영향을 미치지 못한다. 이는 질문자의 진로 선택을 방해/간섭할 이가 나타나더라도 질문자의 일관된 의지를 꺾기 어렵고, 조언을 빙자한 간섭이 있어도 이 때문에 스트레스를 받거나 문제를 일으킬 가능성이 없기 때문(7w)이다. 특히 이 사례에서는 질문자가 과욕을 부리지 않고 있다는 점(2p)을 아는 이가 많기에 이런 개입/간섭이 큰 영향을 줄 수 없다는 점도 Pw의 부정적인 영향을 상쇄한다(6s, 7w, 2p).

---

⑥ **4w(미래)** **부정**적인 영향을 받았으나, 이 배열에서는 거꾸로 긍정적인 효과를 낸다. 이는 질문자가 바라는 이상향이 단순/소박하다는 점이 자신/남에게 욕심이나 열등감을 불러일으키지 못한다는 점에 더해, 이상을 이루려는 노력이 필요하다는 점을 자각하고 있기에 새로운 경쟁자나 좋지 않은 소식이 있더라도 뜻이 흔들리지 않으며, 되레 혼란을 뚫고 목표 달성의 기회로 삼을 수 있다는 것을 암시하기 때문이다(0, 2p, 9w).

---

⑦ **0(질문자의 내면)** **긍정**적인 영향을 받았다. 이는 질문자의 목표가 자신의 유능함/특별함을 내세우는 것과는 거리가 있으며, 거꾸로 쓸데없이 복잡하게 생각하지 않고 자신의 목표를 향해 나아가기만 해도 큰 문제 없거나 이 과정에서 겪는 일들을 누구나 겪는 것이라고 담담하게 받아들일 가능성이 크기 때문이다(6s, Pw, 2p, 9w).

---

⑧ **2p(제3자가 바라보는 질문자)** **부정**적인 영향을 받았으나, 배열에 영향을 미치지 못한다. 이는 질문자가 선택한 진로에 장래성이 없어

보인다는 점을 지적하거나 도와줄 이를 찾기 어렵다는 점을 암시하지만, 질문자의 목표는 자타가 공인하는 안정된 기반이 아니라 현재에 안주하는 것이며 도움을 받을 필요조차 없거나 가정/학교에서 배운 것만 잘 활용해도 큰 문제를 겪을 일이 없기 때문이다(6s, 7w, 0, 9w).

---

⑨ **9w(희망/두려움)** 고생하더라도 어서 돈을 벌고 기반을 마련하고 싶어 하는 바람과 사회에 적응하지 못해 겉돌다가 귀중한 시간을 낭비할 수 있다는 두려움을 의미한다. 질문자가 어릴 적부터 품은 감정/감수성이 사회생활을 하면서 사라지거나 남에게 이용당해 낭패를 겪을까 봐 걱정하고 있기에 이런 생각을 한다는 것을 짐작할 수 있다(6s, 6c, 7w, 0).

---

⑩ **12(결론) 부정**적인 영향을 받지만, 누구나 겪어야 할 일이다. 이는 질문자가 겪을 통과의례가 사람들이 일반적이라 여기는 것보다 더 험난할 수 있다는 점을 강조하며, 이 때문에 현실에 크게 실망하거나 여유를 잃은 채 방황할 수 있다는 것을 암시한다. 그렇기에 세상이 돌아가는 법을 질문자가 더 현실적으로 체감할 수 있도록 알려주고, 자기 뜻을 굽히지 않도록 자기 나름의 기준을 세운 뒤 꿈을 이루려면 포기할 수밖에 없는 것들을 과감하게 놓을 수 있도록 조언해 부정적인 영향을 줄일 수 있게 도와야 한다.

해석을 마치고, 나는 질문자가 바라는 수준이 어느 정도인지를 되물었다. 그녀는 그저 가족과 함께 잘 지내며 자신이 키우는 새들과 함께할 수 있으면 족하고, 아르바이트를 전전하더라도 상관없는데 다른 사람들이 너무 잔소리가 심해서 점을 보게 되었다고 답했다.

나는 한국의 실상, 특히 학력에 따른 차별대우를 언급하며, 지금이 아닌 20, 30년 뒤를 생각해보도록 권했으나, 그녀는 딱히 큰돈이 필요할 일에 관심도 없고 씀씀이도 헤프지 않은데 큰 문제 있겠냐며 걱정하지 않았다.

그런 낙관적인 태도는 좋았으나, 현실을 아직 겪지 못했기에 나는 더 자세한 수입/지출 내역과 사회에서 벌어지는 법적 문제들을 언급했고, 이에 따른 피해가 사람의 여유를 어떻게 앗아가는지를 논하자 조금 진지한 분위기가 되었으며, 긴 시간 조언을 이어갈 수 있었다.

이후 그녀는 졸업 전에 취직했다. 그럭저럭 만족하는 삶을 사는가 싶었지만, 사회 초년생에게 닥치는 불행을 끝내 막을 수는 없었던 것인지 부당한 대우와 근무 조건 및 임금 체납이 이어져 퇴직하게 되었다. 이 과정에서 구직급여나 퇴직금도 받지 못했다며, 내가 예전에 했던 조언이 무슨 의미였는지 직접 겪어보니 없던 욕도 나오더라는 후일담을 남겼다.

그리고 2, 3년 뒤 그녀는 간호 관련 전문 과정을 거쳐 한국을 떠날 예정이라는 소식을 전했다.

이 배열에서 4w는 질문자의 이상을 충족하는 데 큰 문제가 없었다는 점을 강변한다. 다만 당시의 고용 환경과 질문자의 경험 미숙이 끝내 부정적인 결말을 맞게 한 것에 가깝다. 오히려 4w가 부정적인 영향을 받았다면 헛꿈 그만 꾸라는 말이라도 할 수 있었겠으나, 앞에서 언급한 꿈이 거창하지 않다는 것은 누구나 알 수 있으리라.

이처럼 진로 탐색과 관련한 질문에서 4w의 이상은 어디까지나 개인의 이상이며, 얼마나 허황한지와는 상관없이 현실의 큰 흐름에 휩쓸릴 수 있으니 주의해야 한다. 이때 해석자는 4w가 놓치기 쉬운 현실적인 문제 및 이에 대한 대안/대응 방법을 알리고 문제가 생길 여지를 줄이도록 질문자를 이끌어주어야 한다.

5 *of* WANDS.

노동, 토론, 투쟁
Training, Debate, Work, Strike

WANDS 공통 의미
철학, 원론, 윤리, 의지, 활력Vital, 노동, 스트레스, 언어

5 공통 의미
(각 4원소에 해당하는 요소/분야가) 재분열로 혼란할 때 벌어지는 광경, 내분,
상실, 손실, 상처 입음/입힘 등

5 *of* WANDS의 키워드
노동, 투쟁, (난상) 토론, 브레인스토밍Brainstorming, 파업, 스파링Sparring, (군사)훈련Training/Drill, 무언가를(대개 각자의 의도/의지를) 완성/증명하려 감행하는 만인의 만인에 대한 투쟁(과 이에 따른 혼란), 난투Brawl* 등

긍정/부정 확인 기준

의지에 따른 현실적인 기량/전력은 어떠한가?

질문자가 명확한 의지/목표 의식/향상심을 품고 사안에 임하거나, 질문자의 마음이 들 만큼 보상이 주어지는가?

질문자의 주장/관점이 상호 파괴를 목표로 하거나 이를 일으킬 수 있는가?

질문자의 경쟁자들도 각자의 의지에 따른 의도/목적이 있는가?

협업을 시도해야 할 상황인가?

누구도 물러날 수 없는 상황인가?

이는 핍 상징편에서 언급한 의미들이 긍정/부정적으로 적용되는지 판단하도록 돕는 몇 가지 기준이다.

모든 5 카드는 각 분야/원소의 안락함이 다시 파괴되는 과정을 그리며, 이때 벌어지는 혼란을 묘사한다.

5w는 그나마 다른 원소보다 물리적인 충격 및 피해와는 어느 정도 거리가 있지만, 그렇더라도 각자 다른 의지/의도가 부딪히는 과정에서 손상되는 것은 고려해야 한다. 이 과정을 거쳐 자신의 개성을 재확인하고 강화해 각자 가야 할 길로 향하거나 합의점을 찾지 못해 내부 갈등이 커지는 모습으로 이해할 수 있다.

각자 자신만의 이상향을 구현하려면 충돌은 피할 수 없고, 포기하고 싶지 않은 것을 끝까지 관철하려면 이 분쟁/혼란에 뛰어들 수밖에 없다.

5w는 이런 투쟁의 순간을 겪으며 의지를 정련하고 끝까지 나아가도록 독려하며, 그 과정에서 겪은 아픔을 방치하지 말고 경험으로 승화해 자신을 더 갈고닦을 것을 강조/주문하는 카드다.

해석용법

긍정 5w는 투쟁을 뜻하는 만큼 이 과정을 성공적으로 해내거나 끝내 승리하면 이때 얻은 경험과 논리를 통해 자신을 강화하며, 아무리 비슷한 경험이나 간접 체험을 많이 했더라도 쉽게 얻을 수 없는(돈 주고도 못 구하는) 영감과 정련된 의지를 갖춰 다른 이들보다 우위에 설 수 있다.

이는 어떤 역경/장애가 있더라도 포기하지 않는 태도를 갖추게 하며, 남의 눈에는 이해할 수 없는 무모함으로 비치더라도 경쟁자들을 물리치고 자기 뜻을 세우는 데 성공하는 모습으로 드러난다.

부정 그러나 생산적이지 않은 분쟁은 혼란을 낳으며, 상황이 길어질수록 모두가 피폐해지거나 극단적인 수단을 꺼내 돌이킬 수 없는 수준으로 치달을 수 있다.

불굴의 의지는 자신에게만 있는 것이 아니며, 아무리 양보/통합하려 해도 자신의 정체성과 의지가 약해지거나 소멸당하는 것을 눈 뜨고 바라보기만 할 사람은 없기 때문이다.

이런 극단적인 충돌이나 논쟁의 격화는 카드의 부정적인 의미로 연결되며, 이는 곧 투쟁, 내분, 혼란, 과도기, 무정부 상태* 등의 의미를 파생한다.

5w의 긍정적 면모를 일상에서는 아이디어 회의나 난상 토론에서 엿볼 수 있다. 각자 자신이 옳다고 여기거나 당연하다고 생각하는 것을 주장하고, 그것이 받아들여지면 자기 뜻을 세우는 데 성공하거나 (그보다 못하더라도) 최소한의 영향력을 얻을 수 있기 때문이다.

이런 5w의 강점은 특히 모두가 자신이 옳다고 여기거나 각자 자기 뜻을 고수하는 형국에서 참모습을 보여주며, 진리/정답이 있더라도

---

* 외부 침략으로 빚어진 정치 공백은 해당하지 않으며, 체제 변혁에 따른 무정부 상태(예를 들어 군주정에서 민주정으로 이행하는 과정에서 생기는 정치 공백 상태)에만 국한한다.

각자의 관점으로 이에 접근할 수 있다고 믿는 상황에서 최대의 효율을 발휘한다.*

이로써 잠시 승패가 갈리더라도 결과적으로 다 함께 비약적으로 성장할 수 있으며, 되레 팽팽한 긴장 상태를 유지하거나 남의 실수/취약점을 자신의 장점으로 벼려내 자신의 입지를 지키는 식의 전략을 궁리하는 모습으로 드러난다.

반대로 5w의 부정적인 모습 또한 일상에서 보기 싫어도 마주할 때가 많다. 사소한 언쟁이나 서로 옳다고 믿는 것을 계속 내세움으로써 생기는 충돌을 예로 들 수 있으며, 때때로 폭력적인 수단을 동원하는 모습도 볼 수 있다.

또한, 자신의 이상/의지가 담긴 뜻을 쉽게 포기하지 못하는 고결함은 거꾸로 아집과 욕심이 버무려져 옹졸하고 치졸한 모습으로 뒤바뀌곤 한다. 자신의 부족함을 알면서도 남의 발목을 잡으려 '반대를 위한 반대'에 몰두한 나머지 자신이 품은 뜻조차 저버린 채 모두를 불행과 불협화음 가득한 혼란으로 내몰고 마는 일도 흔하다.

이런 사례는 어느 집단/국가가 망하는 징조로도 수없이 반복되었으며, 특히 제4차 십자군 전쟁의 기독교 세력**과 근현대 중국의 국공내전***을 대표 사례로 들 수 있다.

---

* 춘추전국시대의 백가쟁명은 이후 오랫동안 동아시아 국가들의 사상관에 큰 영향을 끼쳤다. 또한, 고대 그리스 철학이 태동, 발전하며 기록된 지식(원자론, 산파술, 논리학, 자연과학 등)은 르네상스 시대에 이르러 사상과 과학의 발전에 밑거름이 되었다.

** 제4차 십자군은 연합을 구성한 군세의 이해관계가 명분보다 우선하면 어떻게 되는지를 그대로 드러낸 희대의 졸전이자, 기독교 성지 탈환을 명분으로 삼았음에도 이슬람 세력의 방파제 역할을 해온 동로마제국을 약탈하고 괴뢰국을 세운 채 퇴각하는 희대의 악수였다. 이 때문에 동로마제국은 급격히 쇠약해졌고 끝내 멸망해 지중해 무역로가 차단되면서 직간접적으로 이슬람 세력의 공격에 노출되기 시작한다.

*** 중국의 국공내전은 쑨원이 죽은 뒤 장제스를 비롯한 국민당 내부 군벌의 이합집산이 벌어지면서, 이를 이용해 세력을 확장하려 했던 공산당의 반격으로 벌어졌다. 부패와 분열로 얼룩진 국민당군은 패전해 대만으로 도피(국부 천대)한 뒤 현재에 이르게 된다.

이렇듯 내부 혼란이 길어질수록 사건의 원인/해결과 동떨어진 예상 밖의 존재가 개입할 여지를 만들거나 각자의 모순점과 약점이 드러나 상잔하는 결말을 맞을 수 있으니 주의해야 한다.

배열 위치별 특징 켈틱 크로스 배열에서 5w는 6, 7, 9번 위치를 제외한 모든 위치에서 영향력이 강해진다. 이는 카드 의미상 확연히 다른 위치의 카드에 긍정/부정과 상관없이 영향을 미치기 쉽기 때문이다.

다만 7, 9번 위치는 어디까지나 질문자의 희망 사항에 머물거나 외부에서 질문자의 속내를 공감할 수는 있을지언정 아예 뜻을 함께하는 일이 드물기에 배열의 영향력도 미미하거나 부정적인 의미로 변질하기 쉽다.

6번 위치에 5w가 나타났을 때는 질문자가 다가올 분쟁에 대비할 수 있는지 또는 거꾸로 이런 혼란을 조장할 능력이 있는지를 확인해야 하며, 새로이 노동에 임할 각오가 되어 있는지 검증해야 하기에 긍정/부정적인 의미의 약화/강화가 산발적으로 일어나므로 더 세세하게 파악해야 한다.

연애(관계가 성립한 상황) 기본적으로 불협화음의 발생을 언급한다. 그러나 이 관계가 잘 되거나 더 오래가기 위해 생긴 불협화음임을 잊지 않을 것을 조언하는 경우가 대부분이다.

긍정 각자 의도가 달라 갈등이 일어나더라도 서로 논의를 거쳐 조율할 수 있으며, 악의가 없는 상황이라는 것을 뜻한다. 다만 공유하는 시간/재화를 자신의 의도대로 사용/처리하려는 의욕이 앞설 수 있으므로 이를 설득할 논리, 증거 등을 확보해 이성적으로 서로 설득하고자 하면 더 좋은 결실을 보거나 관계가 깊어질 수 있다는 것을 의미한다.

부정 물리/정신적인 다툼으로 관계가 서먹해지거나 각자의 고집을 꺾지 않아 갈등이 심해지는 상황을 암시한다. 이때는 논리적인 방법을 동원하더라도 설득하기 어렵거나 각자 고집을 부릴 뿐 효율성을 따지지 않는다는 점에 착안해, 실리만 얻거나 명분만 취하는 식으로 분쟁을 조기에 끝낼 방법을 찾아 조언해야 한다.

최악의 경우 서로 육체/정신적인 폭력을 동원하는 상황을 지적하거나 이른바 의무방어전* 같은 유형으로 점차 애정이 식어가기 쉬운 상황으로 고착된다.

연애(관계가 성립하지 않은 상황) 경쟁자/상대방과 분쟁이 벌어지거나 연애하려는 노력을 우선할 것을 강조한다. 그렇기에 질문자가 강력하게 연애를 추진하지 않으면 연애는커녕 주변 이성과 불화나 마찰이 빚어질 수 있다는 것을 강조한다.

긍정 관계 성립을 시도하고 있다면, 이른바 '연애 시장'에서 자신을 강하게 드러내 경쟁하고, 이 과정에서 자신의 매력을 발산해 연애 상대가 될 만한 사람(들)의 관심/이목을 끌게 되는 것을 의미한다.

---

* 본래는 챔피언이 의무적으로 치러야 하는 타이틀 방어전을 지칭하는 용어이지만, 요즘에는 어느 한쪽이 하기 싫어하는데도 다른 한쪽이 원해서 하는 성관계를 일컫는 속어로 쓰인다.

배열의 다른 카드들을 살핌으로써 경쟁에서 이기거나 상대방의 호감을 살 만한 구체적인 방안을 추출해 조언함으로써 질문자가 목적을 이루도록 도울 수 있다.

단순한 연애운이라면, 질문자의 연애관에 낭만적인 요소가 덜하다는 전제*하에 어떤 충돌이나 강제적 접근보다 전우애와 비슷한 감정을 지닌 이들과 애정이 싹틀 수 있다는 것을 뜻한다.**

부정 관계를 성립하려 하고 있다면, 상대방과 의견 충돌이나 경쟁자 사이의 견제/공격으로 발전이 더뎌지거나 퇴행하는 것을 뜻하며, 연애관·사상·종교·습관 등의 차이로 목적을 달성하지 못할 수 있다는 것을 경고한다. 최악의 경우 데이트 폭력*** 따위의 문제에 휘말릴 수 있다.

단순한 연애운이라면, 연애하기 어려울 정도로 업무나 생활 또는 자신이 이루려는 목표를 추구하느라 연애 자체에 관심을 두기 힘든 상황이라는 것을 지적한다.

대인관계 주로 5w의 키워드인 투쟁의 의미가 두드러지며, 이를 어떻게 더 생산/파괴적으로 활용할 수 있는지 고려해야 한다.

긍정 어려운 상황을 같이 겪는 이들이 있다면 (일시적이라도) 협업/동맹/제휴를 맺어 대처할 수 있다는 것을 의미하며, 이 과정에서 마음이 맞거나 이루고자 하는 방향이 다르기에 거꾸로 의기투합****할 수 있다는 것을 의미한다. 넓게 바라본다면 이 과정에서 질문자가

---

* 극적인 감정이나 연출, 상황을 원하고 있다면 이에 해당하지 않는다.

** 이른바 싸우다가 정드는 식으로 미운 정 고운 정 다 들어 놔주기 싫은 상황에 속한다.

*** Dating abuse/Intimate partner violence, 연인(이었던) 사이에서 벌어지는 정신적/물리적 폭력 및 상해를 일컫는 말이다.

**** 예를 들어 어떤 집단의 권위를 원하는 사람, 경제적 이익이 우선인 사람, 단순 연애나 인맥만 원하는 사람이 서로 이해관계가 충돌하지 않아 뭉칠 수 있으며, 이렇게 팀을 이뤄 다른 경쟁자를 견제/축출하는 모습으로 이해할 수 있다.

속한 집단의 발전이 이루어지는 것을 시사한다.

부정 내분에 가까운 분쟁과 혼란이 다가오는 것을 암시한다. 골치 아픈 문제에 대한 책임론이나 양비론이 판치기 쉬운 환경이라는 것을 경고하며, 심각해질수록 해당 집단/단체가 해산, 분열될 수 있다는 것을 의미한다. 나아가 자기 뜻과 다른 생각을 하는 구성원은 모두 신뢰할 수 없다는 점을 강조한다.

사업의 흐름이나 전망 입찰 과정 또는 고객 및 사업체와 교섭 과정에서 생기는 잡음부터 내부 노동 쟁의까지 폭넓은 사안을 다루기에 질문을 더 정제해 질문자가 원하는 목적을 더 선명하게 설정한 뒤 해석해야 한다.

긍정 선의의 경쟁으로 발전하는 것을 의미한다. 다만 이 과정에서 발생하는 비용이 비합리적일 수 있기에 손익을 더 명확히 따진 뒤 빠른 수습/개선을 꾀함으로써 갈등을 조기에 봉합할 수 있다는 것을 의미하거나, 여러 사업체가 협업해 추진해야 하는 대형 프로젝트에 참여해 자신의 지분을 확보하는 모습으로 드러난다.

부정 원인 제공자가 누군지와 상관없이 현 상황을 빠르게 벗어나도록 조언해야 한다. 의사 결정 과정을 최대한 간결하게 만들어 수익 창출에 집중해야 한다는 것을 강조한다.

이 과정에서 궁극적인 해결책은 없으며, 강압/유화책을 쓰더라도 반발을 감수해야 하기에 차라리 사업 목표에 조금이라도 가까이 갈 방법을 쓸 것을 조언하는 편이 더 효율적이다. 다만 이때 임금 체납이나 노예 계약 등 어떤 방식으로도 면책될 수 없는 문제에 휘말렸다면 5w만으로는 뾰족한 수단이 없으며, 다른 메이저 카드들의 지원으로 극복하는 수밖에 없으니 주의해야 한다.

창업의 성사 여부 5w의 의미는 창업과 거리가 멀거나 큰 도움을 얻기 어렵다. 노동집약적산업 분야 운영이 아니라면, 일반적으로 창업 과정의 어려운 고비나 결정권자/권리 분배에 대한 내부 의견 통합과 관계있다.

긍정 각자의 장점/특기를 취합해 적재적소에 분배하거나 각자의 아이디어 및 기획을 모두 적용하는 과정에서 기량이 상승하며, 일의 성사 여부와 상관없이 훗날까지 가져갈 무형 자산을 얻을 수 있다는 것을 의미한다. 다만 배열의 다른 카드에서 긍정적인 영향을 받지 못한다면, 이런 자산을 활용하는 것이 질문자가 아닌 다른 공간/집단일 수 있다는 점에 주의해야 한다.

부정 구성원의 의견 합치가 이루어지지 않았거나 레드 오션*에 해당하는 분야라 경쟁력을 확보하기 어려운 상태라는 것을 드러낸다. 이때는 사업 기획안을 재검토하거나 다른 경쟁자를 타산지석 삼아 역량을 강화하도록 조언해야 하며, 창업 시기를 미룰 것을 당부해야 한다. 최악의 경우 이런저런 갈등이나 미비점을 기껏 보완했는데도 대항할 수 없는 존재가 개입해 창업을 단념해야 하거나 거꾸로 이들에게 예속되어 일해야 할 수 있다는 것을 경고한다.

진로 적성 충돌, 분쟁을 유발해 더 옳은 방향으로 개선하는 방식을 사용한다. 이런 유형을 완드 요소가 지닌 의미에 결합하면 더 다양한 의미로 확장할 수 있다. 운동가 등 일선에서 실무를 처리하는 직군에 대응하며, 부정적인 영향을 받을수록 단순노동에 가까워지고, 심각하게는 남에게 육체적 고통/협박을 가해 자신의 이익을 얻어내는 경향이 있다. 물론, 이때는 대부분 끝이 좋지 않거나 연명에 성공하더라도 자신의 행보를 남의 의도에 억지로 맞춰야 하는 장기 말로 쓰이기에 십상이다.

시험 결과나 합격 여부 당락과 직접 관련은 없으며, 시험/경연 자체 또는 치열한 경쟁률을 의미하거나 노력한 만큼의 결과를 보증하는 카드다.

부정적인 영향을 받을수록 경쟁이 과열되어 예상 밖의 피해를 보거나 시험/면접 등을 준비하려 많은 자원을 소모하는 데 그친다.

> * 대기업의 동종 사업 진출 또는 이미 뛰어난 실적을 쌓은 외국계 기업의 국내 확장 등을 예로 들 수 있다.

배열의 다른 카드의 의미가 5w와 어떻게 결합하느냐를 따져 더욱 구체적으로 사안을 탐색해야 한다.

질병의 호전, 완치 5w는 질병과 관련한 질문에서 비교적 비관적인 전망을 하게 하는 카드다.

긍정 5w는 아무리 긍정적인 의미를 드러내더라도 완치를 의미하지 않고, 치료하고자 투쟁 중이라는 뜻만 지닌다. 이는 어떤 질병에 대항할 수단을 신체에 투여하거나 특정 환경을 강제하는 상황으로 전개된다.*

부정 질병의 악화나 체력 부족으로 생긴 과부하가 신체/정신을 쇠약하게 만들고 있다는 것을 지적하며, 이를 극복하지 못하면 병이 더 깊어질 수 있다는 것을 경고한다.

단순한 건강 문제 신체/정신적 충격으로 생기는 질병을 의미하나, 한계까지 버티다가 쓰러지거나 본래 형태를 잃는 10w와 달리 5w는 외부 충격이나 자극으로 없던 질병이 발병하는 경향을 띤다.

이는 가볍게는 타박상이나 폭력적인 충동**을 참지 못해서 생긴 상처부터 충격/타격으로 생긴 골절, 외상 후 스트레스 장애PTSD,*** 조현병 증상의 하나인 다중인격 등으로 심해진다.

긍정 (근력) 운동으로 몸을 관리한다는 것을 의미하거나, 다른 이들과 자신의 상태를 견주며 가벼운 경쟁심을 갖고 건강을 더 수월하게 관리할 수 있다는 것을 뜻한다.

---

* 항체 형성에 필요한 백신 투여 후 발생하는 발열, 오한 등의 증상 또는 심부 근육을 단련해야 통증이 가라앉기에 운동이 강제되는 상황이 이에 속한다.

** 이런 연유로 Ac, 3c, 8c, Pc와 5w의 조합이 부정적으로 나타날 때는 (중병을 제외한다는 가정하에 연계 해석하면) (술자리로 갑자기 이루어진) 성관계 또는 술자리에서 생긴 분쟁과 이에 따른 폭력 사태, 언쟁으로 생긴 부상 등의 의미를 파생한다.

*** 전쟁/내전 등 싸움/분쟁에 직접 참여(당)해 생긴 것에만 제한적으로 해당한다.

부정 동시다발적으로 문제가 생겨 건강을 관리하기 어렵거나 외부와 분쟁 중에 입는 부상을 암시하며, 최악의 경우 이 때문에 얻은 부상이 영구 장애로 남을 수 있다는 것을 경고한다.

켈틱 크로스 배열 위치별 긍정/부정 해석법

1 → ②③④⑦ 카드 확인 질문자가 현재 열세/우세인지 파악해야 한다. 평범하게 업무에 종사하고 있다면 특이사항이 없거나 단순한 업무 스트레스로 이해할 수 있으나, 분쟁이 있다면 그 원인이 무엇이며 질문자가 어떤 당위성을 갖고 사안에 임했는지 분석함으로써 긍정/부정적인 의미를 확정할 수 있다.

긍정 질문자가 힘들더라도 현재의 태도/자세를 유지해야 하며, 이 과정에서 반드시 얻는 것이 있다는 점을 암시한다. 의미가 강해질수록 질문자와 같은 처지 또는 같은 적수와 대립하는 이들이 모이리라는 것을 의미하며, 이로써 문제를 해결하고 자신 및 해당 문제의 영향력/인지도를 높임으로써 유리한 고지를 선점할 수 있다는 것을 암시한다.

부정 이런 상황을 만든 원인을 미리 제거/배제하지 않으면 분쟁이 계속되거나 더 심해지리라는 것을 암시한다. 나아가 이런 혼란이 계속되어 생길 비용/피해를 떠안아야 하며, 이를 감당할 여력이 없다는 게 드러나는 순간 열세에 처할 수 있다는 것을 경고한다. 이를 개선/방지하려면 어느 정도 재화/명분을 잃더라도 적을 줄이거나 공동전선을 만들 방안을 실행할 수 있도록 조언해야 한다. 단, 이때 분쟁에 휘말리지 않은(5w의 그림에 포함되지 않은) 이들에게 도움을 청하면 사태를 더 심각하게 만들 수 있으므로 신중하게 조언해야 한다.

2 → ①⑤⑦⑧ 카드 확인 질문자가 원하지 않는 업무/분쟁이 왜 강제되는지 확인해야 한다.

이런 업무/분쟁에 질문자가 적격이라 판단된 이유를 먼저 확인하고(⑤, ⑧), 질문자가 이런 상황을 왜 꺼릴 수밖에 없는지(①, ⑦) 파악하면 더 수월하게 긍정/부정적인 의미를 적용할 수 있다.

긍정 질문자 앞에 놓인 과업/혼란을 해결함으로써 받을 수 있는 보상이 있거나 자신이 귀찮고 불편하다고 여긴 상황이 오히려 자신에게 가장 도움이 되는 식의 상황 역전이 벌어질 것을 암시한다. 의미가 강해질수록 보상이 더욱 커지거나 질문자가 겪은 고난/업무에 대한 재평가가 활발히 이루어지며, 최상의 경우 이 장애물을 극복함으로써 누구나 받아들일 수밖에 없는 존재로 자리매김한다.

부정 질문자의 계획을 어그러지게 만든 인물이나 분쟁을 해결하지 못하면 적절한 때를 놓쳐 낭패를 볼 수 있으며, 반대로 질문자가 갈등/분쟁을 일으킨다면 (아무리 질문자가 옳다고 여긴 이유로 생겼더라도) 어떤 방식으로든 질문자를 방해할 요소들이 새롭게 등장하리라는 것을 암시한다. 최악의 경우, 모두의 적으로 찍혀 사방에서 공격받게 된다.

---

3 → ② ⑦ ⑧ 카드 확인 질문자가 비슷한 문제들에서도 공격적으로 대응할 명분이 있었는지 확인해야 한다. 그동안의 행보로 장애물과 외부의 시각이 질문자가 문제를 인식하는 것과 같거나 공감받을 수 있는 상황인지 비교함으로써 긍정/부정적인 의미를 파악할 수 있다.

긍정 모순된 개념/관행/부조리를 타파하는 등 남의 잘못을 정당하게 비판하는 태도를 견지하는 것을 뜻하며, 망설이지 말고 자기의 입장을 떳떳하게 밝힐 수 있도록 도울 사람들이 있는지 확인하도록 조언해 더 긍정적인 영향을 받게 이끌어줄 수 있다. 의미가 강해질수록 질문자의 이런 운동가적인 기질이 문제를 둘러싼 이들의 수준을 함께 끌어올리며, 질문자의 격을 더 높이는 원동력으로 작용한다.

부정 사건의 발단이 질문자에게 있다는 것을 암시하며, 외부의 반발(⑧)이 심할수록 이 문제가 공식적으로 외부에 노출되어 망신당하거나 관공서가 개입할 수 있다. 상황을 해결할 수 있더라도 후유증이 남으며, 질문자의 양보가 필요한 사안인지 확인 후 굳이 문제를 더 복잡하게 만들 필요가 없다고 충고하거나, 문제가 될 만한 여지를 줄이도록 조언해 부정적인 영향을 최소화해야 한다.

---

4 → ① ② ⑦ ⑨ 카드 확인 과거의 업무 또는 분쟁 경험이 현재까지 긍정/부정적인 영향을 미치는지 살피고, 이런 경험으로 어떤 상황을 원하는지/두려워하는지 파악하면 더욱 수월하게 긍정/부정적인 의미를 적용할 수 있다.

긍정 질문자가 겪었던 일과 이로써 얻은 교훈을 토대로 상황을 비교적 수월하게 해결할 수 있거나 다른 사람과의 마찰을 피할 수 있다는 것을 뜻한다. 의미가 강해질수록 이 경험의 권위*로 장애물을 손쉽게 해체하거나 도움을 얻을 수 있다.**

부정 간단히 해석한다면 질문과 관련한 문제를 해결하지 못하고 질질 끌

---

* 훈장, 대회 수상 경력 또는 특정 문제를 해결한 것이 이력에 남거나, 질문자의 이력을 기억하는 이들이 있어 우대/존중받는 상황을 예로 들 수 있다.

** 과거의 경험이 보증서처럼 작용해 외부 인사 초빙 또는 원조를 요청하기 쉬운 상황을 예로 들 수 있다.

려온 것으로 볼 수 있으나, 심하게는 현재 질문자가 겪는 어려움이 과거 질문자의 업무 미숙/능력 부족으로 생긴 것이거나 내부 갈등을 제대로 해결하지 않고 내버려 둔 끝에 갈등이 심해지는 상황이라는 것을 뜻한다.

이를 해결하려면 비용을 치러야 한다는 점을 인지시키고, 더 적극적으로 대응해 어떻게든 사태를 조기에 진화할 수 있도록 방안을 마련해야 한다. 최악의 경우 과거의 갈등, 폭력, 분쟁의 경험이 반복되는데도 질문자의 의지가 꺾여 문제를 방치한 끝에 피해가 누적되는 악순환으로 이어진다.

---

5 → ① ③ ⑧ 카드 확인 지금 벌어지거나 곧 벌어질 사건을 질문자가 얼마나 대비했는지 또는 이와 비슷한 상황에서 어떤 태도를 보여왔는지 분석하고, 사람들의 반응이나 시각을 비교했을 때 질문자가 더 유리한 상황이라면 긍정적인 영향을 받는다.

긍정 곧 일어날/일어난 사건으로 생긴 갈등/혼란을 틈타 질문자의 목표를 달성할 수 있거나 문제가 생겨도 피해를 예방함으로써 상황이 질문자에게 유리하게 바뀌리라는 것을 의미한다. 긍정적인 의미가 강해질수록 적대적인 인물/세력을 비판하거나 공격하기 쉬운 시기가 올 것이며, 최상의 경우 해당 사건/상황에서 매우 유리한 고지를 선점하는 순간이 모두에게 드러나며 더 많은 지지를 얻거나 추진력을 갖춘다.

부정 상태를 악화할 일이 몰려오거나, 다른 경쟁자들의 난입으로 질문자의 계획에 차질이 생기는 것을 의미한다. 이를 단번에 역전/개선할 수 없기에 자신의 전력을 유지할 수 있도록 여력을 남겨둘 것을 조언하여 갑작스러운 상황 변화나 과부하로 문제가 생기지 않도록 도와야 한다. 부정적일수록 질문자의 적/악재가 많은 상황이며, 최악의 경우 (이유도 모르는 채) 몰매를 맞는 형국으로 내몰린다.

---

6 → ② ③ ⑤ ⑨ 카드 확인 특이사항이 없는 한 질문자 자신도 이 위치에 드러난 5w가 무엇인지 어느 정도 예상하거나 일상적인 노동/업무 정도로 여길 뿐, 부정적인 영향을 받더라도 궁지에 몰렸다고 느껴질 만큼 어려운 상황이 올 때는 흔치 않다. 이는 5w가 올라선 난투의 현장에 최소한의 참가 자격을 이미 질문자가 갖추고 있다는 전제가 있기 때문이다.

다만 이에 해당하지 않을 때도 있다. 2, 5번 위치에 드러난 카드들의 부정적인 의미와 3, 9번 위치의 긍정적인 의미가 개연성이 없는 상황일 때 해당 사항이 없을지도 모른다고 의심해볼 수 있으며, 이때 9번 위치의 '두려움'에 해당하는 의미가 실제로 발생할 가능성을 가늠한 뒤, 그 밖에 질문자가 인식하지 못하는 변수가 무엇인지 파악하면 이 변수가 정확히 어떤 부류에 속하는지 예측할 수 있다.

7 → ③ ④ ⑨ 카드 확인 질문자의 번민/불만이 왜 생겼는지 파악하되(③, ④), 이것이 질문자의 사욕(③, ⑨)과 관계있거나 의도 자체가 불순하다면 긍정적인 영향을 받을 수 없다. 단순 불만이라도 공개적으로 언급할 수 있는지를 먼저 파악해야 긍정/부정적인 의미를 확정할 수 있다.

긍정 질문자의 분노/투쟁심에 그 나름대로 명분/당위성이 있으며, 이런 내적 갈등을 토대로 능률 향상이 가능하다는 것을 의미한다. 긍정적일수록 이런 원동력이 강해지며 불굴의 의지로 자리매김하고, 자신을 연마하는 다양한 모습으로 드러난다.

부정 질문자가 자신의 (잘못된) 의지를 구현하려 남을 핍박하거나, 외부와 별개로 자신 내부에서 열등감에 시달리고 있다는 것을 시사한다. 이런 경향이 심해지면 경쟁자를 (불법적인 수단을 마련해) 억지로라도 내몰려는 등 불순한 의도가 섞이거나 공동체의 존폐와 상관없이 자기 입장만을 반복해 주장하다가 모두에게 피해를 주는 모습으로 발전하며, 이 과정에서 수단을 가리지 않거나 윤리적인 문제를 범해 비판에 부딪힐 수 있다는 것을 경고한다. 이럴 때는 질문자에게 자신의 지위, 입장, 상황에 걸맞은 태도나 아량을 보이도록 조언해 자신이 적으로 돌리면 안 되는 존재/개념을 살피도록 당부해야 한다.

8 → ④ ⑤ ⑦ 카드 확인 외부에서 분쟁/혼란 상황으로 보이는 이유가 무엇인지 확인해야 한다. 이는 4, 7번 위치를 먼저 확인해 해당 문제에 질문자의 밀접한 개입이 이루어졌는지 확인하고, 이에 대한 질문자의 감정 상태(⑦)와 겉으로 벌어진 일(⑤)의 심각성이 얼마나 차이 나는지 확인한다면 비교적 쉽게 해석할 수 있다.

긍정 아무리 의미가 약하더라도 단순히 외부에서 질문자가 업무 중이라는 사실을 아는 데 그치거나, 다른 사람들의 생각에 비해 질문자가 여유가 있으며 외부 사안을 혼란하다고 인지하는 만큼 거꾸로 질문자가 암중으로 활약할 여지가 매우 크다는 점을 강조한다. 의미가 강해질수록 외부 간섭이 줄어들며, 문제와 관련한 사안을 통제하는 이에게 메이저 카드 수준의 역량이 없는 한 질문자는 이 혼란 속의 평온/풍요를 누릴 수 있다.

부정 남들이 보기에도 질문자가 격무에 쫓기거나 사안이 점차 공론화되어 외부에서 이를 말리려/이용하려 개입할 수 있다는 것을 경고하며, 이 때문에 질문자의 계획이 무산될 수 있다는 점을 암시한다. 최악의 경우 사람들이 이 사태의 원흉으로 질문자를 지목하거나 원치 않게 이 상황에서 강제적으로 격리 처분당하리라는 것을 경고한다.

---

9 → ②④⑧ 카드 확인 취업과 관련한 질문에서 5w는 구직 욕망 자체를 뜻하므로 해석에 큰 어려움이 없다. 그러나 그 밖의 주제에서는 외부 개입 등으로 상황이 더 복잡해질까 봐 두려워하거나, 꾸준히 노력해 경쟁에서 밀려나지 않거나, 계속 성장할 수 있기를 희망하는 모습으로 해석된다.

이는 과거부터 지금까지 질문자에게 가장 골칫거리인 문제를 다른 이들도 얼마나 알고 있는지 파악하면 더 구체적으로 해석할 수 있다.

---

10 → 결론에 5w가 드러났을 때는 분쟁/투쟁 상태로 향하지 않도록 다양하게 조처해야 하며, 의미가 긍정적으로 바뀔 수 있도록 도와야 한다.

핍 카드가 지닌 영향력의 한계를 응용해, 배열에 드러나는 긍정/부정적인 흐름을 조율할 방안들이 무엇인지 탐색하고, 개선 가능성을 높인다면 부정적인 의미를 긍정적인 의미로 바꿔나갈 수 있다.

긍정 자신에게 가치 있는 것을 생산, 추구하는 과정을 밟을 것이며, 이런 태도를 유지/발전하려 계속 노력하는 한 다른 이들보다 뒤처지지 않으리라 전망한다. 의미가 강해질수록 이런 분쟁/투쟁의 현장에 버티고 서 있는 것만으로도 제 역량을 사람들 앞에서 증명할 수 있으며, 제 나름의 요령/방법을 체득해 뒤이을 사람들에게 전수하거나 영향력을 행사할 수 있다.

부정 분쟁이 해결되지 않거나 더 심해지리라는 것을 의미한다. 계속 억지로라도 봉합하려던 문제들이 한꺼번에 터질 수도 있다. 이 때문에 신체적/정신적 위해를 입거나 심각하게는 수입을 아무리 아껴도 돈이 모이지 않는 상황처럼 수렁에 빠지고, 최악의 경우 샌드백이나 액막이처럼 이유 없이 비난/야유받는 상황으로 내몰릴 수 있다.

실제 사례 (2011년 6월, 경기도 성남시 중원구 모처, 30대 초반 남성)

질문   이 면접 합격할까?

사전 정보 통신사 상담센터에 지원해 서류 전형을 통과했고, 지금까지 면접에서 탈락해보진 않았으나 같은 분야의 전 직장을 무단결근하다가 그만둔 적 있다.

5w – 9s – 10w – 9 – 14 – 16 – Qs – 18 – 7w - 5p

5w   (질문자 자신) 일을 구하려 애쓰고 있다.

9s   (장애물) 과거 경력을 문제 삼을 가능성이 크다.

10w   (기저) 자신도 이 시도가 무리수라는 것을 알고 있다.

9   (과거) 선택의 폭이 좁거나, 생활이 어려운 처지다.

14   (현재/곧 일어날 일) 응시자들을 걸러내는 기준이 명확하다.

16   (미래) 질문자가 겪지 못했던 일이 생길 것이다.

Qs   (질문자의 내면) 더 할 수 있는 일이 없거나, 후회하고 있다.

18   (제3자가 바라보는 질문자) 질문자에 대한 부정적 평가가 전달/공유되었다.

7w   (희망/두려움) 어떻게든 문제가 해결되지 않을까 하는 마음 그리고 다른 일을 알아볼 여유조차 없이 고민하는 마음이 공존하고 있다.

5p   (결과) 탈락과 함께 빈궁한 나날이 이어질 것이다.

실전 해석

이 배열에서 5w는 1번 위치, '질문자 자신'을 뜻한다.

시험/면접의 당락에 관한 질문 특성상 질문자 나름대로 노력하고 있거나 어려운 상황을 개선하려 이렇듯 시도했다는 것을 알 수 있다.

5w에 영향을 주는 카드는 9s, 10w, 9, Qs다. 이는 질문자가 면접에 실패한 경험이 없다는 사전 정보를 의심할 만큼 질문자가 불리한 상황을 의미하며, 좋지 않게 전 직장을 관둔 것과 질문자의 현실적인 문제가 결합한 나머지 그동안의 노력이 물거품이 될 수 있다는 것을 알 수 있다.

그렇기에 이 배열에서 5w가 의미하는 노동, 충돌, 스트레스 등의 의미가 경쟁 말고도 이력 관리 등 다방면에 걸쳐 적용될 수 있다는 점을 주의해야 한다.

---

① **5w(질문자 자신) 부정**적인 영향을 받았다. 질문자가 열세에 처해 있어 상대의 수를 읽기 어렵고, 과거 이력이 공유되지 않으리라는 확신이 없어 불안해하고 있기 때문이다.

나아가 질문자가 마음의 여유를 잃은 상태(10w, 9)이기에 부정적인 영향을 더 강하게 받으며, 이를 개선하려 해도 이미 엎질러진 물이기에 도움을 얻기 힘들다(9s, 10w, 9, Qs).

---

② **9s(장애물) 부정**적인 영향을 받았다. 질문자가 일이라면 뭐라도 해야 할 상황이기 때문이다. 최악의 경우, 실낱같은 희망이 이루어지길 바란 나머지 면접을 기다리는 시간조차도 낭비에 가까울 수 있다는 것을 지적한다(5w, 10w, 9, Qs).

---

③ **10w(기저) 부정**적인 영향을 받았다. 이는 자신이 저지른 과거의 실책으로 상황이 더 악화했다는 것을 암시하며, 이미 일이 질문자의 의사와 상관없이 결정되기 쉽다는 것을 의미하기에 애써 노력해도 결실을 얻기 힘들다는 점을 강조하고 있다(5w, 10w, 9, Qs).

④ **9(과거)** **부정**적인 영향을 받았다. 이는 과거에 잘못된 선택이나 기반 부족, 소통 부재로 질문자 스스로 고난에 빠졌다는 것을 의미하며, 질문자를 평가하는 사람들도 이런 질문자를 믿을 수 없거나 이질적인 사람으로 보는 등 질문자에게 불리한 판정을 내리기 쉬운 상황이라는 것을 암시한다(5w, 10w, 14, 18).

⑤ **14(현재/곧 일어날 일)** 비교적 **부정**적인 영향을 받았다. 질문자의 업무 능력이 다른 경쟁자보다 뛰어나지만, 질문자가 불안해하는 (그러면서도 별문제 없으리라 여기는) 문제가 발목을 잡기 쉬우며, 회사 측에서 이를 인지한다면 명시하진 않았으나 기본 자격 요건에 미치지 못한다고 여겨 불합격 처리할 수 있다는 의미로 해석되기 때문이다 (5w, 9s, 9, 7w).

⑥ **16(미래)** **부정**적인 영향을 받았다. 어떻게든 넘어갔으면 좋겠다는 질문자의 바람(7w)은 절대 이루어지지 않으며, 질문자가 걱정하는 일은 실제로 벌어지리라는 것을 강조한다. 나아가 질문자의 이런 노력에 아무런 의미가 없다는 것을 암시한다(5w, 9s, 14, 9w).

⑦ **Qs(질문자의 내면)** **긍정**적인 영향을 받았으나, 배열에 영향을 끼치지 못한다. 이는 질문자가 할 수 있는 일을 다 했지만, 그렇기에 역설적으로 더는 변수를 만들 수 없어 부정적인 흐름에 떠밀리기 쉽기 때문이다(9s, 9, 7w).

⑧ **18(제3자가 바라보는 질문자)** **부정**적인 영향을 받았다. 질문자가 별달리 소명하지 않는 등 소통을 꺼려왔기에 다른 사람/회사가 의심할 수밖에 없으며, 그렇다고 질문자가 인제 와서 소명한들 변명으로 여기기 쉽기 때문이다(5w, 10w, 9, 7w).

⑨ **7w(희망/두려움)** 질문자가 어떻게든 상황이 무마되었기를 바라

는 모습과 좋지 않은 현 상황이 유지될까 봐 두려워하는 모습을 드러 낸다.

이는 질문자 스스로 과거에 저지른 잘못이 결격 사유라는 것을 인지하고 있다는 점에 더해, 회사 측에서 이를 빌미로 어떤 불이익/변수를 강요해도 저항할 여력조차 없다는 점으로 확인할 수 있다(5w, 9s, 14, 16).

---

⑩ **5p (결론) 부정**적인 영향에 종속된다. 질문자의 탈락을 의미하며 향후 동종 분야 취업이 어려울 것이고 나아가 일자리를 구하지 못해 곤궁한 형편에서 벗어나기 힘들 것이라는 점을 강조한다. 이는 다른 사람이나 사회의 도움 없이는 극복하기 힘들고, 질문자가 자신의 부족한 역량을 절감하고 방황하거나 최악의 경우 삶의 의지를 놓게 될 수 있다는 것을 경고한다.

해석을 정리한 뒤, 험난한 앞길을 직감했으나 조언할 방도가 없었다. 질문자가 하다못해 날품팔이라도 할 수 있다면 모르겠으나, 얼핏 봐도 병약했기 때문이었다.

아니나 다를까 면접장에서는 대놓고 '무단 퇴사하셨네요? 왜 그러셨나요?'라는 질문이 나왔고 질문자는 사내 정치 때문에 업무 적응이 어려웠다는 이유를 내세웠으나, 면접관들은 듣는 둥 마는 둥 했고 관심조차 얻지 못한 채 면접 탈락을 받아들여야 했다.

이후 그는 이듬해 봄까지 실직 상태였으며, 집도 절도 없는 상태로 빚까지 얻어 허덕이며 살아야 했다.

이처럼 시험/면접과 관련한 질문에서 5w는 긍정적인 방향으로 배열을 이끌 수는 있지만, 이것만으로는 불리한 상황을 반전시키거나 조건 없는 사면처럼 적용할 수 없다는 점에 주의해야 한다.

실제 사례 (2015년 여름, 경기도 군포시 산본동 모처, 30대 초반 남성)

질문　이 루틴을 유지하면 건강이 잘 관리될까?

사전 정보 게임 개발자로 일하다 보니 몸이 축나는 게 느껴져 퇴근 후 운동을 시작한 상태이나, 이전부터 해온 활동(창작)에도 시간을 할애해야 해서 여유가 부족할 것 같아 문의한 사례다.

$$Np - 2c - 3w - Qc - 2w - 8 - 7 - Nc - 5w - Qs$$

Np　(질문자 자신) 자신의 기반을 확보한 상태이고, 더욱 건실하게 운영하려 한다.

2c　(장애물) 회사에서 일감이 늘어나거나 일정을 변경해야 할 일이 잦다.

3w　(기저) 지금까지 회사 생활에 적응하려 애써왔다.

Qc　(과거) 자신이 좋아하는 일이기에 어느 쪽도 양보하지 않고서 유지해왔다.

2w　(현재/곧 일어날 일) 자신이 세운 계획을 곧 실행해볼 것이다.

8　(미래) 적응하느라 당분간 힘들겠지만 잘 견뎌낼 것이다.

7　(질문자의 내면) 좋은 생각은 곧장 실행하는 것이 옳다고 여기며, 자신감도 있다.

Nc　(제3자가 바라보는 질문자) 회사 동료들을 비롯해 다른 사람들에게 별다른 민폐를 끼치지 않으며, 좋은 사람으로 인식되고 있다.

5w　(희망/두려움) 체력적으로 부담될까 봐 걱정하고 있으며, 지금까지 해왔던 대로 노력해 건강을 챙기는 데 성공했으면 하는 바람을 품고 있다.

Qs　(결과) 이 루틴이 정착해 조금 더 효율적으로 일정을 관리할 수 있을 것이다.

이 배열에서 5w는 9번 위치, '희망/두려움'에 드러났다.

건강과 관련한 질문인 만큼, 무리한 일정으로 체력에 과부하가 걸리는 상황을 두려워한다는 것을 쉽게 간파할 수 있다.

5w에 영향을 주는 카드는 2c, Qc, Nc이다. 이를 놓고 질문자가 교류를 중시한다고 해석하기 쉬우나, 컵 요소들이 감정 교류/공유만을 의미하지는 않으니 조금 더 다각적으로 살필 필요가 있다. 구체적인 사안을 확인하고 다른 카드들의 영향을 세밀히 검토한 뒤 해석해야 할 것이다.

① **Np(질문자 자신)** 비교적 **긍정**적인 영향을 받았다. 질문자가 자신의 기반을 형성하고자 좋아하는 것을 다소 포기하고 생계를 챙기되, 꿈을 이어가는 데는 성공한 상황이라는 것을 드러내며, 이 과정에서 약간의 성취를 거뒀거나 자신의 수준을 확인할 수 있는 계기가 있었다는 것을 의미한다. 이는 자신의 기반을 확장하기보다 가진 것을 더 갈고닦는 데 목적이 있다는 것을 짐작하게 한다(2c, Qc, Nc, 5w).

② **2c(장애물)** **부정**적인 영향을 받았다. 이는 질문자가 자신의 체력을 유지하는 데 필요한 여유를 앗아갈 만한 새로운 일들이 생기리라는 것, 그리고 이 과정에서 질문자가 자기 관리를 할 여유가 없어지기 쉽다는 것을 의미한다. 이는 직업 특성상 감내할 수밖에 없다는 점*에서 부정적인 의미를 강화한다(Np, 3w, 2w, 8).

③ **3w(기저)** **부정**적인 영향을 받았으나, 배열에 별 영향을 미치지 못한다. 이는 질문자가 새로운 변수나 과중한 업무를 무난하게 소화하는 데 성공했기 때문이다. 그렇기에 이상의 실현에 큰 기대 없이 과업을 차근차근 해결하되, 한편으로는 자신이 하려는 일을 조금씩

---

* '크런치 모드'는 게임 업계의 은어로, 출시/마감일을 맞춰 야근 및 주말 근무를 포함해 강도 높은 근무가 이어지는 것을 일컫는다.

해나가는 데서 성취감을 느끼기에 별다른 문제를 만들지 않는다(2c, Qc, 7, 5w).

---

④ **Qc(과거) 긍정**적인 영향을 받았다. 질문자가 자신이 하려던 일을 계속 손에서 놓지 않았고, 당장 전업으로 삼지 못할 뿐 언젠가 꼭 이루려는 꿈이 있거나, 대중에게 자신의 감정을 전달하려는 목표가 확고하다는 것을 의미한다. 다만 이를 본격적으로 실행하지 않았을 뿐, 기반을 쌓는 노력을 게을리하지 않았기에 이에 도움이 될 새로운 시도들에도 정력적으로 나서리라는 것을 알 수 있다(Np, 2c, Nc).

---

⑤ **2w(현재/곧 일어날 일) 긍정**적인 영향을 받았다. 이는 새로운 일들이 생겨 부담이 커지더라도 질문자가 계획을 철회하지 않거나 타협안을 마련해서라도 계획 실행에 도움이 될 일을 마다하지 않을 것이기 때문이다. 나아가 이 과정을 거쳐 질문자의 격이 높아질 수 있다는 것을 암시한다(2c, 3w, 8, 5w).

---

⑥ **8(미래) 긍정**적인 영향을 받았다. 질문자의 신념이 확고하며, 이에 따른 역량/기반을 이미 갖췄기에 정면으로 맞서 해결하는 데 주저할 필요가 없다는 것을 강조하기 때문이다(Np, Qc, 2w, 7).

---

⑦ **7(질문자의 내면) 긍정**적인 영향을 받았다. 이미 의욕이 충만하며 건강상의 문제도 없기에 계획을 빠르게 추진하리라는 것을 의미한다. 이 과정에서 외부 변수에 대해 공사를 명확히 구분함으로써 갈등 요소를 없앨 역량을 갖추었다는 것을 드러낸다(2w, 8, Nc, 5w).

---

⑧ **Nc(제3자가 바라보는 질문자) 긍정**적인 영향을 받았다. 이 계획의 실행 과정에서 예상되는 외부와의 마찰을 지혜롭게 줄여가거나, 이미 인망을 얻어 약간의 일탈 정도는 양해받기 쉽다는 것을 의미한다. 또한, 이는 질문자의 진정성이 업무 처리 능력이나 자기 관리로 이어지는 것을 알고 있는 이들이 외부에 다수 포진해 있다는 것을 암시한

다(2c, Qc, 2w, 7).

---

⑨ **5w (희망/두려움)** 업무가 밀려들거나 몸 상태가 갑자기 나빠질까 봐 걱정하는 모습을 의미하며, 반대로 발전을 멈추지 않았으면 하는 노력가의 면모까지 보여준다. 이런 해석이 가능한 것은 자신의 책무와 이상향 둘 다 놓치지 않으려 안팎으로 노력한 과거의 행실이 영향력과 신뢰의 형태로 쌓여 있기 때문이다(2c, Qc, Nc).

---

⑩ **Qs (결론)** 긍정적인 영향을 받을 수밖에 없다. 부정적 의미를 적용하려면 그동안 자기 관리에 실패하거나 업무 능력 미비로 간섭/압박받는 형국이 묘사되어야 하나 그렇지 않고, 그렇다고 질문자가 파격적으로 승진해 이에 따른 막중한 책임을 질 일도 없기 때문이다.

그렇기에 질문자의 계획이 문제없다는 것을 알 수 있고, 이 계획을 소화해 목표를 달성하기 쉽다는 것을 엿볼 수 있다.

해석을 정리하며, 어떤 것을 창작했고 아직 이를 놓지 않은 이유가 무엇인지 물어보았다. 질문자는 10대 후반부터 지금까지 한 소설을 꾸준히 연재해왔으며, 비록 출판되지는 않았으나 퇴고를 반복하며 글을 써왔다고 밝혔다. 회사 내부 평가도 나쁘지 않고 견실하다는 평을 얻었지만, 나이를 먹다 보니 체력 저하가 심해져 계획을 세운 것이라며 자세한 사정을 들려주었다.

나는 뜻대로 해볼 것을 권하되, 되도록 여름이 지나고 추석 즈음에 시작할 것을 권했다. 이는 여름 특수*를 피하고, 더위로 건강 관리에 변수가 생길 수 있으니 일정을 조정하는 것이 좋다고 생각했을 뿐, 질문자가 경거망동할 사람이 아니라는 것을 믿었기 때문이다.

이 점의 후일담은 2년 뒤, 더 건강해진 몸으로 재회한 질문자에게 직접 들을 수 있었다. 그는 그사이 더 큰 규모의 회사에 관리직으로 이직했으며, 그때까지도 정력적으로 활동을 이어가고 있었다.

---

* 대부분 게임사는 여름맞이 이벤트를 준비하고 추가 업데이트를 진행한다.

이 배열에서 5w는 질문자가 스스로 단련을 게을리할 생각이 없었기에 남들이 보기에는 '일 중독 아닌가?' 싶은 반응이 나올 정도의 의미로 이해할 수 있으며, 5w 자체의 의미만으로도 질문자가 어떻게 역량과 기반을 쌓아왔는지 알 수 있다.

직장/건강과 관련한 질문에서 5w는 쉬이 피로하거나 고생길이 열렸다며 회피하는 사례가 많으나, 지극한 노력을 이어간다면 질문자의 격을 높일 원동력으로 해석할 수 있다는 점에 유의해야 한다.

6 *of* WANDS.

(정신) 승리, 성공(에 따른 질투), 자랑(을 빙자한 잘난 척)
Victory, Success

WANDS 공통 의미
철학, 원론, 윤리, 의지, 활력Vital, 노동, 스트레스, 언어

6 공통 의미
인간의 노력으로 달성할 수 있는 각 분야에서 완전과
이에 따라 발생하는 교만

6 *of* WANDS의 키워드
(정신) 승리, 성공 (에 따른 질투), 자랑(을 빙자한 잘난 척), 승리에 따른 권리 행사, 개선(식), 출세/성공한 이를 둘러싸고 벌어지는 협잡,* 성공한 비주류/하위문화가 주류 문화에 편입되는 순간, 금의환향, 노력 끝에 자신의 이상을 실현하는 상황 등

* 성공한 이의 공을 가로채려 하거나 자신도 함께했다는 식의 정치질에서 시작해, 성공했으니 이제 (자신에게 도움을 주지 않은 사람들까지 포함한) 주변 사람들을 챙겨야 한다는 논리로 돈을 갈취하는 사례까지 포함한다.

긍정/부정 확인 기준

질문자가 승리를 거머쥘 자격/준비를 갖추었는가?

승리/성공을 얻고자 남의 역량/기반을 감당할 정도의 수준으로 빌렸는가?

질문자가 거둔 승리는 외부/사람들에게 널리 자랑할 수 있는/자랑할 필요가 있는가?

승리 과정에서 석연찮은 부분이 있는가?

이는 핍 상징 편에서 언급한 의미들이 긍정/부정적으로 적용되는지 판단하는 몇 가지 기준이다.

모든 6 카드는 노력하면 누구든 맛볼 수 있는 성취나 완전성을 뜻하나, 스스로 이런 성과를 거둔 것에 취해 자만하는 모습 또한 드러낸다.

그중에서도 6w는 자신이 관철한 의지가 남들보다 우위에 있다는 것을 증명하거나 품은 뜻을 현실에 구현해 선망받는 모습과 함께, 이를 질시한 끝에 어떻게든 승자를 흠집 내고자 약점을 찾으려는 등의 위험이 도사리는 상황을 묘사하고 있다.

6w는 이런 긴장 속에서 성공에 따른 기쁨을 느끼는 것은 좋으나, 자신의 우위를 지키거나 더 높은 수준으로 나아가려면 어떤 점들을 조심해야 하고, 무엇을 추구해야 하는지 다시 한번 생각을 정리해볼 것을 주문하는 카드다.

해석용법

긍정 굳이 설명이 필요 없을 정도로 명예를 얻거나 뜻하는 바를 성취하는 모습을 의미한다. 승리에 취해 교만하지 않고 이를 기반으로 다른 사람/경쟁자보다 유리한 위치를 지키고 흐름을 유지하기만 해도 큰 문제가 없을 만큼 좋은 의미를 담고 있다.

부정 그러나 사촌이 땅을 사면 배가 아프듯, 6w의 의미가 승리의 주역이 아닌 채 적용된다면 승자의 기쁨을 빛내주는 배경의 하나가 될 뿐이며, 승리했더라도 이에 도취해 다른 이들을 개의치 않고 승리에 따른 권리를 남용함으로써 애써 얻은 승리가 금세 무색해질 정도로 안팎의 반발을 사며, 새로운 대체재/도전자가 등장하면서 좋은 시절이 짧아진다.

이런 6w의 부정적인 의미는 자만, 교만, 질투, 음모, 협잡* 등의 의미를 파생한다.

6w의 긍정적인 면모들은 노력에 따른 결실을 얻어 성공하거나 경쟁에서 승리해 전리품을 챙기고, 자신을 따르는 이들에게 축하받으며 성과를 자랑하는 모습들로 쉽게 알 수 있다. 고대 로마의 개선식을 좋은 예로 꼽을 수 있으며, 대부분의 승전연勝戰宴은 승리의 기쁨을 나눌 뿐 아니라 전리품을 분배하는 행사이기도 했다.**

승리를 자축하기 전에, 승리의 주역이 될 수 있도록 도운 이들 및 동료들의 공과를 우선하고, 기쁨을 함께 누림으로써 자신과 함께하면 어떤 일들을 같이할 수 있는지 과시하고, 이로써 영향력과 기반을 확장함으로써 자신의 목적에 더 가까이 다가갈 수 있게 된다.

> *   이 의미가 적용되는 측이 정당한 절차를 거쳤음에도 패배를 승복하지 않을 때만 해당한다.
>
> **   고대 로마에서는 개선식을 전후해 참전 병사 및 로마 시민에게 전리품을 나눠주었으며, 몽골의 칭기즈 칸도 산발적인 약탈을 막고자 승전한 뒤 전리품을 공에 따라 나누는 과정을 거쳤다.

그러나 패배했다면 승자에게 배울 점을 인정하고 자신이 잘못한 부분을 복기/반성하거나* 다시 기량을 갈고닦아 더 발전해야 한다. 만약 이를 제대로 인정하지 않는다면 자신보다 우위에 있는 자의 약점을 캐거나, 음습한 소문을 퍼뜨리는** 모습으로 전락할 수 있으며, 승리했더라도 자신의 승리만 강조하고 적절하게 논공행상하지 않아 자신의 전력을 줄이고, 끝내 패망하는 사례의 하나로 남기 쉽다.

배열 위치별 특징 6w는 그 의미상, 그리고 점을 보는 대부분의 이유 때문에라도 1, 4, 9번 위치에 나타날 때 그 영향력이 급감하며, 부정적인 의미가 쉽게 적용된다.

점은 보통 현재 발생한 문제를 해결하고자 할 때 보는데, 6w의 승리라는 의미가 과거(4)형이거나 이를 희망(9)하는 정도에 그친다면 의미가 퇴색하기 쉽기 때문이다. 또한, 현재 부족함이 없거나 우세한 상태(1)인데도 점을 보는 것이기에 뭔가 불안 요소가 있다고 생각해야 할 때가 많다.

그 밖에 3, 5, 7, 8번 위치에 나오면 그 의미가 강해지기 쉽다. 3, 7 번 위치는 질문자의 자신감/경험/통찰력 수준에 따라 긍정/부정의 의미가 결정되며, 5, 8번 위치는 질문자가 확실히 승자일 때만 긍정적인 면이 강해질 뿐 그렇지 않다면 좋지 않은 의미들이 부각된다.

---

* 와신상담臥薪嘗膽이라는 고사가 이를 잘 보여준다. 고대 로마는 켈트족의 침입으로 로마 시내에서 약탈당하고 그리스 식민도시들과 벌인 전쟁에서 고전을 면치 못했으나, 이들의 전투 방식과 무기를 연구하고 발전시켜 끝내 승리를 거두어 제국을 이루었다.

** 『황제열전De vita Caesarum』을 쓴 수에토니우스Gaius Suetonius Tranquillus 또한 당대의 시각(특히 공화정-제정 교체기 공화주의자의 시각)에 치우쳐 제정 초기 황제들의 검증되지 않은 야사나 혹평을 기재했으며, 점차 고고학적 발견이 이어지며 여러 잘못된 정보나 의도적으로 삽입한 내용이 많다는 점이 발견돼 책 전체가 의심받거나 다른 역사서를 우선할 지경이다. 『고려사高麗史』에도 이런 편향된 기술이 보이는데, 이는 조선 건국의 명분이 우왕과 창왕은 신돈의 아들이었다는 주장에 근거하기 때문이었다. 현대에도 저명인사들에 대해 근거 없는 소문을 양산하고 퍼트리는 것을 예로 들 수 있다.

<u>6번 위치</u>의 6w는 그 영향력이 길게 유지되지 않기에* 해석자는 조언으로써 부정적인 영향을 쉽게 줄여줄 수 있다.

---

*　6w는 '영구적'인 승리가 아니라 어디까지나 승리한 '순간'을 의미할 뿐이라는 점에 유의해야 한다.

연애(관계가 성립한 상황) 6w는 공동의 목표/의지가 없다면 한쪽으로 관계의 균형추가 쏠리는 것을 의미하기에, 카드의 긍정적인 의미가 곧이곧대로 투영되지 않는다는 점에 주의해야 한다.

긍정 공동 목표를 설정하고 추진한 일이 성과를 거두거나 양쪽 모두 기쁨을 느낄만한 축제/잔치 등이 벌어지고 있다는 것을 의미한다. 만약 이런 상황이 아니라면 어떤 논리/행동을 각자 다르게 취하고 한쪽이 옳다는 것을 증명한 끝에 관계의 주도권이 기울어진 상황을 의미하며, 이 순간을 틈타 그동안 하지 못했던 일들을 강행하거나 상대방에게 특정 행위를 요구할 수 있다는 것을 암시한다.

부정 뾰족한 대안을 제시하지 못하거나 상대방의 일방적인 논리에 밀려 이에 따라야 하는 등 관계의 불균형이 가져오는 불합리를 받아들여야 하는 상황이라는 것을 경고한다. 이는 심각해갈수록 발언/사고/행동의 자유가 점차 줄어드는 형태로 발전하며, 최악의 경우 매매혼에 버금가는 처지이기에 관계 성립 상태를 유지하는 것마저도 감지덕지한 상태*로 드러난다.

연애(관계가 성립하지 않은 상황) 6w는 관계를 성립하려 정성을 쏟는 이들에게 희망을 주는 카드이며, 단순한 연애운이라도 질문자 자신의 기반/역량만 뒷받침된다면 짧더라도 확실한 전성기를 누리게 된다는 것을 의미하는 좋은 카드다. 그러나 좋은 운도 소화할 그릇이 없다면 다른 이들을 빛내주는 수준에 머무를 수밖에 없다.

긍정 관계 성립을 시도할 때는 승기를 휘어잡을 결정적인 매력을 드러내 상대방의 호감이나 시야를 다른 경쟁자나 사건들로부터 차단하는 데 성공할 수 있다는 것을 의미하며, 자신의 의지를 밀어붙여 관계를 성립시키기 좋은 분위기가 형성되었다는 것을 알린다.

단순한 연애운이면 질문자의 노력보다 더 많은 호의가 주어지거

---

* 맞벌이가 당연해진 현재에 상대방의 능력이 월등히 뛰어나 질문자가 하던 일을 그만두게 하고 집안일을 강제하는 등의 모습으로 드러난다.

나 자신의 매력을 발산할 공간/상황이 주어지리라는 것을 의미하며, 이 기회를 놓치지 않도록 조언해 관계를 성립할 수 있도록 도와야 한다. 최상의 경우, 조언 없이도 질문자가 원하는 것이 알아서 이루어진다.

부정 관계 성립을 시도하고 있다면 상대방의 의지/의도에 질문자가 휘둘릴 수밖에 없는 상황이거나, 그렇지 않더라도 상대방의 요구 조건을 따라야만 다음 단계로 나아갈 수 있는 등의 제약이 걸려 있다는 것을 강조한다. 이는 조언을 통해 상대방의 취약점이나 모순을 거꾸로 공략해 관계의 균형추를 원래대로 돌려놓고, 좀 더 동등한 입장에서 다시 접근하도록 유도해주어야 한다.

단순한 연애운이면 질문자가 현재의 상황을 개선할 의욕이 없거나, 낮은 자존감에 걸맞지 않게 자존심을 과하게 내세워 자신을 과시하거나, 억지로 이 상황에 문제가 없다고 자위하고 있다는 것을 지적한다.

대인관계 성공에 따른 인맥 확장이나 소속 집단의 성공으로 지위 상승(승진 등)이 이루어지는 것을 의미한다. 부정적인 영향을 받더라도 남의 기쁨을 어떻게 자신이 공유받을 수 있을지 조언한다면 큰 문제가 생기지 않는다.

긍정 목표를 달성한 질문자(가 속한 집단) 주변에 사람이 모이기 시작하거나 여론의 주목을 받으리라는 것을 의미한다. 이로써 지위/수준 상승을 기대할 수 있으며, 세력 확장이 성공해 앞으로의 행보가 더 순탄해질 것을 암시한다.

부정 집단 내에 다른 사람이 성공하는 바람에 질문자의 위세가 빛바래거나 소외당할 수 있다는 것을 경고하며, 겉으로 보이는 승리와 달리 실속이 없다는 점을 지적한다. 전자의 상황에서는 승리를 인정하고 그 영광을 같이 누릴 방법들을 조언하거나 남의 성과를 웃도는 결과물을 만들어내서 상황을 역전하도록 도와야 하며, 후자의 상황이라면 이런 상황을 외부에 노출하지 않고 수습할 수 있도록 조언해 취약한 순간을 넘기고, 수준에 걸맞게 대우받을 수 있도록 조처해야 한다.

사업의 흐름이나 전망 6w는 사업을 추진하는 이들이라면 긍정적인 의미가 발현되기를 오매불망 기다리는 카드다. 사업의 흐름이 특정 상품/유행들으로 점차 우상향 곡선을 그리는 모습과 같은 호재를 뜻하며, 부정적이더라도 자신의 이권에 치명적이지 않은 한 승자의 방식을 답습해 최소한의 이윤을 얻을 수 있다.

긍정 사업 성공이나 좋은 조건으로 낙찰받는 상황을 의미하는 등 호재 그 자체, 또는 이 분위기를 이용해 더 큰 사업을 벌이거나 투자받기 좋은 상황이라는 것을 의미한다. 다만 이는 핍 카드라는 한계상 일시적 효과이기에 기회를 놓치지 않도록 당부해야 한다. 이에 더해 질문자의 역량이 부족하다면 성배가 아닌 독으로 돌아온다는 것을 덧붙여 말해 신중하게 접근하도록 당부하거나 질문자의 주특기를 살릴 방법을 쓰거나 해당 분야로 진출하도록 권해야 한다.

부정 다른 사업체의 성공으로 질문자의 이윤이 줄어들 수 있다는 것을 암시하고 심지어 다른 업자에게 하도급을 간청해야 할 상황이 올 수 있다는 것을 경고한다. 빠르게 비교 분석해서 자신의 상품을 보완하거나 성공한 사업의 아이디어를 적법하게 모방/참고하도록 조언하는 방법으로 질문자의 손실을 줄여야 한다.

창업의 성사 여부 창업을 본격적으로 시작하거나 자신들의 아이디어를 대중에게 선보이는 모습을 의미한다. 그러나 이를 평가할 사람이 적으면 외면받기 쉽다는 취약점이 있다.

긍정 자신들의 창업 아이템을 성공적으로 선보이거나 기존의 제품과 다른 매력을 드러내는 데 성공한 것을 의미한다. 다만 이것이 현실적인 투자 유치나 성공으로 이어지지 않기에 사업성을 어떻게 확보할지 궁리해야 한다는 점을 강조해야 한다.

부정 기껏 만든 상품을 시장/대중에 내보일 수 없어 판매하는 데 어려움을 겪는 상황을 지적한다. 이때는 유통망과 제휴하거나 직접 소비자와 접촉해 제품을 소개하거나 더 공격적인 판촉으로 상품이

가시화될 수 있도록 조언해야 한다. 다만 이 과정에 소모되는 비용이나 수익 감소에 대해 6w는 그 어떤 조언도 해줄 수 없으며, 섣부르게 창업 아이템을 과시하면 이를 강탈당하기 쉽다는 점을 잊어서는 안된다.

진로 적성 6w는 보통 자기가 알아서 진로 탐색을 마쳤거나 이미 어느 정도 성과를 올린 상황을 뜻하기에 성공에 따른 교만함을 경계하는 것만 조언해도 문제가 되지 않는다.

굳이 세부 분야를 나눈다면 6w는 성공/승리나 우월성을 강조하는 분야와 관계있고, 이는 선전Propaganda, 트래시 토크Trash Talk,* 위문** 관련 분야***로 의미가 확장된다.

긍정 조언이 필요 없을 만큼 좋은 상황이며, 자신의 의지를 계속 지켜가도록 당부하기만 하면 된다. 다만 전도유망한 이에게 여러 유혹이 도사리는 것은 사실이기에, 질문자가 정확히 무엇을 목표로 지금의 의지를 관철하는 것인지 잊지 않도록 조언하고, 이에 어긋나는 것들을 가까이하지 않게 주의시켜야 한다.

부정 질문자가 작은 성과로 자신과 주변을 기만하고 있다는 것을 암시한다. 이 작은 성과의 가치가 변하지 않을 수는 있어도, 진로를 결정하는 데 주된 방향이 아닐 수 있다는 점을 강조하며, 원하는 방향으로 가려면 전력이 될 만한 다른 작은 성공을 더 얻도록 주문해 자만하지 않게 해야 한다. 최악의 경우 자신보다 더 뛰어난/위대한 이가 등장해 노력에 못 미치는 평가를 받을 수 있다.

> * 운동선수가 의도적으로 상대를 조롱, 무시하거나 의미 없는 말을 반복하는 행위들을 통칭한다. 일례로 국수 조훈현은 대국에서 바둑돌 소리를 반복해 내거나 유행가를 흥얼거리는 행위를 했다. 더 고전적인 표현으로는 격장지계激將之計가 있다.
>
> ** 이때 추모/격려의 성격은 없으며, 승리/성공에 따른 포상을 대행하는 것에 해당한다.
>
> *** 과거에는 우생학 또는 사회진화론도 이에 포함할 수 있었으나, 제2차 세계대전 이후 사상으로서(완드 요소로서) 인정되지 않기에 6w의 의미를 지니지 않는다.

시험 결과나 합격 여부 자만/방심하지 않는다면 합격한다. 부정적인 영향을 받아도 시험에 앞서 방만한 심리 상태를 다잡는 정도에 그칠 뿐 큰 틀에서 의미가 변하지 않으며, 오히려 합격한 뒤의 행보를 고민하도록 당부하기만 하면 된다. 부정적인 영향이 심해지면 승자가 정해진 시험을 치르는 상황을 암시한다.

질병의 호전, 완치 외과 질환이라면 완치를 의미하며,* 내과 질환이라면 겉은 멀쩡해도 완치는 아니기에 생활 습관에 주의를 기울여야 한다는 것을 강조한다.

단순한 건강 문제 가족력이 없다면 6w는 강건한 신체를 의미하기에 별다른 질병에 대응하지 않으며, 정신적인 면에서 강한 자존감이 불러오는 부작용과 관계있다. 이는 허세가 심하거나 높은 자존감에 따라오지 못하는 자존심이 빚은 열등감에 시달리다가 생긴 질환으로 해석할 수 있다.

---

* 그러나 사지 하나를 절단해 완치하는 것도 포함되기에 주의해야 한다.

켈틱 크로스 배열 위치별 긍정/부정 해석법

1 → ④ ⑧ ⑨ 카드 확인 질문자가 어떤 성과를 거두었고 현재 질문자가 인지하는 성공이 외부에서도 똑같이 평가받는지 확인하면서, 이 문제가 질문자의 예상처럼 악화한다면 벌어질 최악의 시나리오가 현재의 성과를 얼마나 의미 없게 만드는지 검증했을 때 긍정/부정적인 의미를 알 수 있다.

긍정 성공에 따른 후속 조치들에 신경 쓰도록 배려해 놓치는 부분 없이 이에 따른 결실을 잘 얻도록 돕는다면 이 성공을 토대로 더 발전하리라는 것을 의미하며, 좋은 흐름이 이어지도록 질문자도 노력하고 있다는 것을 암시한다.

부정 질문자의 성과에 실속이 없거나 자만에 빠진 상태라는 것을 지적한다. 이 때문에 부정적인 평가에 부딪히거나 더 큰 역량/기반을 지닌 이들에게 성과를 쉽게 빼앗길 수 있다는 점을 경고한다.

---

2 → ③ ④ ⑦ ⑨ 카드 확인

(1) 질문자가 거둔 승리 자체가 장애물인 상황

(2) 다른 경쟁자의 승리

(3) 이미 승리한 이의 (청구/독촉/책임 소재를 물으려는) 방문

(4) 질문자의 자만/교만

(1) 승리에 따르는 손실과 이를 회복하지 못한 상황(또는 승리했기에 새로운 도전자들이 생기는 등)과 연결해 이해할 수 있다.

(2) 질문자의 패배가 내정된 상태이기에 이에 따른 피해를 보전할 방법을 다른 카드들에서 찾아내면 된다.

(3) 승자의 권리 행사가 가혹할 때 질문자가 이를 어떻게 현명히 조율/간청해 어려운 시기를 버틸 수 있을지 살펴 조언해야 한다.

(4) 6w의 부정적인 의미를 단순 적용하면 되기에 해석에 큰 무리는 없다.

긍정 (1) 승리에 따른 문제를 다른 승리로 덮어씌워 문제가 수습되기까지 여론을 무마/호도해 시간을 벌 수 있다.*

(2), (3) 깔끔하게 패배를 인정하거나 승자의 역량을 칭송함으로써 경직된

---

* 샤를마뉴Charlemagne 대제가 프랑크왕국을 성립한 방법이 이와 같았다. 경제 기반이 부실했기에 군사적 모험을 감행했고, 이 모험이 성공함으로써 얻은 전리품으로 국정을 꾸렸다. 그는 이런 아슬아슬한 행보를 47년 동안 이어갔다.

상황을 풀 수 있다. 또는 적극적으로 승자 편을 들어 문제를 해결할 수 있다.

⑷ 자만하고 있는 자신의 모습을 외부에서 호탕하다고 여기게 만들거나, 질문자의 (허상일 수 있는) 위세를 믿고 의지하게 만들 방안을 마련하고, 질문자가 이를 소화할 수 있는 그릇을 갖추도록 조언해야 한다.*

어떤 상황에 속해도 각 장애물을 극복함으로써 6w의 장점을 무형적으로 더 활용하면 질문자의 격이 상승하며, 최상의 경우 지배자 또는 윗사람의 풍모를 갖추는 데 결정적 역할/순간으로 작용한다.

부정 ⑴, ⑷ 질문자가 이런 성공/자만이 가져다주는 함정을 간파하지 못하거나 특정 의도를 지닌 이들이 일부러 질문자에게 성공/승리를 내줌으로써** 자신을 함정에 빠뜨린 것일 수 있다는 점을 환기하고, 이에 따른 내부 점검이나 외부 관계의 변화를 검토하도록 조언해야 한다.

⑵ 최악이라면 패배의 책임을 모두 뒤집어써야 하는 상황을 의미하며, 이때는 해석자가 조언하더라도 질문자가 이를 받아들일 수 없을 때가 많기에 깨끗하게 책임을 지는 것이 그나마 덜 추해진다는 점을 수긍하도록 도와야 한다.***

⑶ 이런 독촉에 책임을 회피할 생각이 없다고 설득한 뒤,**** 어떻게든 자신의 생존/현상 유지가 승자의 관점으로도 도움이 될 수 있다고 주장할 수 있도록 대안을 탐색해주어야 한다.

부정적 의미라도 이런 역경을 견뎌냄으로써 질문자가 성장할 수 있으며, 이 열세가 영원하지 않다는 점을 강조해 상황을 개선하도록 격려해야 한다.

---

3 → ② ⑤ ⑧ 카드 확인 질문자가 왜 자신의 승리를 확신하거나 이런 문제를 쉽게 해결해왔다고 자신하는지 확인해야 한다.

* 한 고조 유방은 자신이 위급할 때 왕위를 요구한 한신을 흔쾌히 용서하고 제나라 왕으로 봉해 상황을 넘겼으며, 자신과 사이가 나쁜 옹치雍齒를 후에 봉해 포상에 대한 불만을 잠재웠다.

** 교병지계驕兵之計의 전형이다.

*** 패장이 아무런 변명 없이 자신의 처벌을 원하고 수하들의 선처를 청하는 상황을 들 수 있다. 이때 승자는 자신의 넓은 도량을 과시하려 패자의 명예를 지켜주는 사례가 많았다.

**** 이자를 더 내더라도 소액이나마 계속 분할 납부를 하겠다는 식의 제안을 예로 들 수 있다.

긍정 질문자의 자신감은 근거가 있으며, 장애 요소를 쉽게 극복하거나 역이용해 목적을 달성할 수 있다고 여긴다는 것을 의미한다. 이 상황은 외부의 우호적인 지원으로 더욱 확고하게 자리 잡으며, 질문자의 예상대로 문제가 해결되리라는 것을 암시한다.

부정 질문자의 방만한 대응으로 사안이 심각해질 수 있다는 것을 경고하며, 외부 비판이나 개입으로 기껏 예상/대응했던 수고가 허사로 돌아갈 수 있다는 것을 암시한다. 그렇기에 현 상황에 대한 경각심을 늦추지 않도록 조언해 변수에 적절히 대처할 수 있도록 도와야 한다.

---

4 →① ② ⑧ 카드 확인 과거의 승리/성공이 현재에 얼마나 영향을 끼치고 있는지 파악해야 한다. 이는 질문자가 겪는 문제에 더해 외부 평가가 6w가 의미하는 성공에 얼마나 부합하는지와 이에 따른 질시들을 극복할 역량(①)이 되는지를 확인함으로써 긍정/부정적인 의미를 적용할 수 있다.

긍정 질문자가 지금 겪는 문제들이 패자들의 시답잖은 협잡질로 생겼거나 성공에 따른 재분배 등 후처리에 가깝다는 것을 암시하며, 당장 문제가 되는 것(②)보다 외부 평판(⑧)에 중점을 두어 대응하면 자연스레 해결되리라는 것을 의미한다.

부정 과거의 오만한 행위가 화를 불러왔거나 승리에 따른 논공행상에 불만 있는 이들이 들고일어났다는 것을 암시한다. 이에 따른 보완책을 마련하거나 질문자가 주변에 자신의 실상을 알려 주변의 양해를 받는 등 반발이나 적대감을 낮추도록 조언해야 한다.

---

5 →① ③ ④ ⑧ 카드 확인 가장 먼저 질문자가 승리할 여건을 갖추었는지 분석해야 한다. 질문자의 기량을 넘어 과거 실적, 외부 평가를 두루 확인함으로써 이것이 질문자(가 속한 집단)의 승리인지 파악해야 한다.

긍정 질문자가 성공함으로써 주목받는 상황을 의미하며, 기세를 틈타 기존에 해결하지 못한 일들을 처리하거나 자신과 함께하려는 이들을 받아들여 규모를 확장하는 등의 호운을 뜻한다.

부정 남의 승리로 불리한 상황을 맞거나 피해를 감수해야 하는 상황이 일어나고 있는 것을 의미한다. 이런 상황이 오래가지 않게 대안을 마련하도록 조언해야 한다.* 적절하게 조처하지 않으면 불리한 형세가 바뀌지 않는다.

---

   * 이는 상황을 역전하려는 수단/시도와 거리가 멀고, 불리한 상황이 더 악화하는 것을 막는 조치일 뿐이다. 일례로 주식에서 손절매하거나 화재 현장에서

6 → ② ⑤ ⑧ ⑨ 카드 확인 질문자가 승리/성공을 거두려면 극복해야 하는 것들의 수준을 파악함으로써 긍정/부정적인 의미를 판단할 수 있다.

긍정 질문자가 당장은 힘들더라도 노력한다면 성공을 이루리라는 것을 암시한다. 앞서 언급한 위치의 카드들을 참고해 질문자에게 도움이 될 만한 것/인물과 질문자가 처리해야 하는 것들을 더욱 수월히 해결할 수 있도록 조언해야 한다. 이 과정으로 질문자의 목표에 더 가까이 다가갈 수 있다.

부정 (1) ② ⑤ ⑧ 위치에 나타난 카드 중 부정적인 영향을 받은 카드가 1장

(2) ② ⑤ ⑧ 위치에 나타난 카드 중 부정적인 영향을 받은 카드가 2장

(3) ② ⑤ ⑧ 위치에 나타난 카드가 모두 부정적인 영향을 받는 상황

(1) 이 문제를 해결하지 않아도 큰 문제가 없다면 과감히 대응을 생략하고 당면한 일을 성사하는 것을 권할 수 있으나, 이 부정적인 카드가 메이저 카드라면 다른 모든 것보다 메이저 카드의 부정적인 면모를 해소한 뒤에야 다음 단계 또는 6w가 의미하는 성공에 닿을 수 있다. 이를 해결하지 않으면 6w의 의미가 없어지거나 해당 메이저 카드가 의미하는 조건/수준을 충족한 다른 사람의 승리로 그 의미가 바뀐다.

(2) 긍정적인 카드의 장점을 극대화하거나, 결점을 보완하는 것 중 하나를 택해야 하는 상황이 강제되며, 장점을 극대화한다면 향후 이 결점/약점은 보완하기 매우 어렵거나, 보완하고 싶어도 내버려 둘 수밖에 없다는 것을 주의해야 한다.

(3) 질문자가 이 문제들을 해결/극복하지 않으면 6w의 긍정적인 의미에 닿을 수 없고, 남의 승리에 따른 피해를 감내할 수밖에 없다. 이 과정에서 겪는 교훈을 발판 삼아 다음 기회를 놓치지 않도록 조언하고, 어디에서 치명적인 문제가 생겼는지 복기해 질문자가 더 성장하도록 도와야 한다.

(1), (2), (3)과 상관없이 부정적인 영향을 끝내 극복하지 못한다면 패배할 수밖에 없으며, 이에 대해 항변하는 것은 핑계일 뿐이다.

---

7 → ③ ⑤ ⑧ 카드 확인 질문자가 확신하는 근거들을 검증하고, 사람들에게 실제로 인정받는지 확인하면 긍정/부정적인 의미를 비교적 쉽게 적용할 수 있다.

긍정 질문자의 상황이 지금의 기쁨을 만끽해도 좋을 만큼 순조롭게 흘러

방화선을 구축하는 것을 들 수 있다.

간다는 것을 의미하며, 주변이 뭐라 하든 이 상황과 자신의 정신건강을 챙겨가며 하던 대로 하면 된다. 해석자는 이 기분에 취해 과도하게 기력/역량을 소모하지 않도록 당부하기만 하면 된다.

부정 질문자의 자만이 상황을 더욱 심각하게 만들 수 있으며, 외부 반발/개입으로 지금 같은 여유를 뺏길 수 있다는 것을 경고한다. 심하면 이런 상황을 전혀 인지/인정하지 못하고 자신을 위해 충고해주는 이들을 멀리하는 지경에 이른다. 이때 5번 위치의 카드가 부정적인 면을 드러내놓고 보여주지 않는다면 질문자가 상황의 심각성을 더 인지하기 힘들어진다. 조언을 진행하려 해도 질문자의 기분이나 비위를 맞춰야 할 상황이 있을 정도이기에 더욱 조심스럽게 접근할 것을 권한다.

---

8 → ① ② ⑤ 카드 확인 외부에서 질문자의 행보나 사건의 흐름을 왜 6w라 평가하는지 판단해야 한다. 이는 질문자가 맞이한 장애물을 어떻게 대응하려 하며, 겉으로 드러날 일들이 질문자에게 유리한 것인지 살핌으로써 긍정/부정적인 의미를 확인할 수 있다.

긍정 외부에서도 질문자가 승리/성공했다는 것을 이미 잘 알고 있으며, 이에 따른 축하 또는 질문자가 느낄 기쁨을 공유받고자 다가오는 상황을 의미한다. 질문자가 이에 따른 효과를 더 확실히 누리고 외부의 공인을 받아낼 수 있도록 조언하고, 이 우세를 유지할 수 있도록 기량을 갖출 방법을 탐색해야 한다.

부정 질문자의 승리나 성공에 따른 업적을 깎아내리거나 다 된 밥에 수저를 올리려는 사람들이 다가올 것을 경고하며, 이 탓에 자신도 모르는 누명이나 헛소문이 생겨나 피해받을 수 있다는 것을 암시한다. 심하면 질문자의 승리에 공헌한 바 없는 이가 보상을 요구하거나,* 이 승리를 평범하다고 얕잡아 보는 상황**으로 나타나며, 이런 문제의 대처 방안이나 기준을 사전에 더욱 명확히 하도록 조언해야 한다.

---

9 → ① ④ ⑤ ⑥ 카드 확인 승리하느냐 관객으로 전락하느냐 식의 단순한 적용으로도 해석하는 데 큰 무리가 없다.

---

* 어떤 지원도 해주지 않은 가족/친인척이 출세/성공을 빌미로 혜택을 요구하는 상황을 예로 들 수 있다.

** 저 정도는 누구나 할 수 있지 않냐는 식의 비아냥 등, 질문자가 어떤 수고를 들여 성취한 것인지 모르고 말만 하는 호언장담 또한 이에 속한다.

질문자의 역량 수준이나 경험(①, ④)이 다가올 사건(⑤, ⑥)과 어떻게 충돌/조화를 이루는지 살펴봄으로써 더 구체적으로 승리/패배에 대한 질문자의 관점이나 조건, 기준 들을 가늠할 수 있다.

---

10 → 결론의 6w는 배열의 다른 카드들이 많은 제한을 걸거나 부정적인 흐름을 형성하지 않는다면 질문자가 의도/의지를 쟁취하게 될 것을 예견한다. 다만 핍 카드의 특성상 이것이 일시적/전술적 승리일 뿐 문제의 원인 해결은 아닐 수 있다는 점에 주의해야 한다.

긍정 질문자의 노력이나 선견지명으로 문제를 해결하거나 다른 사람/경쟁자보다 우세할 것이며, 이로써 다양한 시도나 수준 상승으로 나아갈 계기를 마련하리라는 것을 의미한다. 긍정적인 의미의 영향력이 강해질수록 사안을 잘 모르는 이들조차 질문자의 승리/성공을 알게 되는 등의 효과를 낳는다.

부정 남의 성공에 배 아파할 수밖에 없거나, 자신이 성공/승리했더라도 실속이 없어 자신에게 기대했던 이들이 실망하는 등의 모습을 드러내며, 더 심각하게는 승리함으로써 본격적으로 견제가 생길 것을 암시한다. 최악의 경우 내부 반란이나 모반* 등의 형태로 주도권/기반을 뺏길 수 있다는 점을 경고하기에 사안 종료 후 처리 방식을 미리 고민할 수 있게 조언해야 한다.

---

* 일본 전국시대의 오다 노부나가織田信長는 일본 통일을 눈앞에 둔 시점에서 부하인 아케치 미츠히데明智光秀의 모반(혼노지의 변)으로 목숨을 잃었고, 그의 가문은 쇠락했다.

실제 사례 (2001년 겨울, 경기도 성남시 중원구 모처, 20대 초 남성)

질문   이 사람과 잘 지낼 수 있을까?

사전 정보 즉석 만남으로 사귀었고, 당시 유행하던 리듬 게임 동호회 관련 모임에서 본 점이다. 사귄 지 보름 남짓 됐으며, 질문자가 한 여자와 오래 사귀지 못해 친구들의 빈축을 산 일이 많았다.

$$11 - 2p - 3c - 7w - 6 - 14 - 18 - 4c - 7s - 6w$$

11   (질문자 자신) 관계를 자신이 원하는 방향으로 끌고 가려 한다.

2p   (장애물) 딱히 획기적이지도 않으며 특이사항도 없이 무난한 사이일 뿐이다.

3c   (기저) 연애를 즐기고자 관계를 맺었다.

7w   (과거) 어쩌다 보니 이뤄진 인연이다.

6   (현재/곧 일어날 일) 당분간 큰 문제 없이 연애할 수 있을 것이다.

14   (미래) 서서히 각자의 결점들이 눈에 들어오기 시작한다.

18   (질문자의 내면) 자신이 왜 연애하는지 잘 모르거나, 관계를 지속할 수 없을 것 같은 불안감을 품고 있다.

4c   (제3자가 바라보는 질문자) 각자 맞는 부분과 맞지 않는 부분이 서서히 드러나며 갈등이 생길 것이다.

7s   (희망/두려움) 즐거움만 느끼면 그만이라는 생각과 함께 상대방이 이 관계에 충실하지 않을까 봐 두려워하고 있다.

6w   (결과) 잠시 반짝하는 관계일 뿐, 빛 좋은 개살구다.

이 배열에서 6w는 10번 위치, '결론'에 나타났다.

　관계가 성립한 상황에서 보는 점이기에 이 관계가 얼마나 더 이어질지를 살피는 게 우선이며, 6w의 '승리, 성공'이라는 의미만 무작정 적용하기 어려울 수 있다는 데 주의해야 한다.

　특히 이 사례는 인연을 강하게 엮는 데 필요한 공감대 형성 과정을 대폭 생략한 채로 이루어진 관계이기에 진정성을 의심하기 쉬우며, 서로 이 관계에 대한 관점이 다르거나 취향이 엇갈릴 때 감정 또한 빠르게 식을 수 있다는 점을 유의해야 한다. 나아가 문제가 생겼을 때 대응을 잘 해낼 의향이 질문자에게 있는지 확인해야 할 것이다.

① **11 (질문자 자신)** 비교적 **부정**적인 영향을 받았다. 질문자가 자신이 원하는 대로 상대방을 움직이려는 것까지는 그러려니 할 수 있으나, 막상 자신이 원하는 것이 정확히 무엇인지 확고하게 설명하지 않거나 설령 상대방이 질문자를 잘 따라도 정작 질문자의 감정이 채워지지 않아 갈등을 일으키기 쉽기 때문이다(2p, 7w, 6, 4c).

② **2p (장애물)** **부정**적인 영향을 받았다. 질문자가 상대방을 대할 때 본심/목적을 제대로 밝히지 않은 채 건성으로 대하다가 문제를 일으키기 쉽거나, 질문자가 원하는 것이 무엇인지 제대로 전달되지 않아 관계 개선이 이루어지지 못하고 있다는 점을 지적하기 때문이다. 더군다나 질문자가 이런 문제의 원인이 자신의 소통 방식에 있다는 것을 인지/인정하지 않기에 상대방이 그만큼 빨리 실망하기 쉽다(11, 6, 18, 4c).

③ **3c (기저)** **부정**적인 영향을 받았다. 드문 사례이며, 질문자가 자신의 불안정한 감정 상태를 해소/무마하는 데 연애를 이용하고 있다는 것을 지적한다. 이로써 질문자가 왜 관계가 성립한 지 얼마 되지 않았음에도 애정이 빠르게 식는지를 알 수 있으며, 이번 연애도 비슷하

게 흘러가리라는 것을 암시한다(2p, 18, 7s).

---

④ **7w(과거) 부정**적인 영향을 받았다. 질문자가 관계를 맺을 때 별다른 노력을 기울이지 않았거나 이전에도 상대방과의 문제를 제대로 마주하지 않고 어물쩍 넘어가려다가 결별했다는 것을 암시하며, 이 과정에서 자신의 단점을 되레 개성이라 여겨 연애에 관한 자신의 평판을 낮춰왔다는 것을 드러낸다(11, 3c, 4c).

⑤ **6(현재/곧 일어날 일) 부정**적인 영향을 받았다. 질문자가 제 기준을 잣대로 상대방을 대하려 해도 그때그때의 기분에 따랐던 탓에 상대방이 혼란스러워하거나, 단순한 쾌락만 잠시 공유할 뿐 상대방도 이 관계를 진지하게 여기지 않아 겉으로만 화목하다는 것을 암시한다(11, 2p, 7w, 18).

⑥ **14(미래) 부정**적인 영향은 적게 받은 편이나, 다른 카드들 때문에 의미가 더 악화했다. 즐거웠던 시간을 보낸 뒤, 서서히 관계 유지에 배려가 필요한 때가 오면 서로 불만에 빠지기 쉬우며, 이 때문에 관계가 빠르게 식으리라는 것을 경고한다(2p, 3c, 6, 4c).

---

⑦ **18(질문자의 내면) 부정**적인 영향을 배열 전체에 퍼트리는 주범에 가깝다. 이는 질문자가 인간적으로 미성숙하거나 연애관을 제대로 확립하지 못했는데도 연애가 주는 즐거움을 누리고자 상대방을 이용하고 있거나, 자신의 감정을 제대로 정리/표현하지 않아 상대가 착각하는 등 오해를 사기 쉬운 상황이라는 것을 지적한다(11, 2p, 3c, 7w).

---

⑧ **4c(제3자가 바라보는 질문자) 부정**적인 영향을 받았다. 이는 질문자가 길게 연애해본 적 없다는 점과 함께 본격적인 감정을 나누기 전에 자기 입장을 우선하는 태도 탓에 상대방이 불만을 품기 쉽다는 점을 드러낸다. 이 경향이 심해지면 상대방/다른 사람이 질문자를 육

욕만 탐하는 사람으로 오인하기 쉽다(7w, 6, 7s).

---

⑨ **7s(희망/두려움)** 상황이 어떻게 흘러가든 자신이 원하는 것을 얻고 싶어 하는 마음과 상대방이 자신의 부족한/진정성 없는 마음을 간파하거나 다른 사람과 애정을 주고받을까 봐 걱정하는 마음을 드러낸다.

이는 질문자가 그동안 연애에서 겪은 실패의 원인이나 소통에서 생긴 문제를 극복하지 못했거나, 단순히 서로 좋은 감정을 확인하는 데서 만족을 느끼는 데 그치고 그 뒤 이어지는 현실적인 문제를 충분히 고민하지 못했기에 이런 생각을 품었다는 점을 짐작할 수 있다(11, 7w, 6, 14).

⑩ **6w(결론) 부정**적인 영향을 받는다. 이는 배열 전체에 퍼진 부정적인 영향으로 관계에 문제가 생기거나 파탄되더라도 자신은 잘못이 없다는 태도로 일관하리라는 것을 지적한다. 나아가 이런 습관이 정착해 다른 이성과도 비슷한 문제를 겪거나 진정 함께하고 싶은 사람을 만나도 속마음과 달리 진솔하지 못해 인연을 놓치기 쉽다는 것을 암시한다.

===

해석을 마치고 나는 대체 뭐가 문제냐고 질문자를 다그쳤지만, 자리가 자리인지라 더 심한 말은 못 하고 '그럴 수도 있지 뭘 그래?'라며 반응하는 질문자에게 할 말을 잃었다.

잠시 쉬려 담배를 피우던 때 다른 친구가 나와 쟤는 버릇 못 고친다고 말하며 되레 날 다독여주던 기억만 남았던 사례다.

이 점의 후일담은 사귄 지 백일도 못 채우고 결별한 뒤 보름도 안 되어 비슷한 질문을 던지는 질문자와 재회했다는 것만 이야기하려 한다.

이처럼 6w가 아무리 긍정적인 의미를 담는다고 해도 다른 카드들의 영향에서 벗어날 수 없다는 한계가 명백하게 드러난다. 이는 단순히 핍 카드라는 틀을 떠나 그 어떤 카드라도 배열에서 다른 카드와 상호 작용을 하기 때문이다.

연애와 관련한 질문에서 6w가 이렇게 부정적이기도 쉽지 않으나, 세상은 넓고 그만큼 다양한 사람이 있다는 점을 잊어서는 안 된다.

실제 사례 (2007년 여름, 서울 양천구 신정동 모처, 40대 중후반 여성)

질문   지금처럼만 운영해도 별문제 없을까?

사전 정보 도서 대여점을 무난하게 운영하고 있었고, 근처 3~4블록
안에 경쟁자도 없었다.

$$4 - 2s - 13 - 3 - Pp - 4w - 6w - 3c - 2p - 10$$

4   (질문자 자신) 이 방면/지역에서는 내가 최고다.

2s   (장애물) 딱히 별다른 변화/개선을 시도하지 않는다.

13   (기저) 이 일로 거둘 수 있는 수익의 한계가 명백하다는 것을
알고 있다.

3   (과거) 과거에는 지금보다 더 경기가 좋았다.

Pp   (현재/곧 일어날 일) 당분간 평범/영세한 수준에 머물 것이다.

4w   (미래) 더는 영업을 이어갈 원동력을 찾기 어렵다.

6w   (질문자의 내면) 내 뜻대로 해도 얼마든지 쉽게 운영할 수 있을
것이라 생각하고 있다.

3c   (제3자가 바라보는 질문자) 주변에서도 별다른 불만이 없거나,
그런대로 만족하고 있다.

2p   (희망/두려움) 이대로만 유지했으면 좋겠다는 바람과 기반을
확장/유지하지 못할 수 있다는 두려움이 있다.

10   (결과) 유행에 따라 서서히 사양길로 접어들 것이다.

이 배열에서 6w는 7번 위치, '질문자의 내면'에 드러났다.

사업과 관련한 질문의 특성상 질문자가 자신감을 가질 만한 상황/역량을 모두 갖췄는지 확인해야 한다.

이는 6w에 영향을 주는 13, Pp, 3c을 살펴 확인할 수 있다. 질문자의 자신감도 어디까지나 현재에만 해당할 뿐 좋은 시절이 영원하지 않을 것을 스스로 잘 알고 있다는 점은 강점이지만, 질문자의 역량/기반이 외부 여론에 흔들리기 쉬운 점은 약점이다.

그렇기에 이 배열에서 6w를 잘 활용하려면 다른 메이저 카드의 의미가 어떻게 서로 상충/조화를 이루어 질문자에게 영향을 주는지 분석해야 한다.

---

① **4(질문자 자신)** 비교적 **긍정**적인 영향을 받았다. 주위에 경쟁자가 없다는 것은 장점이며, 이로써 다양한 시도를 할 여유가 있다는 점은 분명 긍정적인 영향을 준다. 다만, 질문자도 해당 분야의 수명이 길지 않으리라 예상하며, 어느 정도 단골/입지를 선점/독점한 효과를 누려 유지할 수는 있으나 새로운 대안/개선책을 실행하는 것을 꺼리는 탓에 이 긍정적인 상황을 제때 이용하지 못할 수 있다는 점을 주의해서 해석해야 한다(2s, 13, 3, 3c).

---

② **2s(장애물)** 비교적 **부정**적인 영향을 받았다. 상황이 점차 녹록지 않게 흘러가리라는 것을 이미 알고 있지만, 지금까지 잘 운영해왔다는 자부심이 위기의식을 가려 변화에 제때 대처하지 않을 공산이 크다(13, 3, 6w, 3c).

---

③ **13(기저)** **부정**적인 영향을 받았으며, 배열 전체에 영향을 미친다. 업종 변경이 필요한 때가 다가오는 것을 알면서도 사세 판단과 사업 역량의 부재로 이를 시도하지 못하고, 기존 고객에게 받는 수익만으로도 당분간 큰 문제 없으리라 여기는 탓에 부정적인 의미가 강조되

기 때문이다. 질문자의 이런 태도가 바뀌지 않는 한 상황이 나아지지 않고 되레 배열의 다른 카드들에 부정적인 영향을 미치기 쉽다(4, 2s, Pp, 3c).

---

④ **3(과거)** 비교적 **부정**적인 영향을 받았다. 유리한 상황을 유지하는 데 성공한 것을 긍정적으로 볼 수 있으나, 이 과정에서 자신의 역량이나 사업 계획을 갈고닦는 노력이 부족했다는 것을 보여주기 때문이다(4, 2s, Pp, 3c).

---

⑤ **Pp(현재/곧 일어날 일)** **긍정**적인 영향을 받았으나, 배열에 큰 영향을 미치지 못한다. 질문자를 위기에 빠지게 할 문제가 없기에 긍정적이지만, 사업 능력의 부재가 주먹구구식 운영으로 이어지거나 근시안적인 조치로 기껏 쌓아둔 인망을 잃어버리기 쉽기 때문이다(2s, 4w, 3c, 2p).

---

⑥ **4w(미래)** **부정**적인 영향을 받았다. 질문자가 욕심을 부리지 않고 있다는 점과 두려워하는 일이 실제 발생하지 않는다는 점 때문에 얼핏 긍정적으로 해석하기 쉬우나, 질문자가 현 상태에 만족하고 주저앉은 것이 해당 업종의 분위기와 맞물려 부정적인 효과를 낸다. 이 때문에 질문자가 이 사업을 포기해야 하는 상황이 다가오고 있으며, 이 과정에서 유무형의 손해를 보기 쉽다는 것을 지적한다(6w, 3c, 2p).

---

⑦ **6w(질문자의 내면)** **부정**적인 영향을 받았다. 상황이 녹록지 않거나 이미 발을 빼야 하는 상황인데도 질문자가 승리에 취해있다는 점을 지적하며, 심각하게는 경쟁자들의 이탈이 단순한 패배가 아니라 시기적절한 사업 철수에 가까웠다는 점을 암시한다. 또한, 업종 변경이나 개선을 준비하도록 조언하더라도 질문자의 주변/단골로 구성된 인의 장벽에 막혀 조언을 받아들이지 않을 것을 은연중에 드러낸다(13, Pp, 3c).

⑧ **3c(제3자가 바라보는 질문자) 부정**적인 영향을 받았다. 사양길에 접어든 사업을 기존 고객들의 충성도로 버티는 상황이나, 주변에 경쟁자가 없는 상황이 판단력을 흐리게 하기 쉬우며, 단골이라도 질문자와 반드시 거래해야 할 만큼 절박한 사업 분야가 아니기에 마냥 상황을 낙관하다가 패착을 두기 쉽다는 것을 드러낸다(4, Pp, 4w).

⑨ **2p(희망/두려움)** 지금처럼만 유지했으면 하는 바람과 자신의 기반을 뒤흔들 변수가 생길 것에 대한 두려움을 드러낸다. 이는 질문자가 상황을 낙관하면서도 일말의 두려움을 품고 있다는 점에 더해, 질문자의 역량이 영세 사업을 운영하며 생계를 걱정하는 정도라는 것을 간파할 수 있다(2c, 13, 3, Pp).

⑩ **10(결론) 부정**적인 영향을 받았다. 이 사업 분야가 침체를 벗어날 수 없다는 점을 업계 관련자뿐 아니라 고객과 대중도 알고 있으며, 질문자가 뛰어난 역량으로 이런 흐름을 거스르거나 업계 전체를 상징할 만큼 인지도를 쌓는 것이 어렵기 때문이다.

그렇기에 그동안 쌓은 유리함도 곧 무색해질 것이며, 자칫 어설프게 이를 견디려 하거나 세태의 흐름을 거스르려다가 더 심한 손해를 입을 수 있다는 점을 강조한다.

해석을 마치고 요새 장사 잘되시냐고 묻자 질문자는 어렵지만 버틸 만하다고 답하면서, 어지간히 해석이 마음에 들지 않았는지 누구나 할 수 있는 말을 하는 것이 무슨 점이냐는 핀잔을 던졌다. 나는 굳이 싸울 생각도 들지 않아 대여료를 내고 자리를 벗어났다.

한두 달쯤 뒤, 그 대여점은 대여료를 올렸고, 얼마 지나지 않아 또 올렸다. 그러자 나를 포함한 기존 단골의 발길도 점차 뜸해질 수밖에 없었고, 끝내 반년을 버티지 못한 채 문을 닫았다.

이 배열에서 6w는 질문자의 근거 있는 자부심과 근거 없는 자신감을 모두 보여준다. 경쟁자가 없기에 쉬운 길을 택하고, 사세를 읽지 못했음에도 자신 말고는 대안이 없으리라 오판한 것이다.

사업과 관련한 점에서 6w는 긍정적일 수 있으나, 이것이 영원하지 않다는 것을 주의해야 한다. 개선장군의 등 뒤에서 '죽음을 기억하라'라고 중얼대는 이가 있었듯, 6w의 긍정적인 의미를 오래 유지하려면 이 또한 잠시라는 경각심을 놓지 않고 가장 흥할 때야말로 망했을 때를 대비해 기반을 더 다져야 한다는 사실을 잊지 말아야 한다.

여담으로, 이 시기 도서 대여점은 사양길에 접어든 지 오래였고, 각 사업자가 양질의 도서를 선별하지 못한 채 총판/유통상이 선정한 책을 받아야만 했던지라 독자 반응이나 수요를 예측하기 어려웠으며, 초반에 설정한 가격이 점차 상승하면서 고객의 소비 심리가 급감한 것*도 업계 몰락에 큰 영향을 미쳤다.

---

* 소설 대여료가 권당 700원에서 800원으로 100원이 상승한다면 13퍼센트가량 오르는 셈이다. 해당 서비스/상품이 처음부터 저렴했거나 부담 없는 가격을 내세워 흥행을 주도했던 분야(오락실, 제과, 빙과 등)일수록 문제가 생기기 쉽다.

7 of WANDS.

대처, (어떤 사고방식/의견에 대한) 대응, (임기응변에 가까운) 기지機智
Handle the (Unstable) Situation, Forehandedness

WANDS 공통 의미
철학, 원론, 윤리, 의지, 활력Vital, 노동, 스트레스, 언어

7 공통 의미
신의 선택(행운 등)을 받기 전에 치러야 할 시험이나 징조
각 원소에 해당하는 분야의 조화 및 안정
위와 같은 것들을 얻고자 쓰는 방식, 장치

7 of WANDS의 키워드
대처, (어떤 사고방식/의견에 대한) 대응, (임기응변에 가까운) 기지, 미봉책,* (외부) 공격에 따른 방어(기제), 불의의 습격을 받다, 자신의 논리를 검증하는 행위, 자신의 유리함/우위를 이용해 상황을 개선/회피함, 최소한의 선순환을 이루려면 거쳐야 할 마지막 시험/시련 등

긍정/부정 확인 기준

질문자에게 여유가 있거나 남들보다 역량이 뛰어난가?

예정된 문제에 부딪힌 것인가?

이 상황에 대처할 수단을 얼마나 지녔는가?

상대방/경쟁자/제3자가 조직적으로 개입/공격한 상황인가?

이는 핍 상징편에서 언급한 의미들이 긍정/부정적으로 적용되는지 확인할 수 있는 몇 가지 기준이다.

모든 7 카드는 단순히 행운을 의미하지 않는다는 점에 주의해야 하며, 신(또는 다른 사람/대중)의 눈에 띄거나 행운을 손에 쥐려면 먼저 시험/역경을 치러야 한다는 것을 강조한다.

그중에서도 7w는 자신의 의지 관철에 대한 외부 검증, 비판, 공격에 노출된 상태를 묘사하며, 신의 선택을 받거나 행운을 얻으려면 자신이 벼린 군건한 의지/완드 요소로 이 외부 공격을 막아내야 한다는 것을 주문한다.

해석용법

긍정 7w는 자신의 장점이나 포기할 수 없는 이상을 관철함으로써 눈앞의 문제/반발을 현명하게 극복하리라는 것을 의미한다. 이 위기를 넘긴 경험은 다른 문제를 해결할 때 긍정적으로 작용한다. 질문자를 공격하거나 아예 무지/무관심했던 이들이 위기를 해결하는 과정에서 질문자에게 설득/흡수되며, 더 심각하고 다양한 문제에 탁월하게 대응할 수 있다.

이 과정에서 외부의 공인/인정이 딸려온다. 본격적인 도약을 하기 전에 겪는 시련이라 할 수 있다.

부정 이와 달리 7w는 자신의 의지와 상관없는 문제/비판에 반응하다가 초심을 잃거나, 앞뒤가 맞지 않는 행동으로 입지가 좁아진 끝에 이도 저도 아닌 미봉책, 양비론으로 버티다가 모든 이에게 손가락질당하며 조롱받고 사라지는 결말을 맞을 수 있다. 문제 해결과 상관없는 방향으로 나아가다가 자신이 추구하는 것을 포기하는 결말로 전락하는 것이다.

이런 7w의 모습은 역경을 극복하려는 상황에서 자신이 포기/양보하는 등의 융통성을 발휘할 수 있는 것이 무엇이며, 적절한 선이 어디인지 명확히 해야 한다는 점을 강조한다.

7w의 긍정적인 면모는 외부 위험/위협이나 공격/비난에 현명히 대처하거나 받아침으로써 입지를 더 굳건히 하는 모습으로 드러난다. 사상가/정치가의 처신부터 흥분한 상대방의 언행을 역이용하는 모습, 실수를 저질렀을 때 모면하는 기발한 말과 꾀가 이에 속한다.[*]

제국주의 말기 무정부주의 및 공산주의 등 체제에 불만이 팽배한 상황에 대응하고자 독일의 철혈재상 비스마르크는 세계 최초로 사회보장제도를 도입했는데, 이는 7w의 긍정적인 모습을 대표하는 사

---

[*] 기지, 재치를 뜻하는 단어 위트Wit의 의미에 가깝다.

레다. 이런 대응은 1942년 영국에서 베버리지 보고서를 작성·채택하며 윈스턴 처칠이 보여준 모습으로도 다시금 확인할 수 있다.*

반대로 자신에게 놓인 역경을 회피하려 얕은수를 쓰면 사람들은 이 모순을 쉽게 간파하고 비판하거나 조롱하기 쉬우며, 이에 실망한 나머지 지금껏 지켜왔던 의지를 놓아버리고는 한다.

이렇게 다양한 반론을 막지 못하거나 어설프게 대응하다가 모순에 빠져 조롱받는 모습 또한 7w의 부정적인 모습에 속한다. 그러나 진상이 드러나면 처벌받거나 어떤 비난이라도 일방적으로 받아들일 수밖에 없는 7s와 달리, 7w는 그 의미가 부정적으로 발현하더라도 최소한의 명분은 있기에, 섣부르게 포기하지 않을 것을 조언할 수 있다(다만 이때 질문자에게 굳건한 의지나 확실한 명분이 있어야 한다).

이런 7w의 모습을 보여준 이가 레닌을 비롯한 러시아제국의 공산주의자다. 이들은 당시 자본주의가 제대로 이식되지 못한 러시아의 한계를 극복한다는 명분에 따라, 생산 수단의 공유를 강제 집행하려 마르크스가 주장하지 않은 국유화를 진행했다. 7w의 '위기를 극복하려는/의지를 구현하려는 방편/대처'의 의미를 잘 보여준다.

이를 자신들의 역량을 뛰어넘는 요구와 맞닥뜨리는 혹독한 현실에 굴하지 않고 이상을 현실에 구현하려 어쩔 수 없이 타협한 것으로 이해할 수 있으면서도, 이로써 7w의 의미를 긍정적으로 이용하려면 어떤 노력이 필요한지 간파할 수 있다.

언 발에 오줌을 누더라도 녹인 발을 빨리 놀려 목적지에 도착할 수 있다면 적절한 해결책이라 할 수 있기 때문이다.

그렇기에 배열을 해석하고 조언할 때는 미봉책이라도 써야 할 상황인지를 파악하고 상황에 맞춰 적절하게 조언해야 한다.

---

* 그는 제2차 세계대전에서 영국 국민의 사기를 진작하고자 이 보고서를 작성하라고 했으나, 막상 보고서 작성 뒤에는 전쟁 중이라는 점을 이유로 공개를 미루다가 시민의 지지를 잃고 유럽 전선 종전과 동시에 총리직에서 사임해야 했다. 뒤를 이은 클레멘트 애클리는 이 보고서를 공식적으로 채택해 현재까지 명맥을 잇는 국민 보건 서비스National Health Service, NHS를 도입한다. NHS는 복지국가를 논할 때 절대 빠질 수 없으며, (꿉 상징편 5p, 6p에서 언급했던) 수립 전과는 비교할 수 없을 만큼 영국 복지를 개선하는 효과가 있었다.

배열 위치별 특징 7w는 질문자의 역량/순발력이 뛰어나거나, 우발적인 행동이 시의적절하게 맞아떨어질 때*만 긍정적인 영향력을 배열의 다른 카드들에 전파할 수 있다.

그 밖에는 대부분 임기응변에 머무르며, 최악의 상황이 아닌 한 7w 단독으로 배열 전체의 해석을 좌우하는 사례는 매우 드물다.

켈틱 크로스 배열에서 7w는 5, 6번 위치에 놓일 때 영향력이 강해지는 경향이 있다. 이는 질문자가 다가올 일을 어떻게 대응/대처했느냐에 따라 배열 내 다른 카드의 의미/역할에 영향을 미치기 쉽고, 질문자의 역량이 적재적소에 발휘될 여지를 줄 수 있기 때문이다.

그 밖의 위치에 나오면 부정적인 영향을 주기 쉽거나 7w의 의미가 쉽게 약화하는 경향이 있는데, 이는 7w를 아무리 긍정적인 의미로 해석하더라도 문제의 궁극적 해결과는 거리가 있기 때문이다.

특히 1, 3, 4, 7번 위치에 7w가 나온 상태에서 질문자가 문제 해결/개선에 적극적이지 않다면 다른 사람들보다 뚜렷하게 우위에 있지 않는 한** 부정적인 의미만 적용되기 쉽다.

---

* 삼국지연의 속 유비와 조조의 연회 장면에서 조조가 '세상에 영웅은 당신과 나뿐, 원소 같은 무리는 이에 낄 수 없다'라고 말하자 유비가 이에 놀라 수저를 떨어뜨렸으나, 마침 천둥이 쳐 짐짓 이에 놀란 척해 조조의 방심을 끌어내는 장면을 예로 들 수 있다.

** 경쟁자의 분발과 상관없이 무조건 승리를 거둘 입장이거나 기득권/거부권을 행사해 유리한 상황을 계속 유지하는 수준에 해당한다. 시쳇말로 '난 되지만 넌 안돼' 같은 언행을 대놓고 해도 되는 상황을 말한다.

연애(관계가 성립한 상황) 어느 한쪽의 잘못으로 관계가 파탄 직전이거나 실수*가 아닌 한, 7w는 소소한 웃음 또는 잘못된 대처로 감정이 조금 상하는 정도의 의미를 담을 뿐, 그마저도 대부분은 조언으로 쉽게 방지할 수 있다.

긍정 어려운 문제를 쉽게 해결하거나 위험한 상황을 무난히 넘기는 것을 의미하며, 어느 한쪽에게 잘못이 있더라도 너그러이 봐줄 정도의 일로써 웃어넘기리라는 점을 의미한다. 관계 초기일 때 7w의 의미가 더 긍정적으로 발현되는 경향이 있다.**

부정 어떤 잘못을 모면하려다 일을 키우기 쉽다는 것을 경고한다. 미봉책으로 과도한 기대/책임을 져야 할 수 있으므로 자신의 역량 이상의 것을 장담하지 않도록 조언함으로써 문제를 예방해야 한다. 그 밖에 공수표를 남발해 상대방에게 실망할 여지를 주고 있다는 것을 경고하며, 최악의 경우 치명적인 잘못을 감추려 이런저런 핑계를 대고 있다는 것을 강조한다.

연애(관계가 성립하지 않은 상황) 일반적으로는 평범한 일상 또는 자신의 취향과 다른 이들을 대할 때 발휘되는 처세술과 관계있고, 연애 대상이 특정돼 있어야만 긍정적인 의미를 발현하기 쉽다. 그 밖에는 대부분 연애하지 못하는 상황에 대한 다양한 이유/핑계를 자신/남에게 제시하는 경향이 있다.

긍정 관계 성립을 시도한다면 이를 우선하려 자신의 취향과 다른 상대방의 모습에 맞춰주거나 타협해야 한다는 것을 의미하며, 이로써 연애를 시작할 수 있다는 것을 암시한다.

단순한 연애운이면 관계 성립 시도를 어떤 이유로 거부/회피하고

---

* 빚보증, 출산 전후 대응 실수 등 상식적으로 누가 봐도 말이 되지 않는 행위로 한쪽이 크게 실망/비판할 만한 상황을 예로 들 수 있다.

** 관계가 성립한 지 얼마 되지 않았을 때 벌어지는 돌발 상황(통제 불가능한 생리 현상 등)과 이에 대한 대응으로 관계가 더 돈독해질 때를 예로 들 수 있다.

있다는 것을 암시하며, 질문자의 주변 환경이 연애에 부적합하거나 이상형을 더 구체적으로 정립해가는 과정이라는 것을 뜻한다.

부정 관계 성립을 시도한다면 가만히 있으면 중간은 갈 것을 잘못된 대응으로 낭패를 보는 상황을 암시하거나, 자신의 의지/취향을 양보하지 않으려다가 연애 대상이나 그 후보군이 실망/혐오하게 될수 있다는 것을 경고한다. 이때는 배열의 다른 카드들을 살펴 질문자가 양보할 수 있는지와 해당 계기가 윤리적으로 받아들이기 힘든 문제*에 속하는지 확인한 뒤 조언해야 한다.

대인관계 질문자의 융통성 발휘 여부가 긍정/부정적인 의미를 확정한다. 이 과정에서 무엇을 내주고 얻을 것인지를 배열의 다른 카드들을 살펴 확인해야 한다.

긍정 질문자의 유연한 대처로 같은 편을 늘리거나 외부 세력의 적대감을 낮추는 데 성공하며, 이로써 자신이 속한 집단/조직의 사기를 북돋을 수 있다. 긍정적인 의미가 강해질수록 어떤 세력이나 질문자가 추구하는 것에 동의하는 이들이 세세한 노선이 다르더라도 대의에 따라 합류하는 과정을 밟는다.

부정 다른 사람들의 일방적인 요구를 조율해야 하거나 이해관계에 치어 문제를 해결하기 어려운 상황이라는 점을 지적한다. 상황에 깊숙이 개입한 게 아니라면 거리를 두고 지켜보도록 조언해야 하며, 그렇지 않다면 분쟁/갈등에서 벗어날 수단을 동원해 문제 자체를 회피하도록 조언해야 한다. 최악의 경우, 온갖 궂은일을 다 해결해도 주위에서 이를 인정하지 않거나 공식적으로 기록에 남지 않는다.

사업의 흐름이나 전망 사업에 난관이 발생했거나 수익을 분배할 때 현명한 판단이 필요한 순간이라는 것을 지적하며, 업체 운영에 기

---

* 과거에는 원 나이트 스탠드One-night stand도 이에 속했으나 현재는 이를 무작정 적용하기 힘들다. 그 밖에 혼외정사나 관계의 균형을 일방적으로 종속/지배하는 상황을 들 수 있다. 단순한 인성 문제는 이에 해당하지 않고 메이저/코트 카드로 드러난다.

준/방향성이 없다면 부정적인 영향을 준다.

긍정 문제를 자신의 노하우로 극복하거나 기존의 발상/상품을 응용해 시장 상황에 적응하는 것을 의미하며, 사업 관련자들(동업/투자자, 광고주, 소비자 등)과 생긴 분쟁을 원만하게 합의할 수 있다는 것을 의미한다. 이때는 질문자의 과거 행보가 어땠는지 확인하고 해당 분야/집단의 경기 상황에 따라 구체적인 적용법이 달라진다.

부정 다양한 문제에 시달리는 상황을 암시하며, 이 순간을 넘기지 못하면 자신의 기반을 상당 부분 내주어야 할 수 있다는 것을 경고한다. 이를 방지하거나 피해를 줄이려면 사업의 우선순위*를 정하고, 이에 따라 전략적 후퇴나 적대 세력/집단/인물을 유인해 질문자에게 유리한 상황을 만들 방법을 조언해야 한다.

창업의 성사 여부 7w는 창업 과정에서 본래 의도와 다른 방법/방식을 써야 하거나, 이를 강행해야 하는 위기 상황에서 위험Risk을 관리하고 현 상황을 재검토/재조명하는 분야와 밀접하게 관계있다.

또한, 수요/투자자층의 욕구/의지에 부합하고자 자신의 본질/의도를 훼손하지 않고 제품/아이디어를 긍정적으로 제안하려 준비/대응하고 있다는 것을 의미한다.

긍정 창업 과정이나 창업하려는 분야에 생긴 변수에 능동적으로 대응해 다른 경쟁자보다 유리한 고지에 오른다. 그 밖에는 투자자/수요층에 자신의 사업 아이템이 왜 필요한지를 설득하는 데 진전을 보이는 등 질문자(와 함께하는 창업 구성원)의 기량으로 문제가 될 상황을 방지하거나 역이용해 창업을 순조롭게 진행할 수 있다는 것을 의미한다.

부정 질문자가 변화하는 상황에 어영부영하다가 좋은 시기를 놓치거나 위기를 맞이하리라는 것을 암시하며, 이 과정에서 섣불리 자신의 견해를 강경하게 주장하다가 비난받거나 잠재적 구매자에게

---

* 대한민국 육군이 식량(1종), 의복(2종) 등으로 보급 우선순위를 규정하는 것처럼 점포 위치 사수, 매출 우선, 고객 유치, 직원 사기/충성 확보 등으로 구분해 판단할 수 있다.

비호감을 살 수 있다는 것을 경고한다. 최악의 경우 어떤 논란에 휘말리며, 이 논란을 잠재우기는커녕 더 격화해 창업을 어렵게 만들 수 있다는 것을 지적한다.

진로 적성 자신의 의지를 구현하려 현실과 타협하거나 본인이 닿고자 하는 방향으로 나아가려 해도 마땅히 할 일이 없는 환경*에서 대안/평계를 찾는 상황이라는 것을 의미한다.

특정 분야의 소질을 다루면 7w는 기존의 원론, 관념, 사상을 현실에 맞춰 재정립하거나, 이론을 실제 현실에서 구현하려 시도/검증하거나, 이에 따른 구체적인 실행법을 바꾸는 일/분야와 연관된다. 다만 7w는 완전히 새로운 개념을 창조하는 것과는 거리가 있다.

긍정 질문자가 현실이나 추구하는 분야의 한계 때문에 대안을 찾거나 궁극적인 목표를 달성하고자 잠시 다른 직업/방법을 동원해 역량을 비축하는 상황이라는 것을 의미한다. 7w가 긍정적인 의미를 띨수록 질문자의 소질/재능과 어긋나지 않는 다른 분야의 지식/역량이 질문자가 희망하는 분야의 내용과 겹치거나 서로 결합해 다양한 긍정적인 효과를 낳음으로써 질문자의 성장을 돕는다.

부정 질문자가 현실을 살아가고자 어쩔 수 없이 꿈을 꺾거나 자신이 원하는 것을 이루고자 관계없는 일에 종사하리라는 것을 암시한다.** 이 때문에 자신의 재능이 제대로 개화하지 못하거나 적절한 시기를 놓치고 있다는 점을 경고한다.

시험 결과나 합격 여부 7w는 좋은 의미로 해석하기 어렵고, 긍정적

---

* 1990년대 초중반에는 게임을 아무리 잘하고 게임 하는 이들에게 주목받더라도 게임을 하는 것 자체가 '직업'으로 인정받지는 못했다. 이런 인식은 스타크래프트의 세계적 유행과 함께 게임의 문화적 가능성에 주목하는 사람들이 늘어나면서 바뀌기 시작했다. 헌신적인 노력을 기울여온 많은 이들 덕분에 2007년 '프로게이머'가 국가에서 인정받는 공식적인 '직업'으로 등록되었고, 2022년 현재는 프로게이머 학원이 개설하는 데 이르렀다.

** 시험을 준비해야 하는 상황에서 먹고사는 문제로 아르바이트하고, 이 때문에 공부할 시간이 줄어드는 모습이 가장 흔한 사례다.

인 영향을 받더라도 임기응변이나 우연으로 합격한 상황을 의미할 뿐 질문자의 실력에 따른 합격을 확신하기는 매우 어렵다. 이마저도 면접, 논술 등 평가자의 주관이 개입할 수 있을 때나 합격의 의미를 꺼낼 수 있다.

이런 의미를 곧이곧대로 적용하지 않으려면 예상 밖의 문제에도 미리 대비하도록 조언하거나, 원론에 충실한 응용을 미리 연습/훈련해 변수를 차단할 수 있도록 도와야 한다.

질병의 호전, 완치 7w는 대증요법對症療法*으로 건강을 개선하는 것과 관계있고, 신체의 기본적인 것들을 이용/응용해 질병/통증을 완화(치료가 아니라는 점에 주의)하는 조치/현상에 해당한다.

긍정 완치까지는 아니라도 문제를 개선하거나 일상 활동이 가능해지리라는 것을 의미하며, 꾸준한 운동이나 본격적인 치료로써 더 나은 결과를 얻을 수 있다는 것을 의미한다.

부정 비전문가의 간섭으로 개선/치료가 늦어지거나 악화하고 있다는 것을 의미하며, 특히 잘못된 자세/작업/습관으로 생기는 척추만곡**이나 거북목 증후군 같은 고질적인 문제***가 생기는 상황을 경고한다.

단순한 건강 문제 일상적인 상태라면 알아서 관리하는 모습으로 비치며, 정신적인 면에서도 방어기제****가 조금 강하다는 점을 제외하면 특이점이 없다. 굳이 발병 소지를 점치더라도 상술한 만곡증이나 일시적 통증, 신경증, 또는 정신건강에서 방어기제가 강한 나머지 자신의 실수나 잘못을 인정하지 않거나 핑계를 대는 바람에 생기는 문

* 환자를 치료하면서 질환의 원인이 아닌 증세에만 초점을 맞추는 치료법.

** 척추측만증 등 후천적인 문제로 생기는 문제들.

*** 몇몇 작업/운동에서 쓰이는 신체 일부가 기형적으로 발달/퇴화하는 사례를 들 수 있다.

**** 자아가 위협받는 상황에서 감정적 상처로부터 자신을 보호하는 심리 의식이나 행위.

제와 연관될 뿐이다. 물론 이 또한 심하면 자기애성 성격장애로 악화할 수 있으나 흔치 않은 사례이기에 적용에 주의해야 한다.

켈틱 크로스 배열 위치별 긍정/부정 해석법

1 → ②④⑤⑧ 카드 확인 질문자가 맞닥뜨린 문제에 어떻게 대응하고 있으며, 과거부터 장기적으로 끌고 온 문제이거나 고질적인 약점이 있는지를 먼저 탐색해야 한다. 이에 더해 외부에서 질문자를 어떻게 평가하고 있는지 확인해 긍정/부정적인 의미를 판별할 수 있다.

긍정 질문자가 위험하거나 불리한 구도에 놓였음에도 잘 버텨내고 있다는 것을 의미한다. 이 위치의 7w와 관련한 다른 카드들이 긍정적인 영향을 발산할수록 상대방/외부의 위협이 체감되지 않을 정도로 여유로워지며, 큰 문제 없이 현상 유지만 해도 목표를 달성할 수 있다. 다만 더 큰 성과를 얻으려면 자신의 유리함을 버려야 하기에 이에 따른 위험을 충분히 경고해주어야 한다.

부정 질문자의 어설픈/안일한 대처가 사태를 악화한 주범이라는 점을 암시한다. 이미 실수를 저질렀다면 이를 만회할 대안들을 찾아야 하며, 상황이 심각하다면 어느 정도 손해를 보더라도 이 문제에서 벗어나도록 조언해야 한다.

질문자가 사태의 심각성을 인지하지 못하거나 안일하게 대처하고 있다면 만에 하나 있을 일이 무엇인지 함께 추론해보거나 질문자가 준비한 방침을 점검해 부정적인 영향을 줄여야 한다.

---

2 → ①③⑤⑧ 카드 확인 보통 다음과 같은 상황에 속한다.

(1) 외부의 미적지근한 조치/반응 탓에 상황이 질문자의 의도대로 진전되지 않을 때

(2) 질문자가 상황을 변화시킬 수 없을 때

긍정/부정적인 의미를 적용하려면 기본적으로 질문자의 역량을 먼저 살펴봐야 하며, 외부의 현상/변수가 실제 질문자의 의도를 방해하거나 의지 실현이 어려울 수밖에 없는 환경이라면 어떤 방법으로 변수를 창출할지를 함께 고민해야 한다.

긍정 (1) 상황을 바꾸려 다른 사람/외부에서 예측하기 힘든 방법을 사용함으로써 질문자가 원하는 것을 이루기가 더 쉬워진다는 것을 의미한다. 이때 이 변칙적인 방법은 윤리/법적으로 물의를 일으키는 방식과는 거리가 있다는 점에 주의해야 한다.

(2) 현 상태를 유지하되, 문제와 직접 관련되지 않은 사람/단체의 (의도와 무관한) 개입을 기다리면 상황이 긍정적인 방향으로 변화할 수 있다는

것을 암시하며, 최상의 경우 자신의 역량으로도 도저히 해결하지 못할 일을 손쉽게 극복해낸다.

부정 (1) 질문자가 미봉책을 쓰더라도 고질적인 문제를 남기기 쉽다는 점을 지적하며, 핵심 사안이 아니라면 차라리 고름을 짜낼 것을 권하는 편이 더 나을 수 있다. 이는 마치 중환자의 연명치료와 비슷한 상황이기에 관련 사안/인물과 사전에 협의해야 한다.

(2) 질문자의 역량 부족만이 원인이라면 중도 포기를 조언해야 하며, 다른 문제들이 복합적으로 얽혀 있더라도 당장 할 수 있는 조치가 없기에 현상 유지를 권하되, 상황 변화에 빠르게 적응할 수 있도록 준비할 것을 조언해야 한다.

둘 다 최악의 상황이 온다면 다른 카드들의 의미와 무관하게 할 수 있는 조언이 없으며, 해당 질문과 관련한 상황 변화를 모두 수동적으로 받아들이기만 해야 한다.

---

3 → ① ⑦ ⑨ 카드 확인 그동안 질문자가 질문과 비슷한 문제들을 다루는 데 능수능란하거나 미봉책을 남발했는지 확인해야 한다. 이는 질문자의 현 상태에 더해, 이 사안을 질문자가 어떻게 여기고 있는지 살피고, 문제를 자신의 의도대로 끌고 가 어떤 것을 얻고자/이루고자 하는지 분석한다면 긍정/부정적인 의미를 확인할 수 있다.

긍정 평소에 하던 대로 해도 문제없는 상태며, 질문한 의도조차 일의 흐름을 예측하려는 것보다 그저 질문자가 자신이 인지하지 못한 새로운 변수의 발생 여부를 확인하는 데 그치는 경향이 있다.

배열에 드러난 메이저/코트 카드의 개입이 어떻게 이루어지는지 확인해 미리 준비한다면 크게 문제없으며, 자신의 우위를 유지하기 쉽다. 최상의 경우 해당 문제와 관련한 이들의 덕을 볼 기회가 생긴다.

부정 질문자가 매너리즘*을 느껴 사안에 올바르게 대처하지 않거나, 관성적으로 문제를 대하고 있다는 것을 지적한다. 이런 태도로 주위의 반발을 불러일으키거나 문제가 심각해져 혼자만의 힘으로는 처리할 수 없을 지경에 빠지리라는 것을 암시한다. 특히 이 위치의 7w가 직장 생활, 자기 계발과 관련한 배열에 부정적으로 발현될 때는 자기 능력에 한계를 느껴 더 높은 수준

---

* 본래 미학 용어였던 이 표현은 틀에 박힌 방식이나 태도에 젖어 그것을 반복하는 것을 두고 하는 말이다.

으로 나아갈 의욕이 사라지거나 무능해지는 모습으로 전락한다.*

4 → ① ③ ⑧ 카드 확인 이 위치의 7w는 **긍정**적인 영향을 받더라도 문제들을 무난히 넘기는 데 성공한 과거를 뜻하거나 임시 직무/방편으로 자신이 유리했던 적이 있었다는 것을 드러내는 데 그치며, 최상의 경우라도 자신의 역량을 인정받는 정도일 뿐 이로써 의미 있는 결과물을 만드는 것과는 거리가 있다는 점에 주의해야 한다.

　부정적인 영향을 받는다면, 질문자의 나태/방심이 이 문제를 더욱 해결하기 어렵게 만들어왔거나, 스스로 모순/부조리를 만들어 자신의 유리함/우위를 억지로라도 지키려다가 사태를 더 심각하게 만들었다는 것을 암시한다. 최악의 경우, 모든 문제의 원흉이 질문자이며, 질문자가 자신을 정당하다고 여겨 설득력 없는 항변을 반복했다는 것을 뜻한다.**

---

5 → ① ② ⑦ ⑧ 카드 확인

　(1) 질문자가 공세를 취하고 있거나 전력상 불리할 때

　(2) 질문자가 방어하는 처지이거나 전력상 유리할 때

　질문자의 능력이 어느 정도이며 상황이 시의적절한지를 우선 판별해야 한다. 이는 현재 질문자가 해당 문제를 어떻게 받아들이고 있으며, 이 상황을 타개/극복함으로써 얻는 것이 제3자의 시각에도 의미 있는지 살피고, 눈앞의 장애물이 얼마나 어려운 것인지 평가하면 긍정/부정적인 의미를 탐색하기 수월해진다.

　긍정 (1) 질문자와 뜻이 같은 이들을 규합해 자신의 목적을 달성할 기회를 얻는다. 이때는 대부분 상대방/경쟁자의 방심/태만을 틈타 전세를 역

---

*　미국의 경영학 박사 로런스 피터Laurance J. Peter와 그의 동료 레이먼드 헐 Raymond Hull이 1969년 발표한 '피터의 원리'를 예로 들 수 있다. 이 원리는 관료제 조직의 구성원들이 승진에 성공한 뒤 더 높은 능력의 수준까지 승진하다가 더는 승진할 수 없는 무능의 수준에 이르게 된다는 원리다. 로런스 피터·레이먼드 헐, 『피터의 원리』, 21세기북스, 2019.

**　제2차 세계대전 일본 제국의 무다구치 렌야牟田口廉也는 자신이 입안한 임팔 작전으로 공을 세우려 했으나 무능한 전략/전술로 9만 2천 명의 병력이 1만 3천 명까지 줄어들 만큼 대패했고, 패전 후 사망 전(1966년)까지 자신의 책임이 아니라며 부하의 장례식장까지 가서 항변했지만, 완벽히 무시/반박당했다. 그는 현대에도 일본 군부의 무능을 상징하는 인물로 평가된다.

전하고 뜻을 같이하는 이들과 연맹*을 결성하는 흐름으로 이어지나, 꿉 카드라는 한계 탓에 근본적인 문제의 해결까지는 어렵기에,** 이 새로운 문제에 대한 장기적인 대안을 준비해야 한다는 점을 주의하도록 조언해야 한다.

(2) 자신을 견제/공격하려는 자들의 정체를 이미 파악하고 있거나 이런 시도를 역이용해 목적을 달성할 계획이 이미 준비됐다는 것을 암시한다. 다만 이는 어디까지나 질문자의 생각/관점에만 해당하기에 모든 변수를 점검하도록 권해야 한다. 최상의 경우 공격자들의 수준이 너무 낮아 별달리 조처하지 않아도 질문자에게 피해를 주지 못하고 비웃음을 사게 된다.

부정 (1) 더 확실한 방법을 모색하도록 조언해야 한다. 공격/반격해봐야 무의미하거나 전력 부족/갑을 관계와 비슷한 역량 차이로 상대방의 표적이 될 공산이 높기 때문이다.

또한, 불만의 표현 방식이 절제되지 않은 상태라 사람들의 공감을 얻지 못하며, 어중이떠중이들의 집단에 속한 개인 수준으로 자신의 격을 낮추는 추태에 가까운 일이 벌어지고 있다고 강하게 조언해 더욱 올바른 방식으로 문제를 해결할 수 있도록 질문자의 정신을 환기해주어야 한다.

(2) 자신의 우위가 어디에서 나오고 있는지를 질문자가 자각하지 못하고 있다는 것을 의미하거나, 사안의 심각성을 인지하지 못한 채 미봉책을 남발하는 상황이라는 것을 경고한다. 이때 배열의 다른 카드들을 분석해 멀쩡해 보이는 겉과 달리 실속이 전혀 없는 상태라면 왜 위기 상황에서 허세를 부려야만 하는지를 먼저 확인해야 하며, 정당한 이유가 있다면 위험한 순간을 넘길 방법을 함께 모색해야 한다. 그러나 이유가 정당하지 않다면 익숙한 해결책에 의존한 나머지 패배가 예정된 상태이기에, 최소한의 자구책을 귀띔해주는 것 말고는 조처할 필요나 이유도 없을 때가 대부분이다.

---

* 목적을 달성하고자 잠시 동맹을 맺은 것뿐이기에 달성 후 만장일치에 가깝게 여론이 모이지 않는 한 의사 결정이 원활히 진행되지 않거나 각자 생각하는 방향이 다르기에 내부 분열이 일어나기 쉽다.

** 문제의 모순점을 내버려 두거나 궁극적인 원인을 해결하지 못해 같은 문제를 다시 일으키는 경향이 잦다. 질문자의 결연한 개선 의지가 없다면 더 좋지 않은 상황으로 악화한다.

6 → ③④⑧ 카드 확인 어떤 상황에서도 질문자가 잘 대응할 수 있는지 확인해야 한다.

이는 질문자가 그동안 이와 비슷한 문제를 어떻게 여기고 처리해왔는지 평가한 뒤, 다른 사람들도 질문자가 이 상황을 잘 해결할 것으로 보는지 확인함으로써 긍정/부정적인 의미를 확인할 수 있다.

긍정 변수가 생기더라도 무난히 목적을 달성하거나 위태로운 상태에 몰리지 않으리라는 것을 의미한다. 의미가 강해질수록 이런 변수/역경에 대응하는 질문자와 뜻을 함께하는 이들의 요청하지도 않은 도움 또는 외부 고발/제보* 등으로 상황이 개선된다.

부정 상황을 개선하려 해도 들인 노력에 비해 성과가 없거나 문제 하나를 막으면 다른 문제가 고개를 드는 상황이 반복될 수 있다는 것을 경고한다. 문제의 근본 원인을 제거해야 해결할 수 있는데, 그렇게 하기에는 피해가 크거나 질문자가 문제 원인/모순점에 직간접적으로 결부되어 섣불리 발을 뗄 수 없는 상황이라는 것을 지적한다. 이때는 질문자의 사정 및 다른 카드들의 의미들을 살펴 이 악순환을 어떻게 멈출 것인지 조언해야 한다.

최악의 경우 현상 유지에 급급한 나머지 조언을 거부하고 악순환을 반복하다가 자신의 기반과 역량을 소모하며, 고갈된 자원을 회수할 방도 없이 다른 사람/자신이 추구하려던 것들에게 버림받을 수 있다는 점을 암시한다.

---

7 → ①④⑨ 카드 확인 질문에 대한 질문자의 태도나 지금까지의 성과 및 목표가 명확해야만 긍정적인 의미를 부각할 수 있으며, 그 밖에는 질문자의 부족한 목표 의식/역량을 지적하거나 애당초 개인의 힘으로는 극복할 수 없는 문제를 애써 해결하려 하는 상황을 의미하는 경향이 있다.

긍정 질문자가 여유 있게 문제에 임한다는 것을 의미한다. 이때 질문 내용과 상관없이 그 나름대로 대안이 있거나 위기에 잘 대처하고 있으며, 실제로 위험한 상황이 오더라도 질문자는 빠져나갈 수 있다는 것을 암시한다. 최상의 경우, 외부에서 어떤 변수가 일어나더라도 자신의 유리함/기득권을 보전하리라는 것을 의미한다.

부정 질문자에게 사안의 해결책이 없거나 해결책을 실행하는 데 주저하고 있다는 점을 지적한다. 이때는 대부분 해결책을 실행함으로써 벌어질 파

---

* 질문자가 겪는 문제들을 다른 사람이 국민청원/언론/여론에 공유해 문제를 공론화해서 개선/해결하는 상황을 예로 들 수 있다.

장/혼란/손해를 두려워하는 상황이기에, 문제가 더 커지기 전에 빨리 조처하도록 조언해야 한다.

심각하게는 미봉책을 남발하다가 실수를 범하고, 이를 알아챈 사람들이 항의/반발해서 기득권/우위를 잃을 수 있다.

---

8 → ① ② ⑤ 카드 확인 외부에서 질문자가 상황에 유연하고 능동적으로 대처한다고 여기는지 파악해야 한다. 이는 질문자가 얼마나 여유로운지(①, ②) 점검하는 것에 더해 당면한 일들이 순조롭게 흘러가고 있는지(⑤) 확인함으로써 긍정/부정적인 의미를 판단할 수 있다.

희망 질문자가 어떤 처지인지 사람들이 알고 있기에 외부의 도움을 받기 쉽다는 것을 의미하며, 이로써 어려운(실제로 어렵지 않더라도) 상황을 더 수월하게 풀어가거나 자신이 고생한 만큼의 인정/보상을 얻기 쉽다는 것을 의미한다. 최상의 경우 모두 불편해하거나 두려워한 것을 솔선수범해 개선하는 과정에서 자신의 인지도나 역량에 대한 외부의 호평이 따라온다.

두려움 문제에 대처하는 모습이 드러나 외부의 간섭/개입이 시작되기 쉬운 상황이라는 것을 경고하며, 이 틈을 타 질문자를 곤란하게 만들려는 이들이 공격할 수 있다는 것을 의미한다. 이때 완벽하지 않더라도 문제를 빨리 마무리 짓거나, 다른 사람들에게 자신을 공격함으로써 생길 평판 하락/손해를 미리 명시/경고하도록 조언해야 한다. 심각해질수록 고생은 자신이 했는데 그 공로를 남이 채가거나, 자신과는 상관없는 책임까지 떠안아야 하는 상황으로 내몰린다.

심각하게는 질문자의 처절한/애절한 시도가 모두 허사로 돌아가거나 무의미한 발버둥에 그치리라는 것을 의미한다.

---

9 → ① ② ⑤ ⑥ 카드 확인 질문자가 원하는 원만한 문제 해결 과정이 왜 이처럼 극적인 해결이나 미봉책으로 표현되는지 확인해야 한다. 이는 질문자가 처한 상황이 이어지면 약점이 드러나는 등의 문제가 발생하는 것부터 시작해, 이 질문이 결론에 가까워질수록 질문자에게 불리한 환경이 갖춰지기 쉬운 흐름인지를 관찰함으로써 더 구체적인 내용을 파악할 수 있다.

긍정 질문자가 걱정한 것보다 큰 문제 없이 사건이 해결되거나 국면을 전환할 수 있는 수단/인물/사건이 발생해 위기를 모면하길 바라는 모습으로 이해할 수 있다. 이는 5, 6번 위치에 드러난 카드로 더 구체적인 내용을 확인할 수 있으나, 1, 2번 위치에 드러난 카드가 변화를 일으키지 못한다면 배열에 큰 영향을 줄 수 없다.

부정 질문자가 불리한 상황을 극복하지 못한 채 궁지에 몰리거나 문제의 정확한 해결책을 끝내 실행하지 못해 책임을 떠안는 상황을 겁내고 있다는 것을 뜻한다. 이는 1, 2번 위치에 드러난 카드의 부정적인 의미를 취합한 뒤, 5, 6번 위치의 카드가 지닌 의미와 어떻게 결부되는지 연계함으로써 구체적인 실체를 파악할 수 있다.

---

10 → 결론에 드러난 7w는 긍정/부정적인 의미와 상관없이 미완성인 채 현 상황이 지속할 수밖에 없다는 것을 의미한다. 이 결과는 질문과 관계있는 메이저/코트 카드 수준의 사건/인물들의 취향/의도대로 변화할 수 있으나, 질문자가 이런 역량을 갖추지 않았다면 상황을 바꿀 방법은 없다.

만약 질문자(와 우호적인 관계에 있는 이들)에게 변수를 만들 능력이 있다면, 질문자와 다른 의도를 품은 이들에게 질문자의 의도를 들키지 않고 일을 추진하도록 조언함으로써 상황을 개선할 수 있다.

실제 사례 (2010년 4월, 서울 마포구 신촌 모처, 20대 초중반 여성)

질문 왜 애인이 안 생길까?

사전 정보 연애하기 어려운 이유가 딱히 없을 만큼 무난한 사람이었고, 지금까지 연애 경험은 없었다.

$$2p - Pc - 4c - 7w - 2 - 6p - Pw - Qw - 4s - 12$$

2p (질문자 자신) 당장 연애하고 싶은 것은 아니지만, 가능하면 해보고 싶다.

Pc (장애물) 마음의 준비가 되지 않았거나, 기분 내키는 대로 관계를 맺으려 한다.

4c (기저) 연애하지 못했던 것에 불만을 품고 있다.

7w (과거) 과거에 찾아온 기회들을 제대로 살리지 못했다.

2 (현재/곧 일어날 일) 질문자가 연애하지 못하는 이유를 곧 알게 될 것이다.

6p (미래) 감정보다 필요에 따라 연애를 시작할 것이다.

Pw (질문자의 내면) 겉으로 드러내는 걱정과 달리 낙심한 상황은 아니다.

Qw (제3자가 바라보는 질문자) 다른 사람들은 질문자가 드세거나 취향을 많이 타는 성격이라고 인식한다.

4s (희망/두려움) 좋은 사람을 만나 마음의 평안을 찾고 싶어 하며, 연애하지 못하는 이 상황이 길어질까 봐 걱정하고 있다.

12 (결과) 연애를 시작하더라도 그 과정이 힘난할 가능성이 크다.

이 배열에서 7w는 4번 위치, '과거'에 나왔다.

연애와 관련한 질문의 특성상 질문자가 지금까지 연애를 못 했던 이유를 직간접적으로 드러내고 있다는 것을 쉽게 간파할 수 있다.

7w에 영향을 주는 카드는 2p, 4c, Qw다. 이로써 질문자가 과거에 연애할 상황이 아니었거나 주변에 이상형에 근접한 이가 없었다는 점을 짐작할 수 있으며, 질문자의 활달한 성향이 연애보다는 우정에 가까운 분위기를 만들도록 해왔던 것이 문제였다는 점을 알 수 있다.

그렇기에 질문자의 이런 태도/습관을 바꿀 만한 상황이 왔는지 살피고, 질문자의 현 상황에 큰 변화를 주지 않을 이와 연애를 시작하려면 어떻게 해야 하는지 조언해야 한다.

① **2p(질문자 자신)** 비교적 **긍정**적인 영향을 받았다. 이는 질문자가 갑작스레 연애를 시작하더라도 문제없는 상황이라는 것을 의미하며, 지금 눈에 들어오는 이성이 없을 뿐이라는 것을 강조한다. 다만 어떤 사연이 있는 이에게 동정심을 품거나 자신이 이를 보듬어 좋은 관계를 만들 수 있을 거라 여기면 상대방에게 직접 접근하려 할 수 있으며, 이때 질문자의 경험 부족/미숙함이 문제가 될 수 있기에 주의하도록 조언해야 한다(Pc, 4c, 7w, 6p).

② **Pc(장애물)** **부정**적인 영향을 받았다. 상대방의 갑작스러운 접근에 감정이 쉽게 흔들릴 수 있다는 것을 지적하며, 그동안 자신의 주변에 없었던 유형의 사람을 상대해보지 못해 엉겁결에 의도하지 않은 관계를 맺기 쉽다는 것을 경고한다. 이 때문에 첫 연애를 좋지 않은 상황으로 시작할 수 있다는 것을 암시한다(4c, 6p, Pw, Qw).

③ **4c(기저)** **부정**적인 영향을 받았다. 질문자가 호감을 제대로 표현하지 못하거나 일말의 자격지심 또는 '연애해서 뭐 하나?' 식의 염세적인 말을 스스럼없이 하는 등 단순히 어려운/모자란 이에게 온정을

베푸는 정도의 감정을 넘어서 좋아한 경험이 없다는 것을 암시한다 (Pc, 2, 6p).

---

④ **7w(과거)** 비교적 **부정**적인 영향을 받았다. 질문자가 연애할 수 있을 법한 상황이 여럿 있었으나 자신의 처지, 형편 등 상황이 적절하지 않다고 여겨 이를 거절했거나 어설프게 우정이라며 거리를 두었다는 것을 암시한다.

이는 질문자의 기준을 만족하는 이가 나타날 때까지 연애를 거부해왔거나, 연애 때문에 감정 조절이 어려울까 봐 지레 겁먹은 채 외부 여론만 신경 쓰고 활달해 보이는 척하느라 연애하지 못했다는 것을 보여주고 있다(2p, 4c, Qw).

---

⑤ **2(현재/곧 일어날 일)** 비교적 **긍정**적인 영향을 받았다. 질문자가 겉보기와 달리 수동적인 태도를 유지하나 기회가 오면 놓칠 생각은 없으며, 과거 겪은 실패를 반복하지 않거나 기존처럼 살아가는 것도 한계가 있다는 점을 자각하고 있기 때문이다. 다만 질문자가 외부에 드러내는 태도와 자신의 속내가 다르다는 점에 상대방이 쉽게 실망하거나 이를 악용할 여지가 남아 있기에 긍정적인 면이 다소 퇴색한 편이다(2p, Pc, 7w, Qw).

---

⑥ **6p(미래)** 비교적 **긍정**적인 영향을 받았다. 관계를 맺을 때 주도권/결정권이 질문자에게 주어질 것을 의미하며, 이는 자신에게 온 기회를 놓치지 않으려는 능동적인 모습이 큰 영향을 미친다. 다만 연애에 대한 호기심이 지나친 나머지 사람을 가리지 않고 접근할 수 있다는 문제가 남아 있다(4c, 2, Pw, Qw).

---

⑦ **Pw(질문자의 내면)** **부정**적인 영향을 받았으며, 배열 전반에 영향을 미친다. 질문자가 연애 경험이 부족하며, 문제가 생겨도 낙관적인 전망을 우선시해 판단하는 것까지는 상관없으나, 이런 성향은 연애할 기회를 주면 상대방의 단점을 무시하거나 감당하기 어려운 문제

에 휘말리기 쉽다. 또한 이를 너무 서둘러 맺은 관계라 생각한 나머지 모든 문제를 떠안을 필요가 없는데도 자신의 선택한 것이라 여겨 체념하기 쉽다는 것을 암시한다(Pc, 2, Qw, 4s).

---

⑧ **Qw(제3자가 바라보는 질문자) 부정**적인 영향을 받았다. 질문자의 활달한 이미지가 사실은 외강내유에 가깝다는 것을 확인할 수 있으며, 자신이 옳다고 여기는 것에 대해 양보하지 않는 태도는 곧 상대방을 선택한 책임도 떠안는 상황으로 이어지기 쉽다. 이를 주변에서 말리려 할수록 더 자신의 선택을 번복하지 않으려 할 것을 암시한다.

이때 질문자는 자신의 잘못된 선택을 후회하면서도 자신이 옳다는 것을 증명하려고 힘든 내색을 하지 않거나 남의 조언을 받아들이지 않아 인망을 잃기 쉽다(Pc, 4c, 2, Pw).

---

⑨ **4s(희망/두려움)** 마음의 여유를 찾을 수 있는 상대방을 만나고 싶은 희망과 이대로 시간을 더 보낼까 봐 느끼는 두려움으로 이해할 수 있다.

이는 질문자가 딱히 현 상황에 불만이 없으나 막상 기회가 오면 놓칠 생각은 없는 데다, 서서히 연애 경험 없는 상태가 자신에게 불리하다고 여겨 조급해지기 쉬운 상황인 점이 질문자의 희망과 두려움에 영향을 미치고 있다는 것을 알 수 있다(2p, Pc, 7w, 2).

---

⑩ **12(결론) 부정**적인 영향을 받았다. 연애에 성공하더라도 질문자가 관계를 잘 이끌어가지 못하거나, 되레 상대방의 무리한 요구를 거절하지 못하고 끌려다니기 쉽다.

이는 특히 질문자가 활달하고 자기주장이 강해 보이는 외면과 달리 내면은 아직 미성숙하거나 심지가 굳지 않기에 부정적인 의미가 더 강해지며, 심각하게는 첫 연애를 망쳐 환멸이나 불신에 빠질 수 있다는 것을 암시한다.

===

해석을 마친 뒤, 당장은 크게 문제없으리라고 여겨 가벼운 관계로 시작해보도록 권했다. 그녀는 말이야 쉽지 어디서 그런 사람을 만나겠냐고 웃으며 답했지만, 뾰족한 답을 꺼내기 어려운 것은 나 또한 마찬가지였기에 별다른 조언을 하지 못했다. 그저 호감 가는 사람이 생기면 친구나 지인에게 자문한 뒤 사귀라는 말을 덧붙이는 게 고작이었다.

결국 걱정은 현실이 되었다. 두세 달 후 친구들과 함께한 술자리에서 접근해온 사람이 신기해 연락처를 주고받고 금세 친해져 연애를 시작한 것까지는 좋았으나, 학생인 상대방이 질문자에게 과도하게 의지하기 시작했고, 주변에서도 질문자를 걱정하기 시작하자 연락을 끊는 등 몇 달 동안 우여곡절을 겪은 끝에 좋지 않게 헤어졌다.

이후 그녀를 다시 만났을 때는 차마 그 과정을 물어보기 힘들 정도로 분위기가 좋지 않았다. 어딘가 비틀린 것처럼 보였고 과거의 활달한 모습을 찾기 어려웠으며, 차라리 섣부르게 연애하지 않도록 조언했다면 어땠을까 하는 후회가 남은 사례였다.

이 배열에서 7w는 질문자가 혼자서도 그럭저럭 잘 지내왔다는 것을 드러내면서도, 연애를 너무 낙관적으로만 생각하거나, 연인 사이에 문제가 생겼을 때 어떻게 해결해야 할지에 대해 명확한 기준이 없었기에 부정적인 영향을 극복하지 못한 것에 가깝다.

연애와 관련한 질문에서 7w는 특히 질문자의 경험 또는 확고한 연애관/목적의식이 있는지 살펴야 한다. 7w의 긍정적인 의미를 더 잘 활용하려면 변수나 돌발상황이 생겼을 때 이를 수용/거절할 명분과 가치관이 있는지에 따라 7w의 의미를 활용 가능성이 결정되기 때문이다.

실제 사례 (2007년 10월, 인천 미추홀구 주안 모처, 60대 초중반 남성)

질문　　사업/투자하면 잘될까?

사전 정보 은퇴 자금을 어떻게 운용할지 고민하던 분이었다.

$$4s - 4p - Kp - Qs - 5 - 8 - 8p - 7w - 5p - 10w$$

4s　　(질문자 자신) 이제 잠시 쉴 여유를 얻었다.

4p　　(장애물) 그동안 모은 자산을 유지하기도 벅차다.

Kp　　(기저) 재산을 꽤 모았으나, 이를 본격적으로 활용한 적은 없다.

Qs　　(과거) 과거부터 재산을 늘릴 방법에 관심을 두기보다, 자신이 해야 하는 일에 충실한 삶을 보내왔다.

5　　　(현재/곧 일어날 일) 전통적인 방법을 고수하거나 보수적으로 운용할 것이다.

8　　　(미래) 자신의 욕심을 통제하는 데 많이 신경 써야 한다.

8p　　(질문자의 내면) 재산을 불리는 과정에서 투기 등 도박성 짙은 방법에 대해 부정적인 인식이 있다.

7w　　(제3자가 바라보는 질문자) 변수에 의연히 대처할 경륜을 지닌 사람이라 여겨지고 있다.

5p　　(희망/두려움) 이 재산을 잃으면 기댈 곳이 없어지기에 걱정이 많으며, 어떤 힘든 상황이 오더라도 잘 헤쳐가길 원하고 있다.

10w　　(결과) 어려운 일들이 닥쳐오더라도 이를 견디며 더 나은 상황이 올 때를 기다려야 하거나, 무리해서라도 뒷날을 기약해야 할 것이다.

실전 해석

이 배열에서 7w는 8번 위치, '제3자가 바라보는 질문자'에 드러났다.

사업이나 투자와 관련한 질문의 특성상 질문자의 판단력이나 사업 아이템이 얼마나 좋은지 확인하는 작업이 먼저 이루어져야 한다.

이 사안에서 7w에 영향을 주는 카드는 4s, 4p, 5다. 이로써 질문자가 큰 이익보다는 현상 유지를 바라는 사람으로 여겨진다는 것을 알 수 있다.

그렇기에 이 배열을 더 정확히 해석하려면 사람들이 질문자를 7w로 인식하는 것이 잘못된 판단인지 파악하고, 질문자가 실제로 어떤 자산 운용을 원하는지 분석해야 한다.

---

① **4s(질문자 자신) 부정**적인 영향을 받았다. 이는 질문자가 이제 직접 노동해 이익을 얻기 매우 어려운 상황이라는 것을 의미하며, 기존에 하던 일을 이어가기 힘들어지리라는 것을 암시한다. 아무런 대안이 없다면 결국 모은 재산을 서서히 까먹는 흐름으로 이어지며, 이때문에라도 새로운 사업/투자를 시도하려 한다는 것을 알 수 있다 (4p, Qs, 5p).

---

② **4p(장애물)** 비교적 **부정**적인 영향을 받았다. 질문자가 모은 재산을 활용할 줄 모르거나 과거의 방식만 알고 있기에 당장 수익을 만들 방법이 없기 때문이다. 그러나 이는 외부의 유혹에 흔들리지 않고 재산을 지키는 데는 큰 문제가 없기에 위험한 상황에 내몰리지는 않을 가능성이 크다(4s, 5, 8, 7w).

---

③ **Kp(기저) 긍정**적인 영향을 받았다. 사업에 대해 잘 모르지만, 그렇기에 섣불리 모험에 나서지 않으며, 꾸준히 쌓아온 자신의 기반이 그동안의 삶을 증명한다고 여겨 함부로 낭비하지 않았기 때문이다. 그렇기에 재산을 어떻게 불릴지 조급해하지 않고, 게을러 보이거나 비용을 더 치르더라도 확실하게 경험/지식을 쌓은 뒤 사업/투자에

임하려 한다는 것을 의미한다(4s, 4p, 8p, 5p).

④ **Qs(과거)** 비교적 **긍정**적인 영향을 받았다. 질문자가 오랫동안 일하면서 큰 문제가 없었고 규칙(법/회사 내규 등)에 따라 은퇴했을 뿐 업무 능력은 남아 있기에, 이를 잘 응용한다면 사업/투자를 더 용이/유리하게 추진할 역량으로 전환할 수 있다는 것을 의미한다. 나아가 질문자가 조금의 위험 요소라도 피하는 데 특화된 위기관리 능력을 지니고 있다는 것을 뜻하기도 한다(4s, 8p, 5p).

⑤ **5(현재/곧 일어날 일) 부정**적인 영향을 받았으나, 응용하기에 따라 개선하기 쉽다. 이는 질문자가 자금 운용 지식이 부족해 이를 학습하는 데 시간과 역량을 낭비하기 쉽다는 것을 지적하기 때문이다. 그러나 자신의 재산을 지키고 확실한 것만 고집하는 경향 덕분에 쉬이 상황이 나빠지는 것을 방지함으로써 대안을 마련할 만한 여유 시간/자금을 확보할 수 있다(4s, 4p, 8p, 5p).

⑥ **8(미래) 긍정**적인 영향을 받았다. 이는 질문자의 보수적인 관점이 불황을 견디거나 좋은 기회를 놓치지 않을 원동력이 되어줄 것을 의미하기 때문이다. 나아가 경기가 좋지 않을수록 그동안 질문자가 요행수를 배제하는 태도를 고수한 것이 강점으로 작용하며, 현물/현금을 쥐고 실물 경제를 우선시해 자신의 자산 규모를 냉정히 판단할 수 있으리라는 것을 암시한다(4s, Qs, 5, 8p).

⑦ **8p(질문자의 내면)** 비교적 **긍정**적인 영향을 받았다. 질문자가 이 사안에 진지하게 접근한다는 것을 암시하며, 걸린 것이 많은 만큼 실패하지 않고자 신중한 태도를 보이고 있다는 것을 드러낸다(4s, 4p, 5, 5p).

⑧ **7w(제3자가 바라보는 질문자) 긍정**적인 영향을 받았다. 앞서 살펴본 질문자의 태도나 속내가 겉으로도 충분히 공감받고 있다는 것을

의미한다. 이는 실물 자산 외의 투기성 짙은 방식들을 배격하는 질문자의 관점, 자신이 쥔 것을 잃으면 안 되기에 조심스러운 행보를 보인다는 점, 그리고 여론에 일희일비하지 않으며 이윤이 적더라도 확실한 것을 쥐고 가려는 성향 덕분에 질문자가 사람들에게 지혜/경륜을 갖춘 이로 인식된다는 것을 알 수 있다(4s, 4p, 5).

⑨ **5p(희망/두려움)** 질문자가 잘못된 선택으로 기반을 잃는 것을 극도로 경계하고 있으며, 어려운 상황이 닥쳐도 꿋꿋이 버텨내길 바라고 있다는 것을 의미한다.

이는 질문자가 이때까지 일정 수준 이상의 생활에 익숙했지만, 이제는 수입원이 없기에 씀씀이를 줄여야 하는 것을 감내하고, 더 어려운 일이 있더라도 버텨내려 하기 때문이다(4s, Kp, Qs, 8).

⑩ **10w(결론)** 긍정적인 영향을 받았다. 질문자가 자만하지 않는 점이 큰 영향을 미친다. 자신의 역량을 과신하지 않고 외부의 유혹에 흔들리지 않는다는 점이 일관적으로 드러나며, 자신이 모르는 것을 어림짐작하지 않고 최대한 신중하게 판단하려는 겸허함이 일상처럼 자리 잡은 사람이라는 것을 확인할 수 있기 때문이다.

이 덕분에 외부 변수에 의연히 대처하거나 자신이 합리적/현실적이라 여기는 방안을 대세/유행과 상관없이 우직하게 밀고 나가리라는 것을 의미한다.

해석을 마치고 나는 질문자의 성향을 간단히 줄여 '땀 흘려 번 돈만이 가치 있고, 세상에는 공짜가 없으며, 손에 쥐지 못한 돈은 돈이 아니다.'라고 말하자, 그는 크게 공감하며 요즘 사람들은 이걸 모르고 주식이나 투자를 논한다며 푸념을 늘어놓았다.

나는 그의 말에 동의하면서, 어차피 잘 모르는 걸 시도해봤자 속만 쓰릴 것이고 잠깐 수입이 없다고 당장 무슨 일 생기는 것도 아니니, 소일거리를 찾아 한두 해 세상 돌아가는 것이나 편히 지켜보는 게 어떠냐고 조언했다. 굳이 돈을 더 써가며 여행을 가는 것보다 평소대로 지내시는 편이 좋다고 말하자 질문자는 괜히 가진 것만 까먹는 게 아니냐며 반문했으나, '남 밥그릇 공으로 뺏는 것도 쉽게 할 짓은 아니잖아요?'라는 내 말에는 반박하지 않았으며, 하던 대로 정기예금으로 묶어둬야겠다며 발걸음을 돌렸다.

그리고 이듬해 초유의 금융위기로 불황이 찾아오며 내 조언이 옳았다는 것을 확인할 수 있었다. 그는 가산을 정리하고 가까운 서울 외곽에 급매로 나온 작은 빌라를 구매했는데, 불황 이후 안정적인 투자처를 찾는 수요가 늘어 결과적으로 이익을 거뒀으며, 빌라를 원룸으로 재건축해 임대 이익을 얻는 데 성공했다. 이후 비 온 뒤 땅이 굳듯 주변 사람들도 그의 투자 감각을 인정하게 되었고, 조심스럽게 움직인 대가를 얻을 수 있었다.

이 배열에서 7w는 단순한 대처의 의미보다 질문자가 자신의 역량을 쉬이 드러내지 않거나 여론에 흔들리지 않고 자신의 성향/습관/철학을 고수하는 데 성공한 모습을 드러낸다. 이는 남다른 인내력과 과거부터 갈고닦은 비판적 시각이 맞물려, 투기하지 않고 되레 불황에 과감하게 재산을 털어 실물 자산을 더 확보하는 모습으로 나타나는 데 일조했다.

이처럼 사업/투자와 관련한 질문에서 7w는 질문자가 어떤 관점/사상을 품고 살아왔는지가 명확할 때 더 다양하고 정확한 조언을 할 수 있다. 만약 질문자의 연령대가 20~40대였다면 투자 실패로 악전고투할 가능성이 컸으나, 이 사례의 질문자는 긴 세월 사회생활에 실패하지 않고 정년퇴직할 때까지 버틸 만큼 역량이 월등했으며 자기 기준을 끝까지 지킬 정도의 실적과 경력이 있었기에 불황 속에서도 투자에 성공할 수 있었다는 점에 주목해야 한다.

8 of WANDS.

신속(한 이동), 소문, 가장 빠른 방식을 이용하다
Swiftness, a Quick

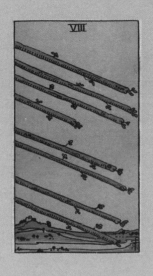

WANDS 공통 의미
철학, 원론, 윤리, 의지, 활력Vital, 노동, 스트레스, 언어

8 공통 의미
흔들림 없는 안정, 잠시나마 완벽해진 상태
각 원소에 해당하는 분야가 완벽해질 때 벌어지는 현상들

8 of WANDS의 키워드
신속(한 이동), 각종 질문 및 상황에 관한 부작용 여부와 상관없이 가장 빠르게 쓸 수 있는 방식/수단들, 선의/악의 없이 빠르게 퍼지는 (가벼운) 소문, 전보, (전자) 우편, SNS 등 인스턴트/모바일 메신저 프로그램, 세부 내용을 확인할 수 없어 생기는 오해/편견/착각과 이로써 만들어진 뒤틀린 상식, 졸속, 조급함(으로 생기는 실수), 빠른 방식을 쓰다가 발생하는 부작용 등

긍정/부정 확인 기준

질문자가 서둘러야 하는 상황인가?

질문과 관계있는 이들이 가장 빠른 방법을 (부작용이나 해당 방법의 단점 때문에) 방치하고 있는가?

질문자가 목적을 달성에 동원할 수 있는 수단이 다양한가?

질문자가 어떤 논란에 휩싸이거나 자신만의 결과물/성공을 갓 거두었는가?

이는 핍 상징편에서 언급한 의미들이 긍정/부정적으로 적용되는지 판단할 수 있는 몇 가지 기준이다.

모든 8 카드는 각 분야에서 완벽함이 구현될 때 벌어지는 현상들을 묘사한다. 그러나 마이너 아르카나/핍 카드의 한계 탓에 약점이 있거나 한순간에만 완벽한 것이라는 점에 주의해야 한다.

그중 8w는 완드 요소가 완벽함을 갖추면 벌어지는 현상을 묘사해 긍정/부정적인 의미와 상관없이 외부로 빠르게 퍼지는 모습을 그림으로 묘사했다.

해석용법

긍정 질문자의 성공이나 좋은 소식이 전달/전파되는 것을 의미하거나 문제를 해결하려 가장 빠른 수단을 동원해 성공하는 순간을 뜻한다. 이런 좋은 기회를 놓치지 않고 더 밀어붙이거나 외부에 자신의 성공/승리를 기정사실로 알려 유리한 위치를 선점할 수 있다.

그러나 이 과정에서 생기는 잡음은 질문자의 의도와 다를 수 있고, 이를 (억지로) 해결/통제하려다가 좋은 흐름을 놓치기 쉽지만, 이런 잡음/문제는 애당초 당장 수정할 수 없는 것에 가깝기에 소소한 문제에 일일이 집착할 필요는 없다.

부정 그러나 자신에게 불리한 내용이 외부로 퍼지거나 시간이 촉박할 때 배열에 8w가 나타나면 최악의 카드로 작용한다. 무엇이든 좋은 소식은 늦게 퍼져도, 나쁜 소식은 빨리 퍼지듯 불리한 상황에 몰려 자신이 해야 할 일에 집중하지 못하고 해명에 역량을 낭비해야 하는 문제가 생기거나, 자신에게 주어진 시간이 너무 빨리 지나가버리는 바람에 해야 할 일을 제대로 마치지 못하는 모습으로 나타난다.

8w의 이런 모습들은 일상에서 소문이 퍼지는 모습이나 다른 이보다 빠르게 목적을 달성하려다가 기발한/엉뚱한 시도를 하는 것으로 나타난다. 그러나 이에 따른 부작용과 폐해를 고려하지 않아 문제를 일으키기 쉽다는 점에 주의해야 한다.*

이런 부작용이나 폐해는 단순한 가십이 누명으로 돌변하고, 가짜 뉴스가 진실을 가린 채 모두에게 퍼지는 모습으로 발현하며,** 자신

---

* 극단적으로는 3층에서 1층으로 내려가는데 계단이나 승강기로 가기 귀찮아서 뛰어내리다가 다리가 부러지는 식의 부작용을 예를 들 수 있다.

** 15와 1을 결합하고, 라디오라는 그 시대의 8w를 이용해 세상에 해악을 끼쳤던 이가 나치 독일의 선전 장관인 괴벨스Paul Joseph Goebbels다. 그가 남긴 말 중 '여론 조사라는 것은 대상을 누구로 잡느냐에 따라서 결과가 달라진다', '내게 한 문장만 달라. 그러면 누구든지 범죄자로 만들 수 있다'라는 말은 8w

의 감정을 고백하려 서두르다가 상대방을 제대로 배려하지 않은 채 문자메시지나 SNS로 전달해 거절당하는 모습으로 나타난다.

이와 달리 명확한 것을 재빨리 전달하고 사람들의 이목을 끌어 여론을 환기하거나, 더 나은 수단/방법을 소개해 발전할 단서를 제공하거나, 자신의 감정을 전하려 다른 일정/장애물을 무시하고 직접 찾아가는 정성/열의를 보임으로써 목적을 달성하는 상황들을 예로 들 수 있다.*

8w의 이런 특징은 배열에 나타난 다른 카드의 긍정/부정적인 의미로 생길 변화를 가속Boost/Haste하는 경향이 있다. 따라서 조언할 때 이를 어떻게 효과적으로 이용할지 고려해야 한다.

또한, 8w에는 여행의 의미가 들어 있는데 같은 의미를 지닌 다른 카드들(6s, Nw, Nc)과는 다른 맥락에서 접근해야 한다. 8w는 이동 수단, 방식의 신속함에 비중을 두며, 기술 발전으로 의미가 많이 다르게 적용되고 있다. 이 때문에 8w가 지닌 여행의 의미는 '현재 또는 질문자가 선택할 수 있는 가장 빠른 수단으로 하는 여행'으로 이해해야 한다.

배열 위치별 특징 8w는 배열의 다른 카드들이 의미하는 긍정적인 영향을 외부에 발산해야 할 때만 좋은 영향력을 발휘할 수 있으며, 그 밖에는 신중하지 못하거나 쓸데없는 소문을 주고받는 상황이 대부분이다.

켈틱 크로스 배열에서 8w는 주로 5, 8번 위치에 나타났을 때 영향력이 강해진다. 이는 외부 상황이 긴급하다는 것을 질문의 관계자 모두 인지하거나, 그렇지 않더라도 질문자가 해당 문제를 시급히 해결

의 부정적인 의미를 강화/악용하는 방법의 핵심을 짚는다.

* 신야에서 인재를 갈구하던 유비가 제갈량에 대한 소식을 듣고 얼마 안 돼 삼고초려로 등용에 성공한 것을 예로 들 수 있다. 또한, 공산주의가 전 세계로 퍼질 때 제2차 세계대전에서 소련이 승리하자 식민 제국이었던 제1세계 국가(미국, 영국, 프랑스 등)에 반감이 있던 지역에서 빠르게 공산주의를 도입한 사례도 들 수 있다.

해야 할 상황이라는 것을 드러낼 때가 많기 때문이다.

그 밖에 다른 위치에 나타나면 부정적인 영향을 주는 경향이 있으며 그 의미도 약화하기 쉽다. 이는 8w의 의미인 '신속'을 이미 제때 구현하지 못했거나 촉박한 시간이 장애물로 작용할 때가 대부분이며, 그렇지 않더라도 질문자의 조급함을 드러내는 경향이 있기 때문이다. 이를 더 명확히 파악하려면 질문자의 현 상황을 개선하는 데 이런 신속한 행동이 필요/불필요한지를 파악해야 한다.

다만 3, 7, 9번 위치에 8w가 드러난 상태에서 질문자가 조급해하지 않거나 되레 여유를 즐기는 상태라면 긴급한 상황을 모두 해결했는지 확인하고, 이에 해당하지 않으면 상황을 능동적으로 이용할 수 있는 상태라는 것을 암시한다. 예외로, 이 여유가 거짓된 것이라면 다른 카드들에까지 더 큰 악영향을 미친다.

주제별 포인트*

연애(관계가 성립한 상황) 함께 여행을 준비하는 것이 아니라면, 서로 생각/행동이 앞서 생기는 시너지 효과나 촌극**을 의미한다. 다만 서로 오해하는 상황일 때는 이를 빨리 해명/해소하지 않으면 사태가 심각하게 번질 수 있다는 점에 주의해야 한다.

　긍정 서로 원하는 것을 빠르게 확인하거나 관계를 유지하며 생긴 소식을 외부에 나누는 등 계획/관계가 급진전하는 것을 의미한다.

　부정 서로 오해하고 있다면 더 심한 갈등으로 번지거나 좋지 않은 현 상황이 외부로 알려졌다는 것을 의미한다.*** 그 밖에 어느 한쪽의 의견/생각이 과도하게 제멋대로 뻗어 나가는 상태라는 점을 암시하며, 이 때문에 갈등을 빚을 수 있다는 점을 경고한다.

연애(관계가 성립하지 않은 상황) 기본적으로 관계 성립 의지 여부와 상관없이 연애와 관련한 긍정/부정적인 소문을 주거나 받는 것을 의미한다.

　긍정 관계 성립을 원할 때라면 빠른 관계 개선의 실마리가 될 정보나 계기를 마련할 수 있다는 것을 의미하며, 이를 위해 갑자기 이동할 수 있다.

　단순한 연애운이라면 자신 또는 외부/남들과 관련한 소문들을 접하거나 전파하는 것을 뜻하며, 이로써 인연을 만날 확률을 높일 수 있다는 것을 의미한다. 그러나 이 소문들에 아예 관심을 두지 않으면 별 의미 없이 좋은 시기를 지나칠 수 있다는 점에 주의해야 한다.

　부정 관계 성립을 원할 때는 자신에 대해 좋지 못한 소문이 퍼지거

---

　* 8w를 해석할 때 주제와 상관없이 긴급 상황에서 나타나면 수단을 가리지 않고 빠르게 실행함으로써 생기는 변화 및 부작용이 무엇인지를 반드시 고려해야 한다.

　** 빨리 보고 싶어 한 나머지 가는 길이 엇갈려 보지 못하는 상황을 예로 들 수 있다.

　*** 관계의 우위를 차지하려 일부러 외부에 정보를 흘리는 것도 포함한다.

나 호감을 느끼고 있던 이의 (사실 여부 불명의) 나쁜 소문을 접하는 것을 의미한다. 이때는 이런 소문의 진상을 빨리 파악하도록 조언해 문제를 조기에 매듭지어야 한다.

단순한 연애운이라면 질문자의 조급한 접근이나 판단*이 연애를 가로막고 있다는 것을 지적하며, 그 밖에 자신이 해야 할/하고 싶은 일 때문에 연애가 우선순위에서 뒤로 밀려난 상황을 암시한다.

대인관계 8w는 기본적으로 친밀감을 빨리 쌓거나, 빠른 소통 수단으로 만나는 이들과의 관계를 언급한다.

긍정 질문자가 큰 노력을 기울이지 않아도 관계가 돈독해지는 것을 의미하거나 특정 모임/단체에 빨리 녹아들 수 있는 상황을 뜻한다. 이는 질문자의 목적/역량에 따라 다른 효과로 나타날 수 있다.** 최상의 경우 빈자리였던 해당 집단/모임의 좌장座長을 얻어내 자신의 세력이나 지지 기반으로 삼는 것을 뜻한다.

부정 스쳐 가는 유행/이슈일 뿐 깊은 인연을 만들 수 없으며, 되레 자신에 대한 헛소문, 구설수가 퍼져 곤란을 겪을 수 있다는 것을 암시한다. 코트 카드 중 왕/여왕들 및 Ps와 부정적으로 연계된다면 희생양으로 지적되거나 무언가 드러내기 어려운 이유 탓에 왕/여왕에 해당하는 이가 질문자를 대인 관계에서 축출하려 악의적인 수작을 부리고 있다는 것을 경고한다.***

---

* (잠깐/피치 못할 사정으로) 연락이 없는 것을 자신에게 관심이 없는 것이라 섣부르게 판단해 관계를 끊는 등의 상황을 말한다.

** 연애라면 단순히 연인을 구한 뒤 그 집단을 이탈하는 정도에서 시작해 질문자가 의도하는 특정 목적을 달성하려 단체를 형성하는 것까지 폭넓게 나타난다.

*** 단순히 예의(특히 인사)를 지키지 않은 것에서 시작해 왕/여왕에 해당하는 이들이 자신들에게 익숙한 관행/편법을 따르지 않는다고 자행하는 행동에 가깝다. 악랄한 예로 군대의 기수 열외 풍조나 지역/인종 차별을 들 수 있다. Ps는 단순한 감정 문제나 분풀이/편견으로 악담하는 데 그칠 때가 대부분이나, 심하면 신체 상해/집단 따돌림으로 발전한다.

그러나 일반적으로는 금세 사그라들 가십이 대부분이며,* 약간의 오해를 사는 데 그친다.

사업의 흐름이나 전망 8w는 정보 입수/전파로 이득/손해를 얻는 것과 밀접한 관련이 있다.

긍정 외부에서 입수한 정보/지식에 빠르게 적용해 수익을 창출하거나 손해를 방지하는 데 성공하는 것을 의미한다. 특히 이는 다른 사람/경쟁자들이 인지하지 못하거나 알더라도 자신들의 사업에 어떻게 영향을 끼칠지 모르는 상황에서 더욱 빛을 발하며, 최상의 경우 업계를 선도하는 수준으로 발돋움할 기회를 잡게 된다.

다른 해석으로는 자신의 기반 바깥의 먼 지역으로 출장/파견을 나갔을 때 아이디어를 얻고 이를 실행/전파함으로써 기반을 쌓는다는 의미로도 볼 수 있다.

부정 악성 루머나 비판받을 요소가 외부에 공개/전파되어 손실을 보거나 평판이 추락할 수 있다는 것을 경고한다. 최악의 경우 악의를 품은 이들이 조직적으로 소문을 퍼트리거나 가짜 뉴스를 양산해 돌이킬 수 없을 만큼 평판을 망가뜨리는 지경에 처한다.

이에 해명/개선하려 해도 과거만큼 복구하는 것은 어려울 수 있기에, 미리 꾸준히 점검하도록 조언해야 한다.

또 다른 해석으로 8w는 시대/기술의 발전 흐름에 뒤처져 수익이 점차 줄어드는 것을 의미하며,** 이때 배열의 다른 카드들과 연계 및 질문자의 연구/개발 능력이 수준 미달이라면 사양산업***으로 편입하는 흐름을 막을 수 없다는 것을 선고한다.

---

* 단순한 취향 문제를 시빗거리로 삼거나 우연의 일치로 벌어진 일을 의도가 있었다고 판단해 남에게 말을 옮기는 수준에 가깝다.

** 석유의 발견과 보급으로 석탄 산업이 축소된 것을 예로 들 수 있다. 현재 석탄 산업은 제철 분야와 화력 발전에 국한해서 주로 활용된다.

*** 기술이 발전하고 경제가 성장함에 따라 침체에 빠지거나 경제 여건상 쇠퇴하는 기존의 산업.

창업의 성사 여부 8w는 짧고 금방 지나가는 것들을 이용해 단기간에 이익을 얻는 분야와 관계있으며, 가장 빠르게 유행하는 것들을 외부에 전파/보급하거나 자신을 내세우는 직종과 연결된다.

그러나 그만큼 빨리 의미가 바뀌기에 특정 분야를 지정해 언급할 수 없다는 점에 주의해야 한다.[*]

또한, 대신해서 소문을 퍼트려 수익을 내는 단발성 사업에 해당하나, 그 규모/수준이 비슷한 의미를 띄는 다른 카드들(Pw 등)보다 못하거나, 일회성에 그친다.[**]

긍정 질문자가 다른 이들보다 앞서 시도함으로써 유리한 위치를 선점하거나 선구자로서 입지를 얻는 것을 뜻한다. 이는 특히 자신이 알고 있는 것을 대중과 공유하면서 자신의 수준을 계속 갈고닦는다면 그 효과가 더 커진다.

또한, 외부 행사에 참여해 자신이 추구하는 바를 발표하거나, 자신의 이상에 부합한 인물/사상/주장을 대중에게 소개함으로써 이익을 얻는 방식을 취할 수 있다.

부정 단순한 소문에 일희일비하거나 방향성을 잃기 쉬운 상태라는 것을 지적하며, 일회성 성공에 도취해 안주하려다가 수익 모델이 사라질 수 있다는 것을 경고한다. 최악으로는 검증되지 않거나 악의적인 내용을 외부에 살포하는 것을 빌미 삼아 수익을 유지하는 형태의 사업에 종사할 수 있다는 것을 암시하며, 이에 따른 격의 실추를 불러온다.

진로 적성 8w는 위에서 언급한 특성상 특정 분야를 명확히 지칭할 수 없다.

새로이 도입된 원론에 기반해 만들어진 직업이나 진로와 관계있

[*] 2000년대 초반 8w는 프로그래밍·정보통신 분야를 뜻했으나, 2010년 중반을 기점으로 이 분야가 6s로 변경되는 등, 카드의 의미가 급격히 변화한다. 최근 기준으로 8w에 속하는 분야/직종을 예로 든다면 VR, (투기 도구로서의) 가상화폐 분야를 꼽을 수 있으나 현재는 이 또한 8w에 속하지 않는다.

[**] 간단한 리뷰 이벤트나 제품 사용기로 덤을 얻는 상황을 예로 들 수 있다.

다는 정도로 이해하고, 시류에 맞게 의미를 적절히 적용해야 한다.*

긍정 자신이 추구하는 것과 관련한 직업을 발견하거나 추종하는 것을 빠르게 받아들여 남들을 선도할 수 있는 분야를 의미한다. 다만 이때는 이 진로/직업의 지속/안정성이 극히 떨어지므로 충분한 보상/대비가 필요하다. 해석자는 조언할 때 질문자가 어떤 방식 하나만을 고수하려 하면 그 부작용이 클 수 있다는 점을 강조해야 한다.

부정 단순한 흥미 위주의 접근이 진로 탐색을 방해하고 있으며, 질문자의 주관이 명확하지 못해 시류에 흔들리고 있다는 것을 지적한다. 최악의 경우 이도 저도 아닌 채 경력을 쌓지 못하고 시간을 허비할 수 있다는 것을 경고하며, 해당 분야가 다른 분야에 통폐합돼 오갈 곳이 없어지는 상황으로 나타난다.

이를 방어하거나 긍정적인 방향으로 이끌어나가려면 질문자가 '왜 그 진로를 택하려 하는지'를 깊게 분석하고, 더 나은 대안을 제시할 수 있도록 해주어야 한다.

시험 결과나 합격 여부 8w는 긍정/부정적인 영향과 상관없이 그저 빠르게 결과를 확인할 수 있는 시험**을 의미하며, 이에 따른 파급력이 주위에 전파되는 의미 말고는 별다른 뜻을 부여하기 어렵다.

다만 당락에 따라 진행될 앞으로의 이야기들이 (질문자의 예상보다) 빠르게 진행되리라는 점 정도를 강조하는 경향이 있을 뿐이다.

질병의 호전, 완치 8w는 어떤 상태라도 '급성'이라는 수식어를 추가할 뿐이며, 질병의 호전/악화와는 상관없다. 다만 새로운 치료법을 받을 기회가 생길 수 있으나, 8w가 이에 따른 효과를 보장하지는 않

---

* 8w는 한때 프로게이머의 의미로도 해석됐던 적이 있다. '게임도 스포츠가 될 수 있을까?'에서 시작한 시도들이 많은 이의 노력과 PC의 대중 보급에 힘입어 갓 만들어진 직업이 프로게이머이기 때문이다.

다만 이제는 프로게이머 체계적 육성 과정이 생겼기에 8w의 의미로 쓰기 어려워졌는데, 이 또한 5~10년도 안 된 사이에 일어난 변화다.

** 우리나라에서는 운전면허 필기시험을 대표적인 예로 들 수 있다.

으로 배열의 다른 카드들을 참고해야 한다.

다만 외상外傷일 때는 몇몇 카드와 조합(7, 16, Ns 등)으로 교통사고의 의미를 꺼낼 수 있으나, 이 또한 흔치 않은 조합이기에 실제 적용할 때는 주의해야 한다.

단순한 건강 문제 기저 질환 유무에 따라 명암이 극명하게 갈린다.

기저 질환이 없다면 정신/심리적인 면에서 생긴 조급함, 조루 등 '속도/신속'의 의미가 영향을 주는 부정적인 질병들에 해당하며, 기저 질환이 있다면 해당 질환이 급속히 악화하기 쉽다는 것을 경고하는 경향이 있다.

기저 질환 유무와 상관없이 긍정적인 영향을 받는다면 잠시나마 빠른 회복이 이루어지는 상황을 뜻하거나, 건강을 개선하고자 새로 시도하는 것들이 (실제 효력과 상관없이) 빠른 효과를 내는 상황을 뜻한다.

켈틱 크로스 배열 위치별 긍정/부정 해석법

1 → ②⑤⑦⑧ 카드 확인 질문자가 실제로 자신이 계획에 맞춰 일을 빠르게 진행하고 있는지 확인해야 한다.[*] 그렇지 않다면 질문자가 조급해하는 이유 및 해당 문제를 해결할 기회/시간이 부족해진 원인을 파악해야 하며, 상황이 질문자를 어떻게 옥죄고 있는지 확인함으로써 긍정/부정적인 의미를 판단할 수 있다.

긍정 다른 카드와 연계 해석했을 때 특별한 변수가 만들어지지 않는 한 질문자의 의도대로 일이 흘러가리라는 것을 뜻하며, 순조롭다 못해 빠르게 진행되면서 놓치는 것이 있을 정도로 막힘없는 상황이라는 것을 드러낸다. 그러나 변수가 있으면 핍 카드의 한계 탓에 이런 긍정적인 영향이 쉽게 침해받고, 자칫 이를 역이용한 함정에 빠질 수 있으니 주의하도록 당부해야 한다.

부정 질문자가 시간에 쫓겨 조급해한다는 것을 강력히 시사하며, 이 과정에서 무엇이 잘못되고 있는지 눈치채지 못하는 상황이라는 것을 암시한다.

이때는 남의 의도에 농락당하거나 질문자의 선택지를 제한하는 문제들이 있다는 점을 강조하며, 질문자가 이런 문제들을 쉽게 회피하려다가 막다른 골목에 몰릴 수 있다는 점을 경고해야 한다.

최악의 경우, 생각 없이 의식의 흐름대로 일을 진행하다가 사고가 생겨서 공든 탑이 무너질 수 있다.

---

2 → ④⑤⑧ 카드 확인 상황이 얼마나 급박하고 질문자를 방해하는 소식/헛소문이 무엇인지 파악해야 한다. 과거에 질문자가 어떤 일들을 해왔는지 파악하고, 이에 따른 외부의 반작용/반응을 분석함으로써 긍정/부정적인 의미를 판단할 수 있다.

긍정 질문자뿐 아니라 다른 경쟁자들도 똑같이 쫓기고 있거나, 갓 소식을 접해 진상 파악을 못하고 변화에 적응하지 못한 상태라는 것을 드러낸다. 이때 질문자의 역량이나 배열 내 다른 카드들의 긍정적인 의미가 발현하도록 돕는다면 자신의 태도, 의사를 먼저 표명함으로써 이슈를 선점할 기회를 손에 넣을 수 있다.

부정 상황이 빠르게 변하거나 질문자를 비방/비판하는 이들 때문에 계획이 어그러지고 있다는 것을 경고한다. 이때 4번 위치에 드러난 카드가 긍정

[*] 문제가 없다면 8w의 긍정적인 면을 조명하기에 앞서, 질문자들이 점을 볼 필요를 느끼지 못하는 상황이 대부분이다.

적인 의미를 꺼내기 어려운 카드(15, 10s 등)라면 상황을 역전하기 어려우며, 질문자가 자신의 실책을 빨리/진솔하게 인정함으로써 논란을 잠재울 수 있도록 해야 한다. 비록 논쟁거리를 남기더라도 빠르게 조처해 본래 하던 일/계획에 전념하도록 조언함으로써 쓸데없는 전력 낭비를 피할 수 있다면, 8w의 부정적인 의미를 빠르게 수습할 수 있다.

---

3 → ② ④ ⑦ 카드 확인 질문자가 어째서 이 질문과 관련한 문제를 빨리 해결하려 하는지와 과거 비슷한 문제들도 신속하게 해결했는지를 확인해야 한다.

이에 필요한 역량이 질문자에게 없다면, 8w는 신속이 아닌 초조함의 의미가 강해지며, 그만큼 질문과 관련해 (질문자가 말하지 않은/말하지 못할) 불리한 요인이 있다는 점을 해석자로서 의심해봐야 한다.

긍정 질문자가 이 문제와 같거나 비슷한 사안을 많이 경험했거나 사안에 대한 방침이 명확히 정해져 있다는 것을 의미한다. 최상의 경우 이로써 자신이 목표를 빠르게 달성하리라는 것을 뜻한다. 다만 이때 질문자의 방침/경험이 다른 사람들에게 (비교적) 알려지지 않은 방식이어야 한다는 전제가 성립해야 한다.

부정 질문자가 조급한 나머지 질문과 비슷한 문제들에서 같은 실수를 반복하기 쉬우며, 이는 특히 누락이나 오탈자, 검수 미숙으로 생긴 것이 대부분이다. 졸속拙速으로 처리하는 것이 꼭 나쁘지는 않지만, 이 과정에서 벌어질 실수를 어떻게 줄일지 고려해야 하며 이런 자잘한 실수가 치명적인 문제*로 커질 수 있으니 주의를 기울여야 한다.

---

4 → ① ② ⑧ 카드 확인 문제와 관련한 과거의 어떤 일들이 빠르게 진행된 끝에 지금의 문제를 맞이했으며, 외부 평가가 어떤지 확인함으로써 긍정/부정적인 의미를 파악할 수 있다.

긍정 질문자에게 도움이 될 일들이 있었거나 상황이 조기 종결해 문제의 소지를 줄이는 데 성공했다는 것을 의미한다. 이 흐름을 자신의 의도대로 유지/통제할 역량이 있다면 큰 변수가 없는 한 정해진 대로 일이 흘러가리라는 것을 암시한다.

부정 질문자가 무언가 놓치거나 응당 해야 할 일을 (불가피한 상황으로) 하

---

* 과거 매출/이익의 구분이나 단위를 (의도적으로) 잘못 표기해 발생한 사기 사건/사고들이 이에 속한다.

지 않아 문제가 불거졌다는 점을 지적하며, 질문자의 경솔한 언행이 이 문제에 직간접적으로 관계있다는 점을 암시한다. 8번 위치에 드러난 카드가 부정적인 의미를 담고 있으면 문제가 심각해지며, 질문자가 책임을 져야 할 수 있다.

---

5 → ① ③ ④ ⑧ 카드 확인 이 위치에 나온 8w는 긍정/부정적인 영향을 떠나 해석하기는 쉬우나, 조언이 어려울 때가 많다. 이는 '상황의 빠른 변화/전개'의 의미를 크게 벗어나지 않기 때문이다.

그렇기에 단순한 상황의 급진전 정도로 해석하고, 질문자가 이 상황을 능동적으로 이용할 수 있거나 별달리 조처하지 않아도 질문자의 의도대로 상황이 흘러가는지를 먼저 확인해야 하며, 그렇지 않다면 (부작용이 따르거나 손해를 감수하더라도)* 문제 자체에서 벗어나거나 국면을 전환하도록 해서 상황 전개 속도를 늦추는 등의 방편을 동원함으로써 좋지 않은 상태를 벗어날 수 있도록 도와야 한다.

---

6 → ② ⑤ ⑨ 카드 확인 질문자가 맞이한 장애가 조기에 해결할 수 있는 문제인지 확인하고, 문제를 둘러싼 여건이 질문자가 바라는 수준을 충족하기 쉬운 상태인지 가늠함으로써 긍정/부정적인 의미를 판단할 수 있다.

긍정 결론(⑩)에 드러난 카드가 1~9번 위치에 드러난 카드들과 상반된 의미를 띠지 않는 한, 질문자의 준비가 충실하거나 외부의 시의적절한 조력이 더해져 상황이 호전되는 등 단숨에 일이 순조롭게 진행되며, 이 과정에서 목표를 이루기 쉽다는 것을 암시한다.

특히 메이저 카드와 함께 긍정적인 영향을 받는다면, 이 추진력을 이용해 질문 외 다른 분야/쟁점까지 한 번에 해결할 수 있다.

부정 질문자가 손쓰기 전에 문제가 더 격해지거나 질문자에게 불리한 이야기들이 외부에 퍼지리라는 것을 경고한다.** 심각하게는 뱅크런*** 상황으

---

* 도박으로 비유한다면 판돈을 계속 올린 탓에 포기하기 아쉽더라도 결정적인 패배를 피하고자 자신의 패를 과감히 포기(Fold/Die)하는 상황으로 이해할 수 있다.

** 무분별한 대출 탓에 신용도가 추락한 것을 다른 인물/은행들이 공유해 추가 대출이 불가능해져 곤란해지는 상황을 예로 들 수 있다.

*** 뱅크런Bank Run은 경제 악화로 금융시장에 위기감이 조성되면서 은행의 예금 지급 불능 상태를 우려한 고객들이 대규모로 예금을 인출하는 상황을 가리키는 용어다. 국내에서는 IMF 시기에 일어났으며, 2011년 저축은행 부실

로 내몰리며, 상황이 악화하기 전에 이 흐름에서 벗어나지 못한다면 반드시 손실을 보거나 억울한 누명을 쓸 수 있다는 것을 암시한다.

최악의 경우는 질문자가 제대로 준비되지 않은 채 이 상황을 맞는 것으로, 이때는 기존의 유리함이나 기반이 모조리 소모된다.

7 →③⑤⑨ 카드 확인 겉으로 드러난 상황이 질문자의 능력 및 목표와 얼마나 맞아떨어지는지 확인함으로써 긍정/부정적인 의미를 확정할 수 있다.

긍정 질문자가 생각/계획한 것에 확신이 있으며, 이를 빠르게 실행할 마음을 품은 것을 의미한다. 최상의 경우 이 행위로 지지/후원자를 얻는다.

부정 질문자가 잘못/편향된 정보에 의지해 사안을 판단하고 있거나, 조급한 나머지 질문 주제와 관련한 제반 상황 및 산재한 문제점/부작용을 무시하려 하고 있다는 점을 경고한다.

이를 강행하면 실패/성공과 상관없이 그에 따른 책임/부작용을 떠안아야 하며, 궁극적으로 안 하느니만 못한 상황으로 전락하기 쉽다.

---

8 →①②③⑦ 카드 확인 외부 상황의 급박함 또는 질문자가 주목받기 힘든 상황인 것이 질문자에게 어떤 긍정/부정적인 영향을 주는지 확인해야 한다. 나아가 질문자의 상황, 입장, 성향과 이를 방해하는 요소가 8w의 의미인 '신속'과 어떻게 결합하는지 고려하면 더 쉽게 해석할 수 있다.

긍정 질문과 관련한 상황이 전개되는 순간을 틈타 목적을 달성하기 쉽고 다른 사람들이나 외부 요소의 방해가 없다는 것을 뜻하며, 모두 각자도생各自圖生해야 하기에 간섭 자체가 어려운 상황*이라는 점을 강조한다.

부정 질문자의 행동/실행력이 남들보다 느리거나 뒤처져 손해를 보거나 안팎의 비판/비난에 휩쓸리기 좋은 상황이라는 것을 암시한다. 질문자를 직접 언급하는 소문이라면 이런 비판에서 벗어날 수 없으며, 빠른 대응이나 철저한 침묵 또는 아예 논쟁이 된 영역에서 이탈하는 등의 조치를 해야 하며, 최악의 경우 자신이 아무리 질문과 관련한 사안에 개입하려 해도 사람들이 질문자를 방치/배제하는 상황으로 악화한다.

---

9 →①⑤⑦ 카드 확인 질문자가 특정 소문의 전파나 상황의 급진전을 희

사태로 뱅크런이 있었다.

 * 대학의 수강 신청에서, 불법적인 수단(해킹 등)이 아닌 한 각 학생이 어떻게든 빠른 신청 접수에만 신경 쓸 뿐 남의 수강 신청을 방해하는 방법을 (현실적으로 한계가 있고 효율이 떨어지기에) 택하지 않는 상황을 예로 들 수 있다.

망/두려워한다는 것을 뜻한다.

이를 더 구체적으로 파악하려면 질문자에게 결정권/자유 재량권이 얼마나 있으며, 이런 역량/기반으로 전체 상황을 통제할 수 있는지 가늠해보거나 질문 주제와 관련한 일의 흐름이 질문자가 손댈 수 없는 정도인지 점검함으로써 원하는/피하는 것이 무엇인지를 더 구체적으로 판단할 수 있다.

희망 상황이 뜻대로 빨리 이루어지길 바라거나 자신의 (선의/악의적인) 의도를 담은 이야기들이 외부로 널리 퍼지길 바라는 모습으로 이해할 수 있다. 그러나 이런 희망은 질문자가 열세에 놓여 있다면 더더욱 이루어지기 힘들며, 상황을 스스로 개선하려 노력하지 않는 한 배열의 부정적인 흐름이 확정적으로 굳어지는 경향이 있다.

두려움 질문자가 원하지/의도하지 않은 소문/일들이 갑작스레 생기거나, 사안과 관련해 남들보다 뒤처지는 것을 두려워해 소극적인 대응으로 일관하게 될 것을 지적한다.

---

10 → 결론에 드러난 8w는 배열의 다른 카드들이 띠는 긍정/부정적인 의미가 빠르게 현실에 적용되는 것을 의미하나, 그 지속력은 금방 떨어진다. 그렇기에 어떤 질문에 대한 결론을 확언하려 해도 상황이 금방 바뀌어 점을 다시 봐야 할 때가 잦다.

긍정 질문에 관련한 일들이 무사히 빠르게 진행되거나 좋은 반응을 가져오며, 이에 따른 후속 조치를 실행함으로써 더 나은 결실을 볼 수 있다는 것을 뜻한다. 최상의 경우, 문제와 관련한 일은 다시 볼 필요 없을 정도로 매듭짓고 자신의 수준을 끌어올리는 모습으로 드러난다.

부정 지속성이 부족해 자신이 거둔 성공을 무의미하게 방치하거나 이어지는 다른 문제 때문에 주목받지 못하는 등, 질문자가 원하는 효과를 제대로 누리지 못하리라는 것을 경고한다. 또한, 질문과 관련한 질문자의 언행이 다른 논쟁을 불러일으키거나 악의적인 소문의 근원이 되어 명예가 실추될 수 있다는 것을 암시하며, 최악의 경우 이런 상황을 질문자를 제외한 다른 주변 사람들이 먼저 인식하는 상황으로 전개된다.

이때는 조언으로 반전을 꾀하기 어렵기에 직접적·물리적 대응에 나서 문제를 해결할 수밖에 없다. 해석자는 이에 따른 추진력의 저하도 문제가 될 수 있다는 점에 착안*해 조언해야 한다.

> * 명예 훼손, 허위사실 유포, 저작권 도용 등으로 생길 수 있는 피해를 막고, 가해자를 처벌하고자 개인이 법무 일정을 순조롭게 소화하는 것조차 어려운

실제 사례 (2015년 5월, 부산 서면 모처, 20대 후반 여성)

질문   같이 여행 가서 재미있게 놀다 올까?

사전 정보 연애 기간은 1년 남짓, 연인과 함께 제주도로 2박 3일 여행을 갈 계획이었으며, 함께 여행하는 것은 처음인지라 무척 기대하고 있었다.

$$Pp - 8c - Pw - 7p - 8w - Ns - Qc - 10s - 5w - 8s$$

Pp   (질문자 자신) 경험해보지 못한 일이라 이런저런 기대를 하고 있다.

8c   (장애물) 점점 감정이 식고 있었다.

Pw   (기저) 기왕 놀러 가는 것이니 기분 좋게 가야겠다고 생각한다.

7p   (과거) 질문자가 상대방에게 바라는 것이 많았다.

8w   (현재/곧 일어날 일) 빠르게 상황이 진행될 것이다.

Ns   (미래) 이 변화는 관계를 더 극적으로 바꿀 것이다.

Qc   (질문자의 내면) 질문자는 현 상황에 큰 문제가 없다고 여긴다.

10s   (제3자가 바라보는 질문자) 상대방은 관계를 끝내고 싶거나 질문자가 바뀌지 않으리라 생각한다.

5w   (희망/두려움) 조금 더 내가 원하는 바를 얻고자 하며, 그러면서도 다툼이 없길 바라고 있다.

8s   (결과) 이 관계에 문제가 생긴 이유는 질문자에게 있다.

것이 현실이다. 생업을 중단하거나 업무에 지장이 생기는 등, 결국 질문자의 시간과 비용을 소모하고 원동력을 없애는 식으로 작용할 수 있다는 데 주의해야 한다.

실전 해석

이 배열에서 8w는 5번 위치, '곧 일어날/일어난 일'에 드러났다.

연애와 관련한 질문의 특성상, 이 관계가 급속도로 발전/파탄할 계기가 다가온다는 것을 뜻하기에, 그동안 어떻게 지내왔는지 모른다면 긍정/부정적인 면을 모두 고려해야 한다.

8w에 영향을 주는 카드는 Pp, Pw, 7p, 10s다. 이로써 질문자가 곧 다가올 상황에 대해 어떤 대비도 되어 있지 않고 상대방에 대한 배려도 모자랐다는 것을 짐작할 수 있다. 이는 나이에 비해 부족한 기반, 경험(Pw, Pp)과 상대방의 배려를 당연시하는 모습(7p)이 상대방/주변 사람들에게 부정적인 인상을 심어주기 때문이다.

나아가 이 배열에서 8w는 질문자가 그동안 잘못한 일들이 끝내 상대방의 인내심을 넘어서서 관계에 종지부를 찍게 하거나, 반대로 상대방/외부의 좋지 않은 여론을 모두 반전하는 데 성공해 더 확고한 관계로 나아가는 순간이 오고 있다는 것을 지적하는 등, 긍정/부정적인 영향에 따라 극단적으로 해석할 수 있기에, 여행에서 발생할 일들을 어떻게 현명히 넘겨야 하는지 조언해야 했던 사례다.

① **Pp(질문자 자신) 부정**적인 영향을 받았다. 질문자가 자신이 누리는 것을 당연하게 여긴 나머지 상대방의 감정이 식어가는지조차 모르고 있다는 것을 의미하며, 아예 끝까지 모르면 모르겠으나 상대방의 항의나 불평에도 아랑곳하지 않고 자기 합리화를 하려 할 것이기 때문이다. 이런 태도를 고수하면 끝내 관계가 깨지기 쉽다(8c, 7p, Qc, 10s).

② **8c(장애물) 부정**적인 영향을 받았다. 이 여행이 그동안 자신이 쌓은 업보가 돌아올 계기로 작용하기 쉽다는 것을 경고하며, 이를 무시하고 자신의 감정을 충족하는 데만 치중하면 문제가 더 커질 수 있다는 것을 지적한다(7p, 8w, 10s).

③ **Pw(기저) 부정**적인 영향을 받았다. 질문자에게 문제 해결 의지가 없는 것을 넘어, 무엇이 문제인지조차 모르는 수준이기 때문이다. 질문자의 투정이나 불만도 어떻게든 희석할 수 있었던 연애 초기와 달리, 이제는 상대방의 마음이 점차 떠나게 만드는 원인이 될 만큼 부정적인 영향을 심각하게 받았다(8c, 7p, Qc, 5w).

---

④ **7p(과거) 부정**적인 영향을 받았다. 이는 질문자가 관계를 지속하며 자신의 요구사항을 관철하기만 했을 뿐 상대방은 배려하지 않았으며, 이 관계를 자신의 만족감 충족에 이용한 것에 가깝기 때문이다. 설령 질문자의 의도가 그렇지 않았더라도 이 연애를 바라보는 이들은 질문자를 부정적으로 바라볼 수밖에 없다는 점이 부정적인 영향을 강화한다(Pp, 8c, 8w, Ns).

---

⑤ **8w(현재/곧 일어날 일) 부정**적인 영향을 받았다. 이 여행이 작은 실수로도 갈등을 빚기 쉬우며, 질문자가 주변의 지지를 끌어내지 못하고 있기 때문이다. 거꾸로 질문자가 뭘 더 하려다가 상황만 더 나빠질 가능성이 크다. 최악의 경우, 상대방이 외부의 부정적인 여론을 등에 업고 질문자를 골탕 먹이더라도 하소연할 곳이 없을 수 있다(Pp, Pw, 7p, 10s).

---

⑥ **Ns(미래) 부정**적인 영향을 받았다. 질문자의 근시안적인 행보가 문제를 더 키웠으며, 이 와중에 '왜 내 말을 안 들어 주나?'라는 태도를 보여 상대방의 감정을 더 식게 만들기 쉽다는 것을 암시한다. 이를 극복하려면 질문자가 상대방/외부인을 배려해야 하나, 그럴 마음이 없기에 상황이 더 심각해지기 쉽다는 것을 간과할 수 있다(Pp, 7p, Qc, 5w).

---

⑦ **Qc(질문자의 내면) 부정**적인 영향을 배열 전체에 끼치는 원흉이다. 자신의 감정에만 집중한 나머지 주변에서 지적해도 제 감정만 채운 뒤 자신의 문제점을 개선하지 않은 채 계속 같은 방법을 반복한

끝에 인망을 잃어버린 것을 암시한다(Pp, 8c, 7p, 10s).

⑧ **10s(제3자가 바라보는 질문자)** 부정적인 영향을 받았다. 아이처럼 떼를 쓰는 수준이라 여기고 있으며, 제 버릇 못 고치는 사람이라 상대방만 고생이라는 인식이 팽배하다는 것을 드러낸다. 이는 곧 관계가 파탄하더라도 외부에서 '그러게 잘 좀 하지 그랬어.' 같은 반응만 받을 것을 암시한다(Pp, Pw, Qc, 5w).

⑨ **5w(희망/두려움)** 질문자가 자신이 원하는 것을 얻어내길 바라는 희망과 더 다투지 않았으면 하는 두려움으로 해석할 수 있다. 질문자도 이 관계가 자칫하면 끊어질 수 있다는 것을 (은연중에) 자각하고 있으며, 그 원인이 자신의 욕심에서 비롯했다는 점을 애써 외면하고 있기 때문이다(8c, 7p, 10s).

⑩ **8s(결론)** 부정적인 영향을 받았다. 이 상황이 어떻게 흘러가도 질문자가 할 수 있는 일이 없으며, 문제의 원인을 없애거나 개선하더라도 이미 늦었다는 것을 강조한다.

해석하기도 전에 그녀는 상대방에 대한 온갖 불평불만을 늘어놓았는데, 듣던 나조차도 상대방을 동정할 수밖에 없었다. 해석에 시간이 조금 걸린다고 양해를 구한 뒤, 그녀가 화장실에 간 틈을 타 친구들에게 물어보니 누가 데려간다고 하면 말릴 것이라는 말이 진지하게 오갈 정도였기에, 나는 이 점에 대해 별다른 조언이나 지적을 하지 않고 다만 여행 가서 싸우기 쉬우니 어지간하면 참고 싸우지 말라는 말만 해줬다.

이 배열의 후일담은 아니나 다를까, 제주도에서 싸우고 남자가 결별을 통보한 뒤 곧장 돌아왔다는 것을 그녀의 친구들에게서 들을 수 있었다. 하나부터 열까지 남자가 준비한 여행에 미주알고주알 잔소리하다가 시비가 붙어 과거 행실들까지 언급하며 고성이 오간 끝에 헤어졌으나, 정작 그녀의 친구들이 상대방을 동정하기에 이르렀고,

곧 그중 한 명과 연애를 시작하며 질문자는 친구들에게까지 연락이 하나둘 끊어졌다는 것을 확인할 수 있었다.

이 사례는 해석자가 자주 느낄 법한 '너무 늦게 점을 본' 전형적인 상황이라 할 수 있다. 꾸준한 조언과 자기 성찰이 있었다면 이런 파국을 미리 막을 수도 있었기 때문이다. 하지만 사람이 가장 마지막에 찾는 것이 점술이다 보니, 이런 일을 빈번히 맞이하는 것에 쓸쓸함을 지우기 어려웠던 기억이 난다.

이 배열에서 8w는 Ns와 함께 상황이 급변할 것을 예견하게 한다. 특히 과거부터 불만을 차곡차곡 쌓아온 질문자의 행실은 조언으로도 해결할 수 없는 수준이었기에 그만큼 관계가 파탄하는 속도도 빨랐다고 이해할 수 있다.

연애와 관련한 질문에서 8w는 큰 의미가 있기 어렵다. 통신 수단을 이용한 만남, 고백 정도의 의미를 꼽을 수 있으나, 상황을 빠르게 긍정/부정적으로 몰고 가는 데는 16보다 더 치명적일 수 있기에 주의해야 한다.

실제 사례 (2000년 가을, 경기도 성남시 분당구 모처, 70대 초반 여성)

질문 큰 병이라도 생긴 걸까?

사전 정보 그동안 내과 질환이 있어 통원 및 투약 치료를 받다가, 의사가 하루 이틀 정도 입원 및 검사할 것을 권해 매우 놀란 상태였다.

$$3 - Np - 2c - Pw - 5w - 7p - 6c - Qs - 8w - Kp$$

3 (질문자 자신) 큰 무리 없이 잘 지내고 있었다.

Np (장애물) 기존에 앓던 병도 그리 큰 병은 아니었다.

2c (기저) 검사 일정을 잡았다.

Pw (과거) 지금껏 의사의 처방을 충실히 따랐다.

5w (현재/곧 일어날 일) 검사 때문에 지치거나 긴장하기 쉽다.

7p (미래) 문제가 있을까 봐 걱정하나, 겉보기에는 생활에 전혀 문제를 겪지 않고 있다.

6c (질문자의 내면) 과거에 겪은 질환이 심해졌거나 이와 비슷한 경험을 하기 싫어한다.

Qs (제3자가 바라보는 질문자) 검사는 일정대로 진행될 것이다.

8w (희망/두려움) 좋든 나쁘든 결과를 빨리 확인했으면 한다.

Kp (결과) 자기 관리를 잘해왔으니 별문제 없이 일상으로 돌아갈 것이다.

이 배열에서 8w는 9번 위치, '희망/두려움'에 놓였다.

건강과 관련한 질문인 이상, 8w가 의미하는 두려움은 건강의 갑작스러운 악화라는 것을 유추하기는 쉬운 편이다.

8w에 영향을 미치는 카드는 3, 5w, 6c 이다. 질문자가 예전부터 내과 질환을 앓았기에 건강을 관리하고자 식이요법을 하거나 그 나름대로 꾸준히 운동하는 등 어느 정도 과거와 같은 상태를 유지했으며, 그렇기에 검사 결과가 나쁠 리는 없으리라고 생각한다는 점을 드러낸다.

그렇기에, 배열 해석에서 질문자의 이런 생각에 얼마나 설득력이 있는지 확인하는 데 중점을 두어야 한다.

① 3(질문자 자신) 긍정적인 영향을 받았다. 질문자가 예정에 없는 검사에 당황했을 뿐 딱히 의사의 처방을 어기거나 자신을 방만하게 관리하지 않았기 때문이다. 다만 앓고 있는 질병이 예후를 관찰하기 어려운 병이라면 변수가 생길 수 있기에 주의를 기울여야 한다(2c, Pw, 5w, Qs).

② Np(장애물) 긍정적인 영향을 받았다. 질문자가 그동안 건강한 습관을 유지하는 데 심혈을 기울였기에 큰 문제가 되지 않으며, 거꾸로 이렇게 관리함으로써 더 건강해졌다는 것을 의미한다(2c, 6c, Qs).

③ 2c(기저) 긍정적인 영향을 받았다. 갑작스러운 일정이라도 질문자가 노력/대비해왔으며, 이 검사 결과로 빠르게 회복했다는 사실을 확인할 가능성이 크기 때문이다(Np, Pw, 8w).

④ Pw(과거) 긍정적인 영향을 받았다. 이는 질문자가 과거부터 의료진의 처방에 잘 따랐으며, 이를 뒷받침할 가족의 도움을 받는 데 큰 문제가 없었다는 것을 뜻하기에 검사가 끝난 뒤 정상 생활로 돌아가

리라는 것을 확인할 수 있다(3, Np, 5w, 8w).

⑤ **5w(현재/곧 일어날 일)** 긍정적인 영향을 받았다. 검사만 하면 별다른 스트레스를 받을 것이 없으며, 건강을 유지하려고 크게 무리하지 않았기 때문이다. 이로써 질문자가 건강을 되찾을 가능성이 크다는 것을 알 수 있다(3, 2c, Qs).

⑥ **7p(미래)** 긍정적인 영향을 받았다. 이는 질문자가 줄곧 건강 관리에 집중해왔으며, 더 악화할 여지를 없애려 꾸준히 노력해왔다는 점을 쉽게 확인할 수 있기 때문이며, 끝내 고대하던 건강 회복을 확인받으리라는 것을 암시한다(3, 5w, 6c, Qs).

⑦ **6c(질문자의 내면)** 긍정적인 영향을 받았다. 외부의 방해라고 해봐야 규칙적인 생활에 가까울 뿐 별다른 제한이 없으며, 질문자 또한 건강을 되찾는 데 전념하고 있기 때문이다(3, Pw, Qs).

⑧ **Qs(제3자가 바라보는 질문자)** 비교적 **긍정**적인 영향을 받았다. 질문자가 건강을 회복하려 노력해왔으며, 갑자기 건강이 나빠져 돌이킬 수 없는 상황이 오지 않게끔 애썼다는 것을 드러내기 때문이다. 이를 다른 사람들도 쉽게 알 수 있기에 전문가에게 좋은 평가를 얻기 쉬운 상황이다(2c, Pw, 6c, 8w).

⑨ **8w(희망/두려움)** 어떤 소식이든 빨리 받았으면 하는 희망/두려움을 뜻한다. 이는 질문자가 그동안 해온 노력이 다시는 이러고 싶지 않을 만큼 고생스러웠기에, 죽든 살든 더는 이 문제로 시달리지 않기를 바란다는 것을 알 수 있다(3, 5w, 6c).

⑩ **Kp(결론)** 긍정적인 영향을 받는다. 질문자가 기존과 같은 노력을 유지한다면 건강을 회복하며, 극단적인 조처(수술, 식이요법 등)를 하지 않아도 되리라는 것을 뜻한다.

해석을 마친 뒤 나는 축하의 인사와 함께 그동안 고생 많으셨다고 위로했으며, 검사 결과는 걱정 안 하셔도 된다고 확답했다.

보름쯤 지났을까, 확연히 좋아진 안색으로 다시 만난 그분은 드디어 완치됐으며, 이제 좀 살 것 같다는 말에 10년은 거뜬히 버티실 거라 농을 주고받았고, 실제로도 12년 이상 정정히 삶을 영위하다가 소천하셨다.

이 배열에서 8w는 갑작스러운 일의 진행이 질문자와 전문가의 원래 일정에 맞지 않았기에, 질문자가 두려워할 만한 일들이 실제 벌어진 것 아니냐는 생각으로 나타난 것이라 이해할 수 있다. 다행히 질문자가 의사의 처방을 집요하리만치 잘 따라줬고, 가족들도 집안 어르신을 배려했기에 좋은 결말로 이어질 수 있었던 사례다.

건강과 관련한 질문에서 8w는 대체로 빠른 병세의 진행/완치를 뜻하는 편이나, 이 사례처럼 질문자가 고령자, 노약자일 때는 자연 회복력의 문제 때문에 부정적인 의미를 띨 때가 잦으며, 그만큼 흔치 않은 사례이기에 수록했다는 점을 밝힌다.

9 *of* WANDS.

노력(의 결실/후의 결과), 포기하지 않음
Struggle, Refuse to give up, Exhausted

WANDS 공통 의미
철학, 원론, 윤리, 의지, 활력Vital, 노동, 스트레스, 언어

9 공통 의미
거듭되는 조화, 지극히 노력해 만들어낸 결실
인과에 따라 예정된/피할 수 없는 파국

9 *of* WANDS의 키워드
노력(의 결실/후의 결과), 포기하지 않음, 저항, 경계, 불굴, 방어 논리/방어기
제, 숨겨진 (내부의) 적, (현실에 적응하려) 초심에서 멀어짐, 의견/의지를 관
철하다, 쇄국 등 폐쇄 고립을 자청하는 행위/상황 등

긍정/부정 확인 기준

질문자가 실제로 얼마만큼 노력해서 그 나름의 결실을 이루었는가?

질문과 관련한 상황에 변화/개선/개방적인 사고방식이 필요한가?

과거에 질문자가 질문 내용과 관련해 거둔 가장 뛰어난 성과는 어느 정도인가?

소속 집단에 질문자의 의도/의지에 반하는 자가 의사 결정권을 쥐고 있는가?

질문자에게 어떤 편견이 있는가?*

이는 핍 상징편에서 언급한 내용이 해석에 어떻게 긍정/부정적인 영향을 주는지 알아볼 수 있게 해주는 몇 가지 기준이다.

모든 9 카드는 각 분야에서 조화를 거듭하는 것을 뜻하나, 이를 취하는 과정에서 생긴 모순, 부조리, 취약점이 핍 카드의 한계로 추가되며 부정적인 의미를 만든다.

9w에서는 자신의 의지/관념/사상 등의 완드 요소를 세상에 증명하고, 현실에 안착하는 데 성공한 모습을 묘사하나, 이를 위해 상처 입거나 방어적인 태도를 유지하고 있다는 점을 그림으로 보여준다.

질문자의 의지 구현과 이로써 그 나름의 기반을 형성한 경험이 독이 될지 약이 될지는 해석자가 판단해야 하며, 이를 어떻게 더 발전적으로 활용할 수 있을지 고민해야 한다.

---

* 이 편견은 자신이 편견이 없다고 믿는 것까지 포함한다.

해석용법

긍정 노력이 자신을 배신하더라도 노력한 흔적은 남아 양분/자산이 되듯, 9w는 자신의 의지를 관철하려는 여정에 자신/사람들이 의미를 부여하리라는 것을 보장한다.

이로써 비슷한 문제나 전혀 다른 분야/영역과 접촉할 때 과거에 쌓은 경험을 활용해 옳은 선택이나 일관된 행보를 보여 인정받는 모습으로 드러나며, 많은 시련을 견딘 지혜로써 위기를 극복하는 등 자신의 격을 보존/상승시킨다.

이렇게 9w는 고진감래苦盡甘來, 칠전팔기七顚八起 등의 과정을 거쳐 자신의 영역/분야에서 자리 잡는 데 성공하는 상황이나, 이에 따른 통찰력/경륜의 증명에 성공해 인정받는 모습을 의미한다.

부정 9w의 부정적인 의미는 자신이 극복하거나 성공한 경험에 갇혀 다른 대안이나 변화를 거부하는 태도를 고집하려다 생기는 다양한 부작용과 밀접하게 관계있다.

'네가 내가 한 고생을 알기나 하냐?'로 대변되는 이런 태도는 먼저 비슷한 경험/상황 속에 있는 상대방(또는 사안을 둘러싼 다른 이들)을 존경/존중/공감해야만 긍정적일 수 있다. 그렇지 않다면 자신의 태도를 관철하는 데만 치중하면서 시대착오적이거나 근거 없는 주장을 반복하기 때문이다.

이런 9w의 부정적인 의미는 카드의 연계에 따라 문제를 인지하지 못하거나 문제 자체가 없다고 여기는 모습에서 시작해 자신이 겪지 못한 것은 실제로 가치 없다고 여기는 편협함으로 이어지며, 심하게는 역경을 이겨낸 것에 만족한 채 그 자리에서 멈추는 모습*으로 전락한다.

9w의 긍정적인 모습은 고된 일상에서도 현실을 뚫고 이겨내 끝내

* 7w의 켈틱 크로스 배열 위치별 해석에서 언급한 '피터의 원리'를 똑같이 적용할 수 있다.

생존에 성공하는 장면으로 쉽게 묘사된다. 이는 의지를 관철하려 투쟁함으로써 자신의 권리를 쟁취하는 데 성공하는 사례*가 가장 대표적이며, 어떠한 사상/주장을 현실에 적용하고자 계속 개량/보완하면서 다양한 방식으로 정착하는 모습**으로 사람들에게 영감과 감동을 준다.

반대로 9w의 부정적인 면들도 우리 주변에서 쉽게 찾아볼 수 있다. 이는 역동적이다 못해 너무 거센 세파를 지금까지도 정면으로 맞고 있는 우리나라의 특성에서 비롯한다.***

각자의 경험에는 그 나름대로 설득력이 있고, 세파를 직접 겪고 버틴 이들에게 '다른 건 몰라도 이건 내가 옳다'라고 막연히 생각하며 고집부리기는 매우 쉽고, 그에 따른 갈등도 쉽게 커질 수밖에 없기 때문이다.

이에 더해 소통의 부재와 몰이해는 곧장 폄하가 뒤따르는 식으로 진행되고, 그마저도 힘의 균형이나 발언권이 있을 때뿐, 관계의 균형이 깨지면 대부분 평행선처럼 소통이 이루어지지 않는다.

더 나아가, 가까스로 성공한 직후에 논공행상 등의 보상을 시작할 때 기존의 경험/시련을 공유했다는 이유를 들이밀며 자신의 몫을 과하게 주장하는 '내부의 적'들로 변한다****는 것은, 9w의 씁쓸한 그림

---

* 선거권, 노동법을 쟁취하고자 내걸렸던 수많은 구호를 예로 들 수 있다. 또한, 1775년에 영국 식민지였던 미국에서 패트릭 헨리Patrick Henry가 연설 중에 했던 '나에게 자유가 아니면 죽음을 달라Give me liberty, or give me death!'라는 문장이 미국 독립전쟁의 대표적인 구호로 자리매김했던 것을 예로 들 수 있다.

** 각국의 민주주의 체계는 독재를 숨기는 핑계로 쓰일 때를 제외하고 각국 문화와 역사에 따른 조율이 이루어지며, 이에 속한 시민의 동의 아래 다양한 국정(입법, 선출, 임기, 의사 결정 과정 등) 운영 방식을 활용한다.

*** 우리나라는 구한말 이후 제국주의, 식민지, 해방, 내전을 지나 다양한 방식의 독재와 민주화 운동, 경제 불황/호황, IMF 구제금융으로 강제된 산업 구조조정, 호황으로 얻은 특수와 퇴보, 국정농단 등 광복을 기준으로 삼아도 10년 단위나 세대(20년) 단위로도 공감대 형성이 어려울 만큼 삶의 궤적이 다르며, 이에 따른 익숙한 매체, 도구, 언어가 모두 분화돼 있다.

**** 초한 쟁패기가 끝나고 천하를 통일한 공신 대부분은 궁중 예절과 거리

자라 할 수 있다.

배열 위치별 특징 켈틱 크로스 배열에서 9w는 3, 4, 8번 위치에 나타날 때 영향력이 강해지거나 긍정적인 의미를 적용하기 쉽다. 이는 대체로 질문에 대한 질문자의 열의/의지가 투철하다고 판단할 여지가 많기 때문이다.

이와 달리 2, 5, 9번 위치에 나타나면 영향력이 약해지기 쉽다. 이는 질문자가 원하든 원하지 않든 겪어야 할 역경이거나, 사람들에게 공감을 얻기 힘든 상황에 놓이기 쉽기 때문이다.

이와 별개로 7번 위치에 드러난 9w는 질문자의 보상심리가 강하거나 반대로 스스로 품은 뜻에 전념하려는 모습으로 비치는 등, 긍정/부정적인 의미가 극단적으로 적용될 때가 많아 해석에 주의해야 한다.

가 밀었기에 하루가 멀다고 술을 마셔대며 칼부림하거나 자신의 공이 더 높다고 경쟁하기 일쑤였다. 이를 정리하고자 한고제는 숙손통에게 예법을 재정비하라고 명하면서 공신의 포상 기준을 명확히 규정해(소하와 조참, 옹치의 사례) 이 문제를 해결하려 했고, 그마저도 만족하지 못한 이들 때문에 토사구팽으로 잘못 알려진(한고제가 직접 숙청하려던 경우는 드물다) 숙청을 거쳐야만 했다.

연애(관계가 성립한 상황) 어느 한쪽이라도 어려운 상황에 놓인 것이 아니라면 부정적인 의미가 적용되는 경향이 있으며, 기본적으로는 '역경의 극복'에 초점을 맞춰 해석하게 된다.

다만 이 역경을 함께 극복할 때와 그렇지 않을 때 그 의미가 달라지며, 이는 부정적인 영향을 받을 때 더욱 극단적으로 드러난다.

긍정 어느 한쪽에만 9w가 적용되더라도 상대방을 만나고자 많이 노력해온 것을 의미하며, 이 과정에서 어려운 상황을 함께 극복했거나 관계를 가로막는 요소들을 이겨내는 데 성공해 사이가 더욱 돈독해지는 것을 뜻한다. 이로써 외부 충격이나 유혹에 흔들리지 않는다.

부정 (1) 서로 가치관이 다르거나 타협하지 못한 채 같은 주장을 반복하는 상황 (2) 자신의 주장, 관점을 상대방에게 강요하거나 비슷한 이유로 소통이 단절된 상황 (3) 관계를 지속하려 더 노력할 의지가 소진된 상황으로 나뉜다.

(1)은 각자의 현실에 걸맞은 대안이나 타협점을 찾도록 조언해 갈등을 봉합할 수 있다. (2)보다 우위에 있는 자의 양보나 배려를 얻을 수 없다면 현 상황을 받아들이되, 차후 자신의 발언권을 확보하도록 다각적으로 조언해야 한다.

(3)은 최악의 상황으로, 관계를 지속할 의욕이 모두 소진한 것을 경고하며, 현재조차 과거 자신이 쏟아부은 노력이 아까워 관계를 억지로 유지할 만큼 무기력하다는 것을 암시한다. 이때 새로운 외부 개입(외도, 불륜 등)이나 결별 가능성이 크며, 관계 호전에 대한 기대치도 없다시피 하기에 새로운 자극/흥분을 제공하거나 서로 인연을 되새길 계기를 만들어줘야 한다. 이마저도 불가능하다면, 충돌이나 잡음 없이 헤어지는 방안을 고려하도록 조언해야 한다.

연애(관계가 성립하지 않은 상황) 긍정적인 영향을 받을 때는 연애하고자 노력할 때만 적용할 수 있으며, 그 밖에는 생업에 노력해야 하거나 이와 비슷한 이유로 연애 자체가 불가능할 만큼 여유가 없거나 지친 상황을 의미한다. 9w는 비교적 이 질문에 대해서는 부정적인 면모가 강조되기 쉽다.

긍정 관계 성립을 원한다면 연애하고자 시도하고 있는 것들이 효과를 내고 있으며 이런 노력이 절대 헛되지 않다는 것을 의미한다. 물론 가장 좋은 결과는 원하는 상대방과 연애를 시작하는 것이다.

단순한 연애운이라면 힘든 일상에서 그 나름대로 보상을 얻고 있으며, 함께 업무에 종사하는* 이와 호감을 주고받을 수 있다는 것을 암시한다.

부정 관계 성립을 원한다면 연애하고 싶어도 마음의 여유가 부족한 상황 또는 노력한 만큼의 진전이 없거나, 헛수고하고 있다는 것을 암시한다. 최악으로는 이미 상대방에게 짝이 있거나 다른 경쟁자에게 밀리고 있다는 것을 뜻한다.

단순한 연애운이라면 심신이 지치거나 생업이 바빠 연애할 여유가 없는 것을 뜻하며, 자신의 취향이나 이상향을 고수하는 탓에** 연애하기 더욱 어려우리라는 것을 암시한다.

대인관계 9w는 긍정/부정적인 의미가 상당히 극단적으로 나타난다는 점에 주의해야 한다. 이는 와신상담臥薪嘗膽이라 할 만한 고생을 '함께'하는 것과 '모두 또는 혼자'하는 차이로 드러나기에 배열에 나타난 다른 카드들의 의미가 어떻게 적용되는지 살펴야 정확하게 해석할 수 있다.

긍정 고락을 함께하며 유대감을 쌓는 것 또는 자신의 노력을 집단에서 인정받는 상황을 의미한다. 이는 궁극적으로 전우애에 가까운

> * 단순히 같은 업무에 종사하는 것을 넘어 품은 꿈/뜻이 아예 같은 상황에 해당하며, 이때 연애보다 대부분 전우/동료/동업자의 위치로 자리 잡을 공산이 더 크다.
>
> ** 고집을 의미하는 다른 카드들과는 차이가 있다. 9w는 인간적/윤리적 최저선에 해당하거나 특정 결점(욕설, 편견, 음주, 흡연 등)을 필사적으로 반대한다는 점을 의미하며, 이는 대부분 양육 시기의 경험(부모의 폭력이나 기벽, 어린 시절 어른들과 좋지 않은 기억 등)에서 생겨난 것이기에 이 문제를 극복/개선/수정하기 매우 어렵다.

수준*으로 끌어올릴 수 있으며, 깊은 인연으로 이어져 더 큰 일을 함께할 수 있다.

부정 질문자가 일방적으로 고생을 도맡아야 하거나,** 집단의 내부 혼란/역경을 극복하고자 소속 인원 모두 많이 노력해야 하는 상황에 빠진 것을 뜻한다. 최악의 경우 파벌 간 내분***이 길어진다는 것을 의미하며, 이 대인 관계를 유지하려면 좋든 싫든 한쪽 파벌에 속할 수밖에 없고, 내부 분열로 모임/집단이 길게 유지되지 못한다.

사업의 흐름이나 전망 긍정/부정을 떠나 어려운 상황이라는 점은 같으며, 부정적일수록 사태를 해결할 방법이 없거나 외부 개입이 필요하리라는 것을 암시한다.

긍정 현재의 어려운 상황이 일시적이거나, 이 고비를 넘김으로써 얻을 보상이 있다는 것을 암시한다. 또한, 불황 등의 곤란한 상황에도 미래에 대한 비전이나 연구를 포기하지 않음으로써 얻을 기회/아이디어/궁여지책으로 상황을 극복할 수 있으며,**** 이 과정이 자신이 신뢰할 수 있는 이들을 선별하는 순간으로 작용한다.

최상의 경우, 모두가 어려워하다가 하나둘 무너지는 상황에도 홀로 버텨 남은 수요를 모두 독점하는 전화위복이 일어난다.

부정 어려운 상황을 버티기 힘들고, 결국 자신의 노동력을 쥐어짜

---

* 가볍게는 군필자들의 군대 이야기부터, 특정 사건/사고를 함께 겪은 이들 사이의 깊은 유대를 예로 들 수 있다.

** (편모/편부) 가정의 장남/장녀에게 (은연중에) 요구되는 것들이 좋은 예다.

*** 일제의 육군과 해군 사이의 갈등은 패전을 앞당긴 원인의 하나이며, 최악의 비효율을 보여준 사례다.

**** 제2차 세계대전 당시 영국에서 발명한 스텐 기관단총Sten Gun은 이런 궁여지책의 대표 사례다. 됭케르크에서 장비를 다 버리고 급하게 철수한 바람에 재무장이 어려웠던 영국군에게 이 총은 비록 완성도가 조악해도 무기로서 제 역할을 다했으며, 전쟁을 승리로 이끄는 데 공헌했다. 이 총의 가격은 당시 70달러였던 M1 기관단총의 10퍼센트 남짓한 8달러였다. 이를 실제 사용한 영국군의 심정은 당시 기관총 사수였던 S. N. 티드Teed의 〈스텐을 위한 송시 The Sten Gun〉로 전해진다.

야 하는 상황이 다가왔다는 것을 뜻한다. 그러나 비슷한 의미가 있는 9s와 달리 극단적인 처분(정리해고 등)과 관련되지 않고, 업무 강도가 더욱 격해지는 양상으로 드러난다.*

최악의 경우 이 과정에서 건강을 해치거나 인맥을 잃는 등 추가 피해가 생긴다.

창업의 성사 여부 대부분은 창업 준비 과정에서 겪을 고난을 의미한다. 질문자가 창업하려는 분야에 비교적 저자본으로도 창업할 수 있되, 자본이 적은 만큼 정성/노동력을 많이 쏟아야 하는 상황/업종**을 의미하므로 질문자가 조금 더 수월하게 일을 진행하거나 조력을 얻을 방법을 탐색해주어야 한다. 이에 더해 9w는 어떠한 이권을 방어/수호하는 분야와도 연결된다.***

긍정 질문자가 쏟는 노력/연구에 대한 시장의 반응이 서서히 나타나는 것을 의미하며, 그동안의 수고를 조금이나마 해갈할 보상/이익을 얻거나, 자신의 창업 아이템의 수익성을 증명하는 데 성공한 것을 뜻한다. 최상의 경우, 다른 경쟁자보다 앞서는 데 성공해 대중/소비자에게 자신을 널리 알리는 모습으로 드러난다.

부정 들인 공에 비해 수익이 적거나 질문자 개인의 의지/욕망을 실현하려 운영되고 있다는 점을 지적한다.**** 그렇지 않다면 소비자/투자자의 관심을 받기 어려운 상황을 암시하기에 이런 문제를 해결하려면 어떤 변수들을 동원할 수 있는지 배열의 다른 카드들을 참고해서 조언해야 한다. 최악의 경우, 자신의 선견지명이 옳았음에도

---

* 완드 요소는 자신의 의지 구현과 관계있기에, 9w는 특히 자영업자, 프리랜서와 관련한 배열에 주로 출현한다는 점도 참고하라.

** 소규모 외주 작업이나 자영업/소기업 규모의 팀으로 운영하는 조직/업무 방식에 해당한다.

*** 각종 보안·경비 직종에서 시작해 회사의 이익 사수, 변호, 정치 논리에 대한 대응 부서 등의 분야를 예로 들 수 있다.

**** 대중적이기 힘든 분야를 손해를 감수하고 운영하거나 자신의 목적에만 충실하게 일시적으로 꾸려가는 일을 예로 들 수 있다.

사업화에 실패하고 정작 다른 이가 결실을 얻는 상황으로 흘러갈 수 있다.

진로 적성 9w는 예정된 고난과 역경을 각오하고서라도 장기적인 투자/노력해야만 성과를 달성할 수 있는 분야에 특화되어 있으며, 이에 필요한 역량을 갖추지 못하면 실무에서도 격이 낮다고 여겨지는 영역에 머물게 된다.* 이런 이유로 해석자는 질문자가 원하는 바를 추구하면서도 현실적인 대안을 준비할 수 있도록 출구 전략을 짜주거나, 최소한 질문자가 추구하는 것과 현실/대중 사이의 거리가 더 벌어지지 않도록 조언해주어야 한다.

긍정 질문자가 느리게나마 꿈을 향해 나아가고 있거나, 자신의 수준에 만족하는지와 상관없이 중간 단계/평가에 따른 성과를 얻어내는 데 성공했다는 것을 의미한다.

최상의 경우, 자신의 평생 과업이라 생각한 것을 끝내 이루는 상황을 뜻하나, 이는 (삶의) 마지막 단계에 있을 때만 제한적으로 적용할 수 있다는 점에 주의해야 한다.

부정 질문자가 자신의 노력에 못 미치는 결실을 얻거나 그 결실이 기대 이상이더라도 인정받기 어려운 상황이라는 것을 암시한다. 다만, 노력한 결과가 사라지는 것은 아니기에 포기해야 할 단계는 아니라는 점에 주의해야 한다.

최악의 경우 그동안의 노력이 아까워 현실을 부정한 채 멈춰 있는 상황으로 드러나며, 이때는 강제적인 수단이나 치료를 동원해야 할 정도의 문제가 일어날 수 있다.

시험 결과나 합격 여부 긍정/부정의 구분이 무의미하며, 당락에 관해 9w가 확답하는 것은 오로지 (어떤 방식의 노력이든 상관없이) '노력한 만큼 결과가 나온다'라는 것 말고는 없으나, 흔치 않은 사례로 출

---

* 취업난 탓에 고학력자가 학력에 걸맞지 않은 일을 하는 상황을 예로 들 수 있다.

제자의 의도와 전혀 다른 엉뚱한 방식으로 답을 얻어낼 수도 있다.*

면접이나 논술에서 9w는 사례, 경험, 체험 등을 토대로 논리를 펼쳐 신뢰를 얻거나 반대로 자신의 (잘못된) 생각을 버리지 못해 실수할 수 있다는 것을 의미한다.

질병의 호전, 완치 (힘겹게/수월하게) 투병하거나, 그에 따르는 스트레스를 받고 있다는 점을 의미한다. 신체 전반이 취약하기에 회복할 방법을 찾는 데 주의를 기울여야 한다.

긍정 사소하게는 노동/운동으로 생긴 근육통이나 스트레스/잘못된 자세로 생긴 일시적 통증일 때가 대부분이며, 질문자가 건강 관리를 잘하고 있거나 순조롭게 투병하고 있다는 의미로 해석된다. 다만 9w는 긍정적이더라도 질병에 따른 후유증은 없앨 수 없다는 점에 주의해야 한다.

부정 악전고투하고 있거나 치료 속도가 느린 상황을 암시하며, 신체/정신적 무리/스트레스로 없던 병도 생기기 쉬운 상태라는 것을 지적한다. 또한, 이 과정을 이겨내도 고통이 사라지지는 않기에, 질문자의 완치 의지를 어떻게 북돋울 수 있을지 고민해야 한다.

단순한 건강 문제 노동 및 의지 구현을 하려다 보니 신체에 과부하가 걸린 상황에 가까우며, 반복 행위로 생기는 질병들을 의미하므로 직업병과도 연결된다.**

정신적으로는 의지를 구현하고자 노력하다가 생기는 신경쇠약, 번아웃 증후군Burnout Syndrome*** 등의 모습으로 드러나는 경향이

---

* 원론/원리 응용력을 시험하려 낸 문제를 하나하나 주먹구구식으로 계산하거나 시험지의 지문/도안을 그대로 오려 계산해서 맞히는 것을 예로 들 수 있다.

** 미용사, 사무직, 프로게이머의 수근관 증후군이나 광부의 진폐증이 이에 속한다.

*** 정신적으로 탈진한 상태를 뜻하는 신조어로, 2019년 세계보건기구에서 직업과 관련한 문제 현상으로 분류했다.

있다.

긍정 힘겹게 목표를 달성하고 이제야 조금 휴식할 여유를 찾았다는 것을 의미한다. 다만, 이 휴식은 어디까지나 잠시 숨을 돌리는 정도일 뿐 당면한 일이 끝난 상황은 아니라는 점에 주의해야 한다. 전후처리를 하듯 주의를 기울여야 건강에 큰 문제가 생기지 않는다.

부정 신체적/정신적으로 지쳐 있거나 장기적인 휴식, 요양이 필요한 상황을 암시하며, 과거/현재와 같은 생활이나 업무량을 소화하려다가 건강에 문제가 생길 수 있다는 것을 경고한다. 최악의 경우 정신적으로 해당 분야/업무에 대한 환멸, 혐오에서부터 신체적인 피로 누적으로 생기는 질환으로 발전한다.

켈틱 크로스 배열 위치별 긍정/부정 해석법

1 → ②④⑧⑨ 카드 확인 질문자가 힘든 상황에 놓인 근본 원인이나 고된 일을 하게 만드는 동기 부여가 무엇인지 파악함으로써 긍정/부정적인 의미를 확인할 수 있다.

긍정 질문자가 힘써 노력하고 있으며, 그만큼 자신의 목표에 닿고자 한다는 것을 드러낸다. 질문자의 결심이 굳건하기에 외부 개입이나 사건 사고가 생기지 않는 한 자발적으로 포기할 생각이 없다는 것을 암시한다.

부정

(1) 질문자 자신의 고집

(2) 문제와 관련된 제반 환경/조건의 척박함

(3) 질문자의 역량을 웃도는 문제와 마주한 상황

(1), (3) 질문자가 왜 이 사안을 포기하지 못하는지 확인해야 한다. 이에 대한 논리가 제3자도 이해할 만하거나 설득력이 있다면 큰 문제가 되지 않으나, 누가 봐도 터무니없거나 잃는 것이 더 크다면 질문자의 자기 과잉이 문제를 더 심각하게 만들 수 있다는 점을 경고해 제대로 전략을 수립하도록 강권해야 한다.

(2) 질문자가 인지하는 대로 도움을 줄 이가 없기에, 자신이 인지하지 못한 외부에서 조력을 얻을 수 있는지 재확인하도록 권해야 한다. 방법이 없다면 고되더라도 이 상황을 견딜 수밖에 없다는 것을 암시한다. 돕는 이가 없더라도 자신에게 닥칠 스트레스를 덜어낼 방안을 마련하도록 조언해야 한다.

2 → ①④⑧ 카드 확인 긍정/부정적인 의미와 상관없이 질문자를 가로막는 (고집스러운) 존재나 질문자의 역량 이상을 요구하는 (강제로 떠맡겨진) 문제를 의미한다.

이는 외부의 동정/공감을 얼마나 얻어낼 수 있느냐에 따라 긍정/부정적인 의미가 구분되나, 그렇더라도 문제를 수월히/어렵게 해결하리라는 의미에서 크게 벗어나지 않는다.

3 → ④⑥⑧⑨ 카드 확인 아래의 경우에 속하는 경향이 있다.

(1) 질문과 비슷한 사안들에 대해 질문자가 힘들어하는 상황

(2) 질문자가 해당 사안을 지긋지긋하게 여기는 상황

(3) 질문자가 자기 생각/방식이 틀리지 않았다고 여기는 상황

이 문제가 질문자를 과거부터 괴롭혀왔는지, 외부에서 상황을 어떻게 바라보는지, 질문자가 바라는 것이 허황한 것은 아닌지 살핀다면 더욱 자세한 내막을 파악할 수 있다.

긍정 (1) 자신의 목표를 달성하고자 이 사안을 뜻대로 해결하려는 것으로 해석된다.

(2) 질문자가 비슷한 문제를 줄곧 겪어왔기에 문제를 수월히 처리할 수 있다는 것을 의미한다.

(3) 이 상황이 어떻게 흘러갈지 질문자가 (경험해서) 통찰한 상태이며, 상황이 더 나빠지지 않게 하는 수단을 이미 마련했다는 것을 암시한다.

부정 (1), (2) 질문자가 이미 지쳤거나 환멸에 빠진 채 대안 찾기를 포기하거나 찾을 여력이 없다는 것을 의미하며, 부정적인 영향이 심할수록 문제 해결을 포기하거나 방치하는 상황이라는 것을 경고한다.

(3) 질문자가 편견에 빠져 있거나, 자기 생각/방식만 고수하는 바람에 다른 사람들과 갈등을 빚거나, 소통을 거부하는 모습으로 드러나며, 최악의 경우 안팎의 반발에 부딪혀 애써 쌓은 기반/평판을 잃는 상황을 암시한다.

---

4 →①②⑦⑨ 카드 확인 질문자가 과거에 고난을 겪었다는 것을 의미하며, 이 고난에 따른 결실/보상을 어떻게 취했는지 확인해야 한다.

이는 과거의 유산이 현재에 어떤 영향을 미치고 있는지 확인하고, 9w로 형성한 질문자의 현 상황에 대한 판단 및 예상하는 긍정/부정적 결과를 엿봄으로써 더 상세하게 해석할 수 있다.

긍정 질문자의 노고는 현 상황에서 발언권, 권위, 입지, 기반 등으로 이미 활용되고 있거나 맡긴 것을 찾으면 되는 상황이라는 것을 의미한다. 최상의 경우 과거의 성과를 누구도 부정할 수 없으며, 이에 따른 대가를 정당하게 요구하기만 해도 일이 수월하게 진행된다.

부정 질문자의 고생이 인정받지 못하거나 지금까지 계속 이어진다는 것을 의미하며, 이 과정에서 엉뚱한 대상을 향한 원한이나 편견이 생겨났다는 것을 지적한다. 이때 질문자가 거쳐야 했던 고난이 정당한 절차/명분에 따라 생긴 것인지 확인하면서, 질문자가 분에 넘치는 것을 바라는 것이 아니라면 더 현실적인 대비책을 조언함으로써 피해를 줄이거나 위험한 순간을 넘기도록 도울 수 있다. 이렇게 이끌지 못하면, 9w는 배열의 다른 모든 카드에 다양한 악영향을 끼친다.

---

5 →②④⑥⑧ 카드 확인 현재 맞닥뜨린 고민/고생이 무엇인지 확인해야 하며, 대개 아래 조건에 해당한다.

　(1) 여유를 앗아갈 정도의 격무

　(2) 대하기 힘들거나 의견을 꺾지 않는/않을 자신/다른 사람

　(3) 힘든 시기가 끝난 뒤 온 후폭풍

　이때는 질문자가 맞닥뜨린 문제나 과거에 끝맺지 못한 것들이 무엇인지 확인하고, 위 항목과 관련한 사안으로 벌어지는 사건의 흐름을 외부에서 어떻게 평가하는지 확인함으로써 긍정/부정적인 의미를 판단할 수 있다.

　긍정 (1), (3) 이에 따라 확실한 보상/성과를 얻을 수 있다는 것을 의미하기에 힘들더라도 잘 버텨내도록 다양한 방안을 제시해야 한다.

　(2) 같은 경험/처지를 겪었다는 점을 내세워 설득하거나, 대의를 앞세워 잠시나마 갈등 요소를 봉합할 수 있으며, 최상의 경우 함께 어려운 상황을 헤쳐가며 우정이나 동료애에 버금가는 인연을 얻는다.

　부정 (1) 밀려오는 업무량을 소화하지 못해 문제가 일어날 수 있다는 것을 강하게 경고하며, 외부에 도움을 구하도록 조언해 질문자에게 걸린 과부하를 최대한 낮추도록 조언해야 한다.

　(2) 양보하지 못하는 원인이 무엇이며, 타협점이 있는지 배열의 다른 카드들을 연계 해석으로 탐색해야 한다. 재화가 걸려 있는 4p와 달리, 9w는 명분이나 체면과 관련한 상황이므로, 사안에 대한 외교적 접근과 서로의 이해득실을 고려해 절충할 수 있도록 도와야 한다.

　(3) 심신을 최대한 회복하는 데 주력하고, 꼭 필요한 일이 아니라면 손을 떼도록 권해야 한다. 다만 질문자가 손을 대지 않을 때 반드시 책임 져야 하는 핵심적인 업무는 계속할 수밖에 없다.

---

6 →③⑤⑧ 카드 확인 질문자가 다가올 격무나 이에 따른 피로를 소화할 수 있는지 확인하고, 외부 관점으로도 질문 사안과 관련한 일들이 질문자에게 맡겨질/떠넘겨질 이유나 책임 소재가 있는지 확인함으로써 긍정/부정적인 의미를 파악할 수 있다.

　긍정 결론(⑩)에 드러난 카드의 영향을 강하게 받기에 주의해야 하나, 기본적으로 질문자가 응당 맡아야 하거나 다른 이들조차 힘들어하는 일을 해결함으로써 인정받거나 평판/권위가 상승할 징조다. 이 경험으로 질문자가 어떤 방향이든 성장을 이루리라는 것을 강조한다.

　부정 질문자가 지쳐서 다른 생각을 하기 어려울 정도로 일이 밀려오거나

자신/남의 고집이나 편견으로 상황이 악화하리라는 것을 경고한다. (질문자가 손해를 보더라도) 자신의 생각/의견을 내세우지 않거나, 쓸데없는 충돌을 피하도록 조언해 부정적인 영향을 줄일 수 있다.

7 → ① ② ⑤ ⑨ 카드 확인 질문자가 왜 힘들어하는지 또는 외부에 대해 방어적인 태도를 보이는지 확인함으로써 긍정/부정적인 의미를 확인할 수 있다. 이때, 마주한 문제들(①, ②, ⑤)과 목적(⑨) 사이에 괴리가 클수록 더욱 부정적인 영향을 준다.

긍정 자신의 노고를 남들이 알아주지 않더라도 사안을 해결할 필요를 잘 인지하고 있으며, 외부 개입이 있더라도 자신이 지키려는 핵심 가치를 보존하고자 애쓰는 상황을 뜻한다. 최상의 경우 질문자의 이런 의지는 선견지명이 되거나, 스스로 목표를 달성하고자 이 시련을 무난히 견뎌낸다.

부정 질문자의 편견/고집으로 상황이 꼬여간다는 점을 지적하거나, 방어적인 태도로 신뢰나 평판을 끌어내리고 있다는 점을 경고한다. 이런 태도가 문제 해결/개선에 아무런 도움이 되지 않는 이유를 제시해 질문자를 설득하고, 더 쉽게 문제를 해결하려면 다른 사람 또는 외부와 타협점을 찾아야 한다고 조언해 부정적인 영향을 줄여야 한다.

8 → ② ④ ⑤ ⑨ 카드 확인

(1) 질문자가 고생한다고 외부에서 바라보는 상황

(2) 질문자가 문제 해결에 방해된다고 여기는 상황

큰 틀에서 둘로 나뉘며, 이는 질문자가 (무엇을 어떻게 얻으려) 이 사안을 어떤 방침/조치로 접근/대응했으며, 이 때문에 어떤 문제들이 생겼는지 점검함으로써 긍정/부정적인 의미를 확정할 수 있다.

긍정 (1), (2) 노고에 따른 확실한 평가나 공감대가 형성돼 있어 이에 따른 보상/인정을 얻기 쉬운 상황을 암시한다.

부정 (1) 질문자가 힘들다는 점을 모두 인지하며, 이를 틈 타 다른 사람이나 외부가 원하는 바를 얻어내려 접근하거나 질문자를 현혹하기 좋은 상황이라는 것을 경고한다.

(2) 외부의 거센 저항이나 강제 조치에 노출된 상태며, 도와줄 사람이 있다면 그나마 문제를 회피할 수 있으나 그마저도 내부의 배신을 걱정해야 한다는 것을 암시한다.

둘 다 질문자에게 책임이 없다면 피해가 그만큼 줄어들겠지만, 이런 갈등으로 자신이 하고자 하는 일이 지연, 무산될 수 있다는 점은 변하지 않는다.

9 → ① ② ③ ⑦ 카드 확인 9w는 희망의 의미가 상당히 약해지는데, 이는 '고생하고 싶다' 또는 '의지를 실현하고자 고난을 기꺼이 감수하고 싶다'*라는 의미 이상으로 해석하기 어렵기 때문이며, 조금만 어긋나도 '역시 나는 틀리지 않았어'라는 식의 정신 승리가 진행될 가능성이 크기 때문이다.

위와 달리 두려움의 의미는 비교적 명확하다. 과도한 노동/책임을 회피하려 하거나, 고립돼 외부 조력을 얻지 못한 채 힘을 잃어가는 것을 조명한다.

이런 사안들을 더 자세히 관찰하려면 질문자를 둘러싼 상황을 질문자가 어떻게 받아들이고 있는지 확인해야 한다.

---

10 → 9w는 어떤 질문/상황이라도 갑보다 을에게, 부자보다 가난한 이에게, 강자보다 약자에게 더 유리하거나 긍정적인 의미를 띤다. 이는 투쟁에 따른 쟁취나 더 치열하고 처절하게 의지를 구현하려는 이의 승리 또는 목적 달성을 뜻하기 때문이다.

반대로 갑/부자/강자일 때는 성공하더라도 상처뿐인 승리이거나, 승리 과정에서 자신의 취약점이 노출되기 매우 쉬우며, 이 상황을 틈타 일을 꾸미는 이들이 있다면 애써 쥔 것들을 울며 겨자 먹기로 나눠야 할 때가 많다는 점에 주의해야 한다.

긍정 질문자의 노력은 보답받을 것이며, 누구도 간섭할 수 없는 자신의 기반을 얻어내는 데 성공한다. 이를 얻는 과정이 수많은 갈등을 일으키더라도, 얻어낼 것은 얻어낸다.

해석자는 그 뒤에 생길 분쟁/갈등을 어떻게 무마/봉합할지 조언해야 하며, 핍 카드의 한계상 이를 완벽하게 해결할 수 없다는 점에 주의해야 한다.

부정 목적을 달성하더라도 그 목적이 목표했던 전략적 성공은 거두기 힘들며, 외부에서 주목/견제받아 얻은 이점을 일부/대부분 양보해야 하는 상황에 내몰리는 것을 암시한다.

사안 처리 과정에서 '재주는 곰이 넘고 돈은 사람이 챙기는' 꼴을 당하기 쉽기에** 큰 보상이나 결실을 바라지 않도록 조언하고, 이 경험을 자산으로 삼아 새로운 작업에 착수하도록 권해야 한다.

---

* 이런 면은 취업 준비생처럼 자기 기반이 빈약한 이들에게 주로 적용된다.

** 사업에 성공했으나 시작 단계에서 투자받았기에 이익 분배 과정에서 자신의 몫이 예상보다 크게 줄어드는 것을 일이 다 끝난 뒤에야 확인하는 상황이 대표적인 사례다.

실제 사례 (2014년 1월, 경기도 수원시 모처, 20대 초 여성)

질문 그 사람은 왜 우리 집을 찾아왔으며, 도대체 무슨 목적으로 그런 행동을 했나?

사전 정보 자정을 넘긴 지 얼마 되지 않은 시간, 어머니와 단둘이 TV를 보다가 예고 없이 웬 남성이 문을 두들기며 '앞 동 사람인데 관리실에 불이 났다, 다른 집에도 알려야 하니 어서 나오라'라고 했다. 그러나 어머님이 혹시나 해서 통장과 반장이 있으니 그 집에 먼저 가보라고 하며 문을 열어주지 않자 말없이 돌아갔다.

$$6w - Qw - 7s - Pw - Ps - As - 16 - 7w - Qp - 9w$$

6w (질문자 자신) 내 방법으로 목적을 달성할 수 있을 것이다.

Qw (장애물) 생각지 못한 반응이 오면 당황하기 쉽다.

7s (기저) 계속 이 집을 집중해서 염탐해왔거나 좋지 못한 의도로 접근했다.

Pw (과거) 어떤 계기로 이런 일을 준비했다.

Ps (현재/곧 일어날 일) 기다리던 때가 와서 기회를 잡으려 했다.

As (미래) 의도대로 된다면 내가 바라는 모든 것을 얻는다.

16 (질문자의 내면) 내 역량으로 저들을 혼란과 충격에 빠뜨릴 것이다.

7w (제3자가 바라보는 질문자) 상대방이 적절히 대응해 내 의도를 회피했다.

Qp (희망/두려움) 부디 내 의도에 넘어갈 정도로 만만하길 바라며, 내 신원이 발각되는 것을 두려워하고 있다.

9w (결과) 고생은 고생대로 하고, 얻은 것은 아무것도 없다.

실전 해석

이 배열에서 9w는 10번 위치, '결론'에 나타났다.

어떤 행위의 원인이나 본질을 간파하려는 질문이나, 결국 사람 사이의 관계에서 오는 의문점을 해소하는 데 목적이 있기에 대인 관계와 관련한 질문으로 이해할 것을 권고하고자 한다. 또한, 질문 특성상상대방의 관점을 우선했다는 것을 미리 알린다.

9w가 결론에 나왔기에 이 사람(이하 질문자)이 어떤 노력 끝에 무슨 목적을 달성하려 했는지 다른 카드들로 살펴야 할 것이다.

---

① **6w(질문자 자신)** 비교적 **긍정**적인 영향을 받았다. 이는 질문자가 줄곧 추구해온 목표를 얻기 좋은 기회를 얻었을 뿐 아니라, 이 시도에 실패해도 자신이 위태로워지지 않을 것이라 여기기 때문이다(Pw, 7w, Qp).

---

② **Qw(장애물)** **부정**적인 영향을 받았으며, 의뢰자의 어머님이 실행한 방책이었다. 상대방(의뢰자의 어머니)이 예상 밖의 어깃장을 놓을 때 대처하기 어려우며, 자신의 의도가 좋은 것이 아니라는 점을 잘 알고 있기에 계획대로 되지 않아 당황한 나머지 패착을 두거나 목적을 포기하기 쉽다는 것을 암시한다(7s, Pw, 16, Qp).

---

③ **7s(기저)** **부정**적인 영향을 받았다. 질문자의 의도가 매우 불순하다는 것을 드러내며, 상대방의 취약한 부분을 노려 자신이 원하는 바를 갈취하려 한다는 것을 암시한다. 그러나 이는 어설픈 시도로 여겨져 차단당하거나 상대방에게 의심을 사 접근조차 여의치 않다는 것을 알 수 있다(6w, Qw, 16, Qp).

---

④ **Pw(과거)** **긍정**적인 영향을 받았으나, 질문자의 목적 달성과는 거리가 멀다. 질문자의 계획이 어설펐다는 것을 의미하면서 이 시도가 실패할 때 닥칠 후폭풍을 계산하지 않은 채 목적을 달성했을 때만 상

상하며 기회를 노렸기 때문이다(6w, Qw, Ps, 7w).

---

⑤ **Ps(현재/곧 일어날 일) 부정**적인 영향을 받았다. 상대방이 내세운 논리로 자신의 의도가 쉽게 차단당하기 쉬우며, 이 기회를 놓치면 두 번 다시 기회가 오지 않을 것이기 때문이다(Qw, Pw, As).

---

⑥ **As(미래) 부정**적인 영향을 받았다. 이는 질문자가 다른 사람/상대방에게 자신의 원하는 바를 얻어내고자 폭력 등 강제적인 행동을 취하려 하며, 이 시도가 성공 가능성이 크다고 여기기는 하나 질문자의 역량이 저열해 목적을 달성하지 못하며, 설사 달성하더라도 원하는 바를 얻는 것과 거리가 있기 때문이다(6w, Pw, Ps, 16).

---

⑦ **16(질문자의 내면) 부정**적인 영향을 받았으며, 질문자의 의도를 의심하게 만드는 주범이다. 질문자의 계획이 어설프고 의도가 사전에 차단당하면 아무런 대안이 없다는 것을 의미하면서, 상대방을 경시하거나 자신을 막지 못할 것이라 여기고 있기 때문이다. 나아가 질문자가 자신의 욕구를 채우는 방법이 매우 폭력적이며, 불순한 목적이 단순한 장난이 아니라 범죄에 가깝다는 점을 암시한다(6w, Qw, 7s, Pw, Qp).

---

⑧ **7w(제3자가 바라보는 질문자)** 비교적 **긍정**적인 영향을 받았으나, 큰 도움이 되지 못한다. 질문자가 계획 원안 말고는 다른 대안이 없는데도 이 시도가 실패했을 때 위태로운 지경으로 내몰리지는 않으리라는 것을 의미하기 때문이다. 이는 질문자가 적절한 기회 및 퇴로 확보에 공을 들였다는 점을 시사한다(6w, Qw, Ps).

---

⑨ **Qp(희망/두려움)** 질문자의 계획대로 움직일 정도로 쉽고, 자신이 취할 것이 많은 사람이기를 바라나, 질문자에게 보복할 정도로 기반이 튼튼한 사람일까 봐 두려워하고 있다는 것을 드러낸다.

이로써 질문자의 계획은 Qw 수준으로도 막히기 쉽다는 것과 함께 질문자의 역량이 저열함을 강조한다. 또한, 질문자가 실패하더라도 손해 볼 것은 없다고 여겼기에 이런 행동을 했다는 것을 짐작할 수 있다(6w, 7s, Pw, 7w).

---

⑩ **9w(결론)** **부정**적인 영향을 받았다. 질문자의 의도가 실패하며, 되레 외부/상대방의 경계를 살 것을 암시한다. 더불어 질문자의 이 경험이 교훈이 되어 섣부른 시도를 자제하게 될 것을 의미한다.

해석을 마치자마자 나는 당장 문 앞에 CCTV를 설치하는 식의 방범 대책을 세우도록 종용했다. 그녀의 집은 교외의 구식 아파트로, 범죄에 취약한 편이었다.

그녀는 다음 날 후일담을 알려줬는데, 불이 난 흔적은 어디에도 없었으며 어머니가 확인했을 때도 통장과 반장에게 별다른 기별이 오지 않았다고 했다.

나는 그제야 안도하며, 혹시 모르니 주변 지인이라도 자주 방문하도록 권해 섣부른 시도를 사전에 차단할 방법을 알려줬고, 몇 달 뒤부터는 지금까지 이와 비슷한 일을 겪지 않았다는 것을 확인했다.

이 배열에서 9w는 질문자가 자신의 목적을 달성했을 때 벌어질 상황(16)을 자신이 고생해서 얻는 결실이라고 인식한다는 점을 경고하는 데서 모골을 송연하게 만든다. 이는 순간의 기지를 발휘해 위험을 피한 의뢰자 어머니(Qw)의 대처가 빛을 발했던 사건이라 할 수 있다.

이 사례는 변수가 없는 것이 당연한 상황이라면 상대방의 의도를 의심하는 것 또한 당연하다는 점을 보여준다. 이로써 질문과 이에 따른 사전 정보의 결합이 문제를 바라보는 관점을 어떻게 바꾸는지 확인할 수 있었던 사례라 할 수 있다.

실제 사례 (2009년 7월, 경기도 성남시 분당구 모처, 30대 중반 남성)

질문 지금 만나는 사람을 믿어도 될까?

사전 정보 만난 지 3개월을 조금 못 채웠고, 상대방은 20대 중반 여성이었다. 질문자는 과거 약혼자의 불륜 정사를 직접 목격한 뒤 법정 다툼 끝에 결별해 거의 이성 혐오에 가까운 관념이 생긴 사람이었다. 이번 상대방도 의심하지 않으려 했으나, 과거의 기억이 짙은 나머지 자꾸 의심하게 된다며 걱정하고 있었다.

$$9s - 4p - 5p - 15 - 4c - 9w - Qs - 10 - 5 - Nc$$

9s (질문자 자신) 최악의 상황이 온 것은 아닐까 하루하루 노심초사한다.

4p (장애물) 과거에 사로잡혀 정상적으로 판단하지 못하고 있다.

5p (기저) 자신감을 잃었고, 자신을 구원해줄 이를 갈망해왔다.

15 (과거) 과거 매우 좋지 못한 이별로 이성에 대한 선입견이 자리 잡았다.

4c (현재/곧 일어날 일) 자꾸 과거의 좋지 않은 기억을 떠올리며 상대방을 저울질하고 있다.

9w (미래) 지극한 노력을 기울여 관계를 더 좋은 방향으로 이끌 필요가 있다.

Qs (질문자의 내면) 과거의 기억으로 의심이 많아졌거나 인연에 큰 기대를 하지 않는다.

10 (제3자가 바라보는 질문자) 다른 사람들은 질문자에게 기존의 흐름을 뒤바꿀 기회가 왔다고 여긴다.

5 (희망/두려움) 부디 이 사람과 더 좋은 인연을 유지할 수 있길 바라며, 동시에 자신의 도덕적인 기준에 맞지 않는 사람일까 봐 두려워한다.

Nc (결과) 자신의 속내를 진솔히 밝힐 수 있다면 더 나은 결과가 있을 것이다.

이 배열에서 9w는 6번 위치, '미래'에 드러났다.

관계가 성립한 연애 점의 특성상 관계를 더 깊게 맺으려 크게 노력하거나, 자신의 주관을 지키며 상대방을 설득/강요하다가 갈등이 생기기 쉬운 상황이라는 것을 쉽게 간파할 수 있다.

9w에 영향을 주는 카드는 5p, 4c, 10이다. 이로써 질문자가 새로운 인연과 아름다운 관계를 구축하려면 과거의 상처를 치유하고 부작용(혐오, 편견 등)을 극복함으로써 생에 몇 없는 기회를 잡아야 한다는 것을 알 수 있다.

그렇기에 해석자는 9w의 긍정적인 면을 끌어내려 할 때 어떻게 조언해야 할지 살피고, 이로써 질문자의 변화가 상대방의 호의로 이어질 수 있도록 이끌어야 할 것이다.

---

① **9s(질문자 자신)** **부정**적인 영향을 받았다. 질문자의 번뇌가 과거에 대한 집착과 과거 탓에 생긴 편견 때문이라는 것을 지적하며, 이성에 대한 믿음이 없거나 있더라도 '네가 얼마나 잘하나 보자' 식의 수동적인 태도로 일관한다는 점을 강조하기 때문이다. 다만, 극적으로 변화할 가능성(10)이 남아 있기에 아직 완전히 포기해서는 안 된다는 점을 알 수 있다(4p, 4c, Qs, 10).

---

② **4p(장애물)** **부정**적인 영향을 받았다. 질문자가 지금의 편견/고집을 버리지 않으면 새로운 기회도 쥘 수 없다는 점을 지적한다(9s, 4c, 9w, 10).

---

③ **5p(기저)** 비교적 **부정**적인 영향을 받았으나, 배열에 큰 영향을 미치지 못한다. 이는 더 나빠지기도 힘든 상황에서 새로운 인연이 내려왔다는 것을 의미하기에, 질문자가 마음속에서 얼마만큼 간절하게 상대방과 소통하고 싶어 하는지를 일깨우고, 과거의 영향에서 벗어나려면 어떤 노력을 기울여야 하는지만 잘 조언한다면 재기할 가능

성이 희박하게나마 남아 있기 때문이다(4p, 15, Qs, 10).

---

④ **15(과거)** **부정**적인 영향을 받으며, 갈등의 근본 원인이다. 질문자의 불안과 집착이 관계를 위태롭게 하는데도 과거의 경험 때문에 이를 놓지 않으려 하며, 이 때문에 지금 다가온 인연조차 유지하려 하지 않거나 '어차피 떠날 사람'이라는 인식으로 일관하는 원인이 되어 버렸다는 것을 드러낸다(Qs, 4p, 10, 5).

---

⑤ **4c(현재/곧 일어날 일)** 비교적 **부정**적인 영향을 받았다. 지금의 인연은 과거와 관계없는데도 스스로 이 관계를 유지할 수 없으리라 여기고 있기 때문이며, 동시에 상대방에게는 별다른 이유 없이 자신을 어려워하거나 이래저래 집착하는 모습으로 비치기 때문이다. 그러나 아직 연애를 본격적으로 시작하지는 않았기에 기회가 남아 있다는 것을 알 수 있다(9s, 4p, 9w, 10).

---

⑥ **9w(미래)** **부정**적인 영향을 받았다. 질문자가 자신을 바꿔야 한다는 사실을 인정하려 하지 않거나, 바꾸려 해도 큰 노력이 필요해서 자포자기하기 쉽기 때문이다. 그러나 상황을 반전하려 한다면 포기해서는 안 된다는 점 또한 강조한다(5p, 4c, 10).

---

⑦ **Qs(질문자의 내면)** **부정**적인 영향을 받았다. 질문자가 과거의 경험에 매여 새로운 인연을 올바로 바라보지 못하고 있다는 점을 강조하며, 이런 태도를 유지하면 자신에게 온 기회마저도 제 발로 차버릴 수 있다는 점을 경고한다(4p, 15, 10).

---

⑧ **10(제3자가 바라보는 질문자)** **부정**적인 영향에 노출된 상태다. 이는 질문자의 과거 경험이 그만큼 충격적이었기에 쉽게 변화를 요구하기 힘들기 때문이다. 다만 질문자가 원하는 관계를 맺으려면 지금까지의 태도를 바꿔야만 한다는 것을 확인할 수 있다(4p, 15, 4c, 5).

---

⑨ **5(희망/두려움)** 질문자가 다시는 과거와 같은 경험을 겪고 싶지 않고, 그만큼 도덕적으로 정숙하거나 관계에 충실한 사람을 갈구하고 있다는 점을 드러낸다. 이는 질문자가 연애 관계에서 더는 상대방에게 실망하고 싶지 않을 만큼 절박하며, 그만큼 자신의 이성 기준을 높여왔다는 점을 통해 유추할 수 있다(4p, 5p, 4c, 10).

---

⑩ **Nc(결론) 부정**적인 영향을 받았다. 이대로 상황이 흘러가면 질문자가 결별을 통보하거나 상대방이 자연스레 멀어지리라는 점을 암시한다. 그렇기에 해석자는 질문자가 문제점을 어떻게든 개선하거나 상대방이 공감 및 치유에 나설 수 있게끔 도움으로써 상황을 역전할 방책을 모색해야 한다.

해석을 마치고, 전 애인이 바람이라도 피웠냐고 묻자 그 정도면 양반이라며 사정을 설명했다. 상황을 요약하면, 약혼자의 혼외정사 현장을 우연히 직접 목격하고 법정 소송 끝에 결별했으며 이 여파로 정신과 치료까지 받은 끝에 어떻게든 일상생활은 할 수 있게 됐는데, 여성을 대할 때마다 알 수 없는 불신과 혐오가 자꾸 머릿속을 잠식해 막상 만날 때는 잘 지내도 헤어지면 얼마 되지 않아 오만가지 부정적인 생각들이 떠오른다면서, 그냥 연애할 생각을 접는 편이 낫지 않을까 하는 생각이 들어 점을 본 것이라고 했다.

나는 긴 고민 끝에 질문자가 바라는 수준의 연락을 직접 상대방에게 해보고, 상대방이 이를 부담스러워하면 자리를 만들어 과거 이야기를 진솔히 말하면서 양해를 구하는 방책을 써보도록 추천했다.

그 뒤로 그는 기상부터 취침까지 자신의 일과를 (심지어 식사 메뉴까지) 일일이 알리기 시작했고, 보름도 안 되어 이상한 기색을 느낀 상대방이 먼저 자리를 만들어 질문자의 사연을 듣고는 내내 울기만 하다가 이제 그런 생각 하지 않아도 될 것이라며 거꾸로 질문자가 한 만큼 상대방도 관계에 정성을 쏟기 시작하면서 관계가 급진전했다. 그리고 1년이 채 지나지 않아 그들은 결혼했고, 질문자의 의심병과 자격지심도 사라졌다는 것을 확인할 수 있었다.

이 배열에서 9w는 험난한 앞길을 예고했으나, 질문자(와 상대방)는 조언에 따른 지극한 노력으로 비참한 운명을 역전하는 데 성공했다. 후일담을 들으며 가슴이 뿌듯해졌던 사례이기도 했다.

연애와 관련한 질문에서 9w는 대개 어느 한쪽이 강경한 태도를 고수하거나 자신의 목표를 이루고자 뼈를 깎는 노력으로 상대방의 조건을 맞춰가는 과정이 있다는 것을 뜻하나, 이를 실제로 잘 해내는 사례가 드물다 보니 부정 일변도의 의미로 잘못 알려진 카드라 할 수 있다.

10 *of* WANDS.

무리, 강행, 힘겨운 버티기
Pressure. Push ahead, Enforcement

WANDS 공통 의미
철학, 원론, 윤리, 의지, 활력Vital, 노동, 스트레스, 언어

10 공통 의미
천국의 완성(을 위해 필요한 행동과 고난), 각 원소의 종착지(이자 시작)

10 *of* WANDS의 키워드
무리, 강행, 힘겨운 버티기, 압박, 부담감, 과로로 생긴 통증/질병, 자신의 의지를 전달하는 데 결국 성공/실패하다, 작은 실수로 그동안의 노력이 (쉽게) 무너지는 상황/사건, 성공하고자 (외부에서) 강요되는/필요한 성실함과 이를 유지하도록 권유/강요받는 모습 및 이를 견뎌냄으로써 거둔 성공, 과도한 긴장 등

긍정/부정 확인 기준

(어떠한 장애물에 막히더라도) 계속 진행해야 하는 사안인가?

질문과 관련한 일에 변수가 생기기 쉬운가?

질문자에게 문제 해결 의지가 얼마나 있는가?

외부에 드러내거나 공개적으로 참여할 수 있는 사안인가?

이 사안이 오랫동안 해결하지 못한 고질적인 문제와 관계있는가?

이는 핍 상징편에서 언급한 의미들이 긍정/부정적으로 적용되는지 확인할 수 있는 몇 가지 기준이다.

모든 10 카드는 완성수인 만큼 각 분야의 마지막을 보여주지만, 끊임없이 상승해야 하는 영Spirit과 관련한 수트(완드, 검)의 10 카드는 나아갈 동력이 부족해 정해진 끝에 다다르는 모습으로 해석하며, 부정적인 의미가 강조된다.

10w는 점차 자신의 집단, 분야, 시대 안에서 한계에 봉착하거나 더는 발전이 어렵다고 여겨지는 것 또는 자신이 계속 추구하려는 목표를 다른 사람들의 기대/압박/무시를 감당하며 나아가는 모습을 묘사한다. 이로써 정신적·무형적 가치/이상을 의미하는 완드 요소의 순수성을 보존·발전시킬 수 있다는 것을 보여준다.

해석용법

긍정 10w는 외부 개입 여부와 상관없이 '반드시' 해내리라는 의지 또는 이 일을 해내야 하는 절실한 동기가 있을 때 포기하지 않고 계속하는 모습을 묘사한다.

사람들이 이를 무모하다고 여기더라도 굴하지 않고 끝내 목표를 달성함으로써 모든 이에게 존중·인정받거나 스스로 대중 속에 서서히 녹아드는 모습*으로 나타나며, 이 과정에서 인내력과 외부 변수에 대한 대응력을 기를 수 있다.

이는 질문자의 역량이 한계를 맞거나 그 의지가 다하기 전까지 계속되며, 외부에서 발생한 호재 덕분에 그동안의 노고를 보상받는 모습으로 드러나곤 한다.

부정 이와 달리 10w의 부정적인 의미들은 일상에서도 쉽게 찾아볼 수 있다. 말도 안 되는 이상이나 계획을 실현하려 무리하거나 외부의 비아냥을 받는 모습은 흔하게 널려 있고,** 대부분 10w에서 묘사하는 상황을 맞는 것 자체가 문제일 수 있다는 것을 인지하기 때문이다.***

아무리 뜻이 옳아도 역량이 미치지 못해 주저앉는 상황 또한 마찬가지다. 안 되는 것을 억지로 되게 하려다가 자신의 시간, 역량, 기반을 모두 잃을 때라든지, 다른 이들이 이런 상황을 비판하거나 비아냥대는 것을 계속 무시하다가 객관성을 잃고 표류하는 것 또한 부정적인 영향력 아래에 있다.

---

* 익숙하지 않은 관념, 사상, 이상이 사람들에게 점차 당연하게 여겨지기 시작하는 상황을 예로 들 수 있다.

** 평소에 공부도 제대로 하지 않던 이가 '1주일 만에 수능 공부 다 할 수 있다'처럼 누가 봐도 터무니없는 계획을 내세워 주변을 폭소하게 만드는 상황이 대표적이다.

*** 어떻게든 취직해야 하는 상황이 아니라면, 면접 또는 출근 첫날 회사 사무실에 침구가 있는 회사는 피하도록 권하는 상황에 비유할 수 있다.

이런 10w의 긍정적인 모습을 보여주는 역사적인 사례가 제2차 세계대전 발발 전, 소련의 독재자인 스탈린의 중공업 우선 정책이다. 그는 1928년부터 경제개발 5개년 계획을 시작으로 중공업 육성을 가혹하게 밀어붙였으며, 농업이 중심이었던 러시아의 산업구조를 통째로 갈아엎었다.

이에 따른 부작용과 반발*을 무시하고 만든 기반은 그의 예측**대로 발생한 독일의 침공을 막아내고, 전쟁을 승리로 이끄는 데 핵심 역할을 했으며, 이 희생으로 1960년대 이후 소련 시민의 삶은 전쟁 전보다 훨씬 좋아졌다.***

스탈린은 죽고 격하되었지만, 그가 이룩한 공업화는 성과로 인정받는다. 이는 그의 비범함과 함께 10w의 의미를 잘 보여주는 사례다. 10w가 나타내는 무리함, 압박의 의미가 올바로 적용되는 것이 얼마나 어려운지를 보여주면서도, 이런 방식이 필요한 상황도 있다는 것을 강조한다.

이처럼 10w는 그 의지나 목표만 올바르다면 그 밖의 모든 것을 포기하거나 희생하더라도 목적을 달성하는 모습으로 드러난다.

이와 달리 일제의 군사작전들****은 10w가 불러올 수 있는 추태를 적나라하게 보여주며, 10w를 긍정적으로 활용하려면 배제해야 하는

---

* 집단 농장은 비효율적으로 가동되어 농업 생산력이 저하되었고, 공업 위주의 정책 추진과 함께 이루어진 농축산물의 무리한 공출은 우크라이나 기근 사태를 일으킬 정도였다.

** 로버트 서비스, 『스탈린』, 교양인, 2010; 올레그 V. 흘레브뉴크, 『스탈린: 독재자의 새로운 얼굴』삼인, 2017.

*** 1960~1980년대 초중반까지 소련 시민의 삶은 전쟁 전의 빈곤함이나 러시아 혁명 전의 농노 수준과 크게 대비되며, 거꾸로 소련 해체 후 불황이 찾아오자 러시아 국민의 생활은 전쟁 직후 수준으로 급전직하했다.

**** 청일전쟁, 러일전쟁의 승리로 도박을 전략이라 여기는 경향이 만연했으며, 내부 파벌의 기득권이나 정치 논리에 따라 터무니없는 전략 전술을 주장하곤 했다. 이를 대표하는 사건이 노구교 사건, 임팔 작전, 태평양 전쟁 시기 육·해군의 갈등으로 빚어진 패전들이다.

것들이 무엇인지 알 수 있게 하는 반면교사다.

이런 부정적이기만 한 모습 말고 안타까운 모습도 10w의 부정적인 면을 드러낸다. 스트레스를 이기지 못해 중도 포기하거나, 작은 실수/변수로 힘겹게 쌓거나 유지했던 것이 무너지는 상황은 10w가 목적을 달성하는 것이 얼마나 어려운지를 보여준다.

이런 이유로, 해석자는 10w의 부정적인 의미가 적용되지 않도록 도와야 하며, 질문자에게는 현상 유지조차 어려울 수 있다는 점을 계속 유념해서 조언해야 한다.

배열 위치별 특징 켈틱 크로스 배열에서 10w는 6, 9번 위치를 빼고 나머지 위치에서는 의미가 강해지는 경향이 있다. 이는 점을 볼 때 질문자들이 다급하거나 자신에게 불리한 상황이 닥쳤을 때가 많기에 더욱 두드러지며, 이 상황을 견딜 수 있느냐 없느냐를 떠나 질문자에게 과부하나 후유증을 남기는 상황이 대부분이기에 이를 타개할 조언을 마련해야 한다.

6, 9번 위치에 나왔을 때는 질문자의 단순한 바람이나 예정대로 흘러가는 상황이기에 영향력이 약해지거나 부정적인 의미를 띠기 쉽다.

1, 3, 7번 위치에 나왔을 때는 비교적 긍정적인 영향을 받기 쉽다. 이는 질문자가 어려운 상황이라는 것을 충분히 인지하고 있거나, 자신이 계속 견뎌낸 역경이 어떤 것이고 이를 이겨내는 것이 무엇을 의미하는지 이미 잘 인식하고 있기 때문이다.

이에 따른 역량과 각오만 충분하다면 10w는 긍정적인 영향을 배열 전체에 미치지만, 만에 하나라도 실수한다면 더 큰 부작용/후유증을 몰고 올 수 있다는 점을 유의해야 한다.

연애(관계가 성립한 상황) 10w는 연애 전반에 걸쳐 부정적인 의미가 적용되기 쉽다. 이는 근래 연애하는 데 '무리, 압박'에 견디기 힘들어지거나, 현실적인 문제가 늘어나는 세태와 관계있다.*

이를 더 좋은 방향으로 이끌어주려면 질문자와 상대방이 관계를 유지하는 데 어느 정도의 각오/의지를 품고 있는지 확인하고, 어떤 수단/조언으로 이 의지를 강화/유지할 수 있는지 고려한 뒤 해석해야 한다.

긍정 질문자와 상대방이 (공동의) 목적을 달성하려 남의 걱정이나 압박에 개의치 않고 나아가고 있으며, 피할 수 없는 외부 개입**이나 이에 따르는 변수를 극복하고 서로의 의지를 관철하는 데 성공했다는 것을 의미한다.

부정 부정적인 의미가 덜하다면 단순히 상대방의 태도, 언행으로 지쳐 있다는 상황을 의미하는 데 그치지만, 부정적인 의미가 크다면 질문자 또는 상대방이 관계를 억지로 이끌어가려 하거나 명목상의 결합을 유지하려 애쓰는 상황***이라는 것을 지적한다.

이는 혼자만의 고생이거나 원하지 않게 남의 시험대에 올라간 모습****으로 나타나며, 이를 끝내 극복하지 못하거나 자신이 왜 이와

---

* 연애/결혼하는 데 많은 제약(과도한 혼수, 집 마련 부담 등)이 생겨서, 또는 자신의 자아실현에 집중하려고 연애/결혼을 포기하는 사람이 많아졌으며, 고단한 현실에 치여 연애 자체를 포기하는 경향이 10w의 의미가 부정적으로 쓰이게 하고 있다.

** 어떤 방법으로도 피하기 어려운 문제(입대 등)거나 연인과 관계를 유지하려면 버려야 하는 이득/기반의 손실이 자신에게 뼈아플 때를 예로 들 수 있다. 이는 대인 관계의 파탄, 집단/사회에서 겪는 영향력 감소, 과한 지출 등으로 드러난다.

*** 애정이 식은 관계를 결혼했다는 이유 때문에 억지로 붙들거나, 어느 한쪽이 관계를 깨지 못하도록 억지하는 상황이다.

**** 예비 시가/처가 부모의 (은근한) 기대/압박부터, 연인 각자의 지인들이 (멋대로) 기대/조건을 걸어대는 통에 관계 유지가 벅찬 상황이 주로 전개된다.

같은 고난을 겪어야 하는지 회의懷疑한 끝에 관계를 끝내리라는 것을 암시한다.

연애(관계가 성립하지 않은 상황) 이때 10w는 연애하기 매우 힘든 상황이라는 것을 의미한다.

이 원인이 질문자의 내/외면, 내/외부에* 있느냐에 따라 조언의 향방이나 긍정/부정적인 의미 적용에 영향을 끼치며, 원인이 질문자의 외면+내부에 있으면 더 부정적이기 쉽다.

긍정 관계 성립을 원하는 상황이라면 주변 문제를 현명하게 해결해가거나 자신의 역량으로 장애물을 돌파하며 하나둘 목표에 도달하기 쉬운 상황이라는 것을 의미하며, 질문자의 역량이 뒷받침된다면 모든 문제를 떠안고 있더라도 관계를 맺는 데 성공한다는 의미로 해석할 수 있다.

단순한 연애운이라면 자기 계발이나 연애하는 데 필요한 준비가 착실히 진행되는 상황을 의미하며, 이 과정에서 주변 간섭/개입/유혹에 흔들리지 않고 처음 계획한 목표를 향해 나아가도록 조언해야 한다. 최상의 경우 이러한 노력으로 자신의 격이 상승하고, 더 나은 연애 대상과 만날 기회를 얻을 수 있다.

부정 관계 성립 여부와 상관없이 질문자에게 연애에 시간을 쏟을 여유가 없거나 일상 유지에도 벅찬 상황이라는 것을 지적하며, 연애를 본격적으로 하고자 나서는 데 제약을 거는 외부 인물/환경 탓에 연애 과정이 순탄하지 않으리라는 것을 암시한다. 최악의 경우 작은 실수로 좋은 사람/기회를 놓칠 수 있다는 점을 경고하기에 다방면으로 주의하도록 당부해야 한다.

> *   질문자의 내면: 지친 심신, 연애에 대한 피로감
> 질문자의 외면: 외모, 첫인상, 기반 때문에 호감을 얻기 어려운 상태
> 질문자의 내부: 개인/가족 등 사생활 문제로 연애 시도나 연애 대상의 선택
>   에 제약이 있는 상황
> 질문자의 외부: 반강제적 연애 금지나 통제, 일상생활의 과도한 간섭이나
>   과중한 업무 등으로 연애할 수 없는 상황

대인관계 대하기 어려운 사람 사이에 있거나, 이해관계가 상충하는 이들을 억지로 끌어안고 나아가는 상황을 묘사하며, 이 과정에서 질문자가 내부 분쟁을 (1) 막거나 (2) 부추겨야 유리한 상황인지 가늠해 긍정/부정적인 의미를 별개로 적용할 수 있으며, 이에 따른 조언도 가능하다.

긍정 (1) 문제의 소지를 억지로 봉합해서라도 함께할 가치가 있고, 목적을 달성함으로써 각자의 목표를 달성할 수 있다는 점을 강조해 질문자의 의욕이 떨어지지 않도록 격려해야 한다.

(2) 자신(과 뜻을 함께하는 이들)의 주장을 토대로 일을 이끌어가야 하며, 이 주장이 관철되지 않으면 조직적인 이탈을 시도하는 등의 강경수로 목표를 달성할 수 있다. 단, 이때 반드시 부작용이 생긴다.*

부정 (1), (2) 자신의 목적과 결부돼 있다면 싫어도 함께할 수밖에 없는 상황이라는 것을 암시하며, 책임져야 할 상황을 피할 수 있도록 조언해 문제에서 벗어나도록 도와야 한다. 이에 해당하지 않으면 질문자가 이 집단에서 해낼 수 있는 일이 없는 상황이거나, 이 집단이 질문자의 목적에 전혀 도움이 되지 않는다는 점을 강조하기에 문제에서 한 발 떨어져 상황을 지켜보도록 권해 정신적인 여유를 찾도록 조언해야 한다.

사업의 흐름이나 전망 보통은 부정적인 의미가 강해지기 쉽다. 이는 현실적인 어려움에서부터, 대중/소비자나 투자자에게 소개/판매할 때 가격 단가를 낮추거나 자신의 사업 의도에 반하는 방법을 동원해 소개하는 상황을 뜻하기 때문이다.

긍정 영업/사업 과정의 어려움을 견뎌내며 목표한 방향으로 나아

---

* 조선 초 계유정난으로 집권한 세조는 정치 세력이 미약했기에 자신을 추대한 공신을 대우하는 과정에서 왕권의 약화를 불러온 것이나, 근현대에 개발독재로 이룬 산업화는 경제개발이라는 평계로 공동체의 인권, 문화, 노동력, 여유를 말살하거나 희생시키는 수단을 채택하며, 이 때문에 사회가 다양한 부작용을 앓게 만든 예라 할 수 있다.

가고 있으며, 이 과정이 안팎의 시각으로도 당연히 거쳐야 하는 성장통이라는 것을 암시한다. 이렇게 얻어낸 결실로 소비자/투자자의 마음을 얻거나 긍정적인 반응을 끌어낼 수 있으나, 자기 능력 이상의 무리를 거듭하고 있기에 이에 따른 과부하를 어떻게 소화할 것인지 미리 대비하도록 조언해야 한다.

부정 질문자가 현재 무리한 수단들을 동원하고 있다는 것을 경고한다. 구체적인 수단에 대해서는 다른 카드와의 연계에 따라 다양한 모습으로 드러나며,* 자신을 갉아먹는 선택을 (어쩔 수 없이) 했다는 점을 경고한다. 역량을 초과하는 사안에 대한 과부하는 외부 인력에 맡기는 등 도움을 받아서 짐을 덜 수 있도록 조언해야 한다. 최악의 경우 질문자를 도와줄 사람/세력이 전혀 없으며, 이때 사업은 실패하거나 중도 포기해야 할 지경으로 내몰린다.

창업의 성사 여부 창업 과정에서 생긴 수많은 난관을 이겨내는 모습을 의미하거나, 자신 또는 구성원의 업무 피로도가 점차 과중해지고 있는 상황을 경고한다.

특정 분야를 논한다면, 수입의 규모를 떠나 공로가 인정되기 어렵지만 없으면 반드시 문제가 생기며 일의 시작과 끝까지 내내 유지해야 하는 작업/분야, 또는 문제가 생기면 책임이 돌아오기 쉽거나 외부의 질타/비아냥을 받기 쉬운 분야에 해당한다.

긍정 사람들의 기대나 감시에 잘 부응하고 있으며, 위태로운 상황에도 자신이 하고자 하는 바를 잘 관철하고 있다는 것을 의미한다. 다만 쌓이는 피로를 관리할 방안을 마련하도록 조언하면 큰일은 벌어지지 않을 것이다.

그 밖에 자신의 발상/기획을 모두 구현하려다가 생기는 문제를 다른 분야의 담당자들과 적절히 타협함으로써 '나쁘지 않은'** 결실을

> * 과다 출혈 경쟁이나 야근의 연속, 열정 페이 등의 노동력 착취, 표절 등 다양한 문제를 파생한다.
>
> ** 이 '나쁘지 않은' 결실은 질문자의 목적이나 상품 개발 초기의 기획안이 얼마나 잘 구체화한 것인지를 기준 삼아 표현한 것이며, 상품의 수익성은 이 평

내게 된다.

부정 너무 많은 것을 한 번에 처리하려다가 창업에 지장이 생기고 있거나, 내부 분열 및 외부 간섭으로 배가 산으로 가기 쉽다는 점을 경고한다. 이때는 우선순위나 궁극적인 목적을 상기하도록 조언해 정상 궤도로 돌아오도록 도와야 하며, 모든 것을 다 하려다가 하나도 제대로 하지 못할 수 있다는 점을 경고해야 한다.

진로 적성 10w는 해결되지 않았고 결론이 명확지 않은 연구 과제를 계속 진행하며 그 나름의 성과를 얻어내거나 이를 대중에 발표하는 방식을 사용하며, 비전문가가 잘 알지 못하지만 한 분야를 발전시키는 데 필요한 부분을 꾸준히 개선/유지하는 일과 관계있다. 격이 떨어질수록 쉽게 무시당하거나 존재 자체가 잘 알려지지 않아 자신의 노고가 평가절하당하기 쉬워지며, 외부 압박이 심해 연구/업무가 제대로 이루어지지 않거나 노동의 대가/예산을 확보하기 어려워진다.

긍정 질문자의 노력이 헛되지 않을 것이며, 주변 또는 이 분야의 사람들도 이를 인지하기에 질문자를 돕거나 최소한 방해하지 않으려 하고 있다는 것을 의미한다. 또한, 어떤 과제나 목표를 달성하려 지금 무리하는 것이 어쩔 수 없다는 점을 강조하기에, 낙심하지 말고 계속할 수 있도록 격려해야 한다.

부정 질문자의 노력이 무시되거나 외부 개입 또는 변수로 진행하던 일이 무산되는 등, 진로를 포기해야 하는 상황이 오는 것을 암시한다. 질문자의 역량이 객관적으로 부족하다고 평가받는다면 이를 단기적으로 개선하는 것은 불가능하며 극복하기까지 매우 긴 시간이 걸리기에, 좀 더 나이가 든 뒤에 이 진로를 시도하도록 권해야 한다. 최악의 경우, 무리하게 계속 시도한 탓에 다른 진로를 선택할 기회조차 사라지는 상황으로 내몰린다.

시험 결과나 합격 여부 10w는 확연하게 부정적인 의미를 띤다. 이를

가에 포함되지 않으므로 주의해야 한다.

합격의 의미로 적용하려면 다양한 조건을 만족해야 하며,* 질문자의 역량이 객관적으로 긍정적인 평가를 받고 있어야 한다. 압박 면접이나 취약점을 최대한 방비하도록 권하는 정도만 조언할 수 있으며, 부정적이라면 역부족으로 중도 탈락하는 것을 암시한다.

질병의 호전, 완치 기본적으로 기력이 쇠한 상태를 의미한다. 신체 능력을 과하게 쓴 뒤 회복이 느리거나 해당 신체 기능이 (영구적으로) 소모되어 회복되기 어려운 상황으로 해석된다. 그렇기에 재생이 가능한 문제**에는 긍정적으로 적용되나, 그렇지 않은 기관과 관련한 점이라면 의미가 부정 일변도로 흘러가기 쉽다.

　긍정 힘든 순간을 버텨 더 나은 상태로 복귀할 수 있으리라는 것을 암시한다. 이 과정에서 생길 일시적 통증을 참거나 덜 방법(대개는 휴식과 안정 또는 가벼운 진통제 정도)을 조언하면 대부분 문제를 해결할 수 있다.

　부정 과하게 무리해서 신체 회복이 매우 느리거나 회복할 수 없을 정도로 소모된 상황을 암시하며, 노환으로 발병하는 질환이라면 고질병으로 자리 잡거나 최악의 경우 연명치료를 유지할 수밖에 없다는 점을 경고한다.

단순한 건강 문제 10w의 '무리'와 직결되는 과로, 피로로 생기는 만성 질환에 해당하며, 신체적으로는 과중한 무게***나 고정된 자세 때문에 생기는 질환****이나 좋지 못한 식생활, 습관을 반복함으로써 생기는 병과 관계있다. 정신적으로는 반복적인 스트레스로 생기는

---

*　가장 흔한 예로 고등학교 3학년 수험생을 뒷바라지하려 각 가정에서 시도하는 수많은 일을 떠올려볼 수 있다.

**　평소보다 과격한 유/무산소 운동 후에 회복 과정에서 느끼는 통증이 좋은 예다.

***　과도한 무게를 짊어져 생긴 근육/뼈의 질환.

****　전화 상담 직원의 청력 손실, IT 업계 종사자의 수근관 증후군 같은 직업병이 좋은 예다.

문제에 해당하며, 이는 가정/사회에서 겪은 억압으로 쉬이 위축되는 모습*부터 목적 달성이나 문제를 방지하려 초조해하는 강박증** 등으로 의미가 확장된다.

긍정/부정적인 의미 적용 여부와 상관없이 안정이 필요한 상황이며, 부정적일수록 더 높은 강도의 안정과 치료, 교정이 필요하다는 것을 의미한다.

---

* 폭력적인 부모 밑에서 오랫동안 자란 아이나 군대에 갓 입대한 사람에게서 곧잘 관찰할 수 있다. 이들은 과도하게 수동적이며 특정 상황에서 자신의 의지나 감정을 조리 있게 표현하기 어려워한다는 공통점을 띤다.

** 주위의 기대를 자신의 성과로 만족시켜야 한다는 강박.

켈틱 크로스 배열 위치별 긍정/부정 해석법

1 → ②⑤⑦⑧ 카드 확인 질문자가 힘들어하는 이유가 무엇인지 확인해야 한다. 이는 질문자가 맞닥뜨린 장애물을 얼마나 중대하게 여기거나 성가셔 하는지 확인하고, 외부에서 질문자에게 바라는 수준이나 행동은 무엇인지 살핀다면 긍정/부정적인 의미를 확인할 수 있다.

긍정 질문자가 이 상황을 감내할 명분/의지만 명확하다면 크게 문제없고, 이 과정에서 생기는 잡음을 해결하며 성장한다. 의미가 강해질수록 큰일을 처리하며 주위의 기대에 부응해 격을 높이는 데 성공한다.

부정 질문자의 힘든 상황이 해결되기 어렵거나 문제 해결을 포기(당)하기 쉬운 상황이라는 것을 경고한다. 이 때문에 후유증/부작용이 생기기 쉬우니 더 신중하게 접근하거나 빠르게 포기하도록 조언해 매몰 비용*을 없애도록 조처해야 한다.

---

2 → ①④⑤⑧ 카드 확인 질문자의 능력으로 이 문제를 해결할 수 있는지를 객관적으로 평가하고, 능력 부족 시 생길 문제 및 질문자가 노력함으로써 어느 정도 극복할 수 있는지 가늠해보아야 한다.

긍정 질문자에게 제시된 문제/장애물을 (주위의 도움으로) 해결할 수 있으며, 한계라 여겼던 문제를 극복함으로써 목적을 달성하거나 성장할 수 있다는 점을 암시한다. 때때로 이 위치에 10w가 나왔을 때는 질문자가 짊어진 부담감이나 긴장의 이유에 실체가 없는 상황이 있다.

부정 질문자가 항거하기 어려운 존재의 억압/압박으로 어려움을 겪는 상황을 드러내며, 이를 견뎌내지 못해 피해가 쌓이거나 질문자의 의지를 갉아먹고 있다는 것을 암시한다. 이때 질문자에게 문제의 책임이 얼마나 있는지 확인하고, 책임이 없다면 부당한 처우를 개선할 방법을 찾거나 당사자와 직접 타협하도록 조언할 수 있으나, 책임이 일부 있다면 질문자를 도와줄 사람이 없거나 돕더라도 질문자의 명예, 위신, 체면 등이 크게 깎일 수밖에 없다는 점을 감내하고 상황을 개선하도록 조언해야 한다.

최악의 경우, 신체/정신적 한계로 질문자가 중도 포기하며, 더욱 좋지 않은 상황으로 내몰린다.

---

3 → ①②④⑦ 카드 확인

---

* 지금까지 쏟은 노력이나 본전이 아까워서 성공할 리 없는 것에 매달리는 모습이 전형적인 예다.

(1) 질문자가 선택한 결과로 일어난 상황

(2) 질문자가 원치 않았거나, 강제로 선택한 결과로 일어난 상황

(3) 상황/시류에 떠밀려 문제를 겪는 상황

(4) 오랫동안 반복된 문제를 다루는 상황

대개 위와 같이 분류하며, 질문자가 질문 내용/분야를 버거워하는 이유 또는 억지로 끌고 가야 하는 이유를 확인함으로써 긍정/부정적인 의미 판단을 내릴 수 있다.

긍정 (1), (4) 단순히 지루함을 느끼는 것에 가까우며, 약간의 여유를 만들어 기분 전환을 조언하는 정도로도 대부분 문제가 해결된다. 그렇지 않다면 질문자보다 상위 기관/상사/연애 상대방의 결재/검토를 요청해 도움을 얻도록 조언해 문제를 수월히 해결할 수 있다.

(2) 강제로 했더라도 부당하지는 않았기에 질문자가 이를 부정적으로 인식하지 않거나 임무Quest로 여겨 해결하려는 의지를 다잡았다는 것을 의미한다.

(3) 이런 문제가 질문자뿐 아니라 다른 이들에게도 비슷하게 강요되기에 의견을 모아 공동전선을 이끌어나가는 등의 방식을 동원하면 더 쉽게 상황을 개선할 수 있다.

부정 (1), (3) 질문자가 자신의 역량을 제대로 가늠하지 못한 채로 문제와 마주한 상황이다. 이때는 일이 심각해지거나 부작용이 생기기 전에 멈추거나 문제를 해결할(떠넘길) 이를 찾도록 조언해야 한다. 이마저도 힘들다면 질문자의 의지/의도가 꺾이리라는 것을 의미한다.

(2) 최악의 경우로, 강제로 결정된 일에 끌려다니다 못해 자신의 역량이나 귀한 시간을 소모하고 있다는 것을 암시한다. 이때는 외부에서 극적인 도움*을 얻지 못하면 상황이 나아지지 않으며, 섣불리 억압을 벗어나려다가 파국을 맞이할 수 있다는 점**에 주의해야 한다.

(4) 문제가 반복되는 데 질렸거나 문제의 막중함을 잊은 채 부주의하기 쉬

---

* 현 상황을 전혀 모르는 이가 사정을 알고 난 뒤 외부/공권력의 힘을 빌려 해결해주는 상황이 대표적이며, 그 밖에 가정/집단의 부조리에 갇혔던 이가 다른 사람(연인, 은사 등)에게 도움을 받아 탈출하는 상황도 예로 들 수 있다.

** 극단적인 예로 2000년 경기도 과천에서 벌어진 존속살해 사건을 들 수 있다. 가해자의 성장 과정과 범행 내용, 재판 결과는 10w의 면모를 비춘다.

운 상황*을 의미하며, 이 때문에 문제가 생길 수 있으니 사전에 점검하도록 조언하고 끝까지 긴장을 늦추지 않도록 당부해야 한다.

---

4 → ① ⑤ ⑥ ⑧ 카드 확인 질문자가 경험/극복한 억압/역경이 무엇이었으며, 이 경험이 외부 평가를 긍정적으로 바꾸거나 현 상황을 타개하는 데 도움이 되는지 확인함으로써 긍정/부정적인 의미를 판단할 수 있다.

긍정 질문자의 고생이 끝났거나, 경험으로 흡수해 문제 해결에 도움이 되는 것을 뜻한다. 이는 단순한 경험에서 시작해 다른 사람들도 부담스러워하는 것을 먼저 도맡아 처리해 생기는 발언권/권위/면책권으로 발전하며, 이를 토대로 원하는 바를 이루거나 남에게 특정 행동을 정당히 요구함으로써 문제를 수월히 해결할 수 있다.

부정 질문자가 무리함으로써 상황을 더 나쁘게 만들었거나, 강행함으로써 질시나 반발을 사는 상황을 암시한다. 문제를 해결하려 편법을 쓰더라도 비효율적이며, 쓰기도 힘든 상황이기에 결국 질문자가 다가올 상황 흐름에 끌려다니게 된다.

---

5 → ② ③ ⑦ 카드 확인 마주한/곧 마주할 압박, 스트레스가 질문자와 이를 둘러싼 문제에 어떤 영향을 미치는지 확인해야 한다. 이는 질문자의 준비 수준과 컨디션을 가늠함으로써 극복할 수 있는지를 점검하고 부족한 부분을 메울 수 있게 조언해 부정적인 영향을 방지할 수 있다.

긍정 질문자가 이 상황을 거쳐 성장하거나 자신의 의도대로 일을 이끌어 나가기 시작했으며, 대국적인 명분에 어긋나지 않는 한 방해받지 않는다는 것을 뜻한다.

부정 질문자가 의도하는 것이 내외부의 문제 제기/개입으로 이루어지기 어렵거나, 사안을 해결하려 한 기간이 너무 늘어져 효율이 떨어지는 등, 일을 진행할 역량이 소진되었다는 점을 경고한다. 의미가 악화할수록 문제 해결을 포기하게 되거나, 각고의 노력을 쏟아부어도 끝내 원하는 바를 달성하지 못한다.

---

6 → ③ ⑤ ⑨ 카드 확인 다가올 고난을 얼마나 대비했으며, 질문자가 생각하는 최악의 상황이 무엇인지 확인함으로써 긍정/부정적인 의미를 판단할 수 있다.

---

* 안전불감증이나 과적, 검역, 검문 등의 업무를 날마다 하면서 권태나 안일함을 느끼는 상황을 예로 들 수 있다.

긍정 (스스로 평가하기에도) 힘들게 임한 보람이 있으며, 이로써 더 나은 결실을 보리라는 것을 의미한다. 최상의 경우 질문자가 이 고난을 돌파함으로써 질문과 같거나 비슷한 문제에 더는 망설일 일이 없거나 자신의 기준을 뚜렷하게 세워 외부 변수에 흔들리지 않는 모습으로 성장한다.

부정 질문자의 미비한 실력/준비 상태나 외부의 과도한 간섭, 압박으로 행동에 제약이 생기는 상황*을 의미하며, 사소한 실수로도 일이 실패하기 쉬워진 상황이 올 것을 강조한다.

---

7 → ② ⑤ ⑥ ⑨ 카드 확인 질문자가 왜 힘겨워하는지 살펴야 한다. 질문자가 맞이한/맞이할 일들이 실제 질문자의 역량/예상 밖인지 확인함으로써 긍정/부정적인 의미를 판단할 수 있다.

긍정 질문자의 긴장은 큰 의미가 없거나 적절한 수준에 그치며, 자신이 어떤 일을 하는지 자각함으로써 부수 효과들을 얻고 있다는 것을 의미한다. 최상의 경우 질문자의 이런 사명감에 가까운 속내가 외부에까지 공명을 일으켜 큰 흐름을 만드는 데 성공한다.

부정 상황 개선이나 문제 해결에만 매달리다가 주위를 돌아볼 여유를 잃었다는 것을 의미한다. 이때 자신이 해결하려는 것을 희생을 무릅쓰고 먼저 끝내게 하거나, 잠시 강제 휴식Shut Down과 함께 거시적으로 상황을 관조해보도록 조언해 부정적인 영향을 줄여줘야 한다.

만약 이런 상태를 방치하거나 고집을 놓지 못하면 안팎의 반발에 부딪혀 안 하느니만 못한 상황이 벌어진다.

8 → ① ④ ⑤ 카드 확인 외부에서 질문자가 힘들어한다고 여기거나 자신의 주장을 꺾지 않고 나아가려는 사람으로 비치는 상황을 뜻한다. 이는 질문자가 과거부터 지금까지 변함없이 주장/행동해왔는지 확인함으로써 긍정/부정적인 의미를 알 수 있다.

긍정 외부의 동정심/격려를 토대로 부담을 잠시 덜어내거나 배려를 받기 쉬운 상황이라는 것을 뜻한다.**

이로써 최소한 방해받지 않는 환경이 조성되었다는 것을 의미하며, 질문

---

* 과도한 대출금에 짓눌려 수입 대부분이 이자로 지출되는 상황을 예로 들수 있다.

** 이런 배려가 질문자의 의지를 고양하거나 목적에 도달하는 데 큰/결정적 도움이 되지는 않는다.

자의 역량에 나머지 일들이 달렸다는 것을 보장한다.

부정 질문자가 힘들어하는 것을 간파한 이들이 이를 빌미로 개입/간섭하며, 각자의 뜻대로 질문자를 이끌려 하기 쉬운 상태라는 것을 지적한다. 이는 사공이 많아 배가 산으로 가는 것에서 시작해, 지친 질문자를 자신의 의도대로 유도하려 하거나 질 낮은 정치질*로 질문자의 업적/성과를 폄훼하는 등, 다양한 양상을 보여주므로 상황/역량에 맞게 조언해야 한다.

---

9 → ②③④⑤ 카드 확인 질문자가 무리해서라도 무언가를 해내기를 바라며, 한편으로는 자신에게 걸릴 과부하를 두려워하는 모습으로 드러난다. 이때는 질문자가 자신에게 요구되는 수준, 해내려는 의지 및 역량이 충분한지 점검함으로써 더 자세한 내용을 파악할 수 있다.

---

10 → 결론의 10w는 질문자가 이 문제에 매달려야 하는 근본적인 이유와 그 해답을 스스로 쥐고 있지 않다면 긍정적인 의미로 해석하기 어렵다. 특히 질문 자체가 도피, 휴식 등 앞으로 나아가는 것보다 현상 유지나 퇴보 또는 면피의 색채가 강할수록 질문자가 원하는 것과 거리가 멀어지는 경향이 있다.

긍정 기존 카드들의 부정적인 영향이 있더라도 중도 포기할 수 없다는 것을 인지하고, 어렵고 고되더라도 한 걸음씩 나아갈 수 있으리라는 것을 의미한다.

질문자에게 절실한 문제일수록 온 힘을 다해 노력해야 하며, 하나라도 놓치면 일이 무산될 수 있다는 점을 강조해야 한다.

부정 질문자의 노력에 비해 상황 변화/개선이 더딜 것을 뜻하며, 외부 방해/변수에 극도로 취약하기에 문제 해결이 어려우리라는 것을 시사한다. 이 과정에는 필연적으로 부작용/후유증이 따르며, 다른 사람에게 이해받지 못하거나 알아주는 이 하나 없이 홀로 가슴앓이해야 하는 상황으로 내몰리기 쉽다.

---

* 잘되든 안 되든 질문자를 깎아내리며 자신을 정당화하거나 영향력/세력을 유지하려는 일들을 포괄한다.

실제 사례 (1997년 9월, 경기도 성남시 분당구 모처, 10대 중반 여성)

질문　　성적을 더 올리려면 어떻게 해야 할까

사전 정보　지망하는 고등학교로 진학할 수 있을지*를 물었으며, 점수가 안정권이 아니었기에 매우 초조해 보였다.

$$17 - 4s - 10w - 12 - 1 - 2p - Qc - Np - 14 - Ks$$

17　　(질문자 자신) 원하는 고등학교에 입학하려 노력하고 있다.

4s　　(장애물) 휴식이 필요하나 이를 무시하고 있다.

10w　(기저) 무리하고 있지만 애써 참고 버티는 상황이다.

12　　(과거) 이 목표를 달성해야만 한다고 여겨왔다.

1　　　(현재/곧 일어날 일) 좋은 학원이나 과외 선생을 수배해야 한다.

2p　　(미래) 어떻게든 성적은 유지할 수 있다.

Qc　　(질문자의 내면) 진정으로 지망한 학교에 입학하길 원한다.

Np　　(제3자가 바라보는 질문자) 제 몫을 해낼 사람이라 여겨지고 있다.

14　　(희망/두려움) 별걱정 없이 합격하기를 바라며, 떨어지는 것을 두려워한다.

Ks　　(결과) 관리만 잘하면 계획대로 될 것이다.

---

*　이때 분당구는 고등학교 비평준화 지역이었고 시험(200점 만점)으로 당락이 결정됐다(코트 해석편 40쪽 참고).

실전 해석

이 배열에서 10w는 3번 위치, '기저'에 드러났다.

시험/진로와 관련한 질문의 특성상 질문자가 현재의 역량을 유지했을 때 목표를 달성할 수 있는지와 무리하면서도 추구할 가치가 있는지를 살핀 뒤, 질문자의 동기 부여 정도를 확인해야 한다.

10w에 영향을 주는 카드는 17, 4s, 12, Qc이다. 이로써 질문자가 목적을 달성함으로써 성취감과 사람들의 인정을 얻는 것이 필요하다고 여기기 때문에 다른 아이들과 달리 여가/휴식을 포기하면서 목표를 달성하려 한다는 것을 알 수 있다.

그렇기에 해석자는 이 배열에서 10w는 질문자가 지금처럼 무리했을 때 언제까지 버틸 수 있는지, 무리함으로써 생길 부작용이나 더 나은 성적 향상 방법이 있는지 확인하여 조언하고, 역량 소모나 피로감을 줄여서 목적을 달성할 수 있게끔 도와야 할 것이다.

---

① **17(질문자 자신) 긍정**적인 영향을 받았다. 질문자가 자신의 목표를 확정했으며, 이를 위해 온 힘을 다하고 있다는 것을 강조한다.

이는 질문자가 가족이나 다른 사람의 인정을 얻으려 목표를 설정하는 과정에서 자신의 역량이 어느 정도인지 잘 알고 신체에 심한 문제가 생길 정도로 무리하지는 않았기 때문이다(4s, 12, Qc, 14).

---

② **4s(장애물) 비교적 부정**적인 영향을 받았다. 질문자가 목표를 달성하려 노력할 시간도 얼마 남지 않았기에 쉬고 싶어도 쉴 수 없다는 것을 의미하며, 지금까지 쓴 방법들로 문제/부작용이 생기기 쉽다는 점을 지적한다. 그러나 이는 어디까지나 잠깐일 뿐이어서 시험까지만 어떻게든 참거나 전문가의 도움을 받아 부담을 덜어주면 될 정도이고, 도움을 얻기 쉬운 명분(진학)이 있으므로 부정적인 영향이 줄어든다(17, 1, Qc, 14).

---

③ **10w(기저) 비교적 부정**적인 영향을 받았다. 지망하는 학교를 질

문자가 택했으나 자신의 역량보다 다소 높은 목표라는 것을 지적하기 때문이다. 그러나 이 차이를 따라잡는 과정에서 질문자의 능력이 꾸준히 성장해왔으며, 이를 시험하는 순간까지 염원을 달성하고자 노력하고 있기에 비교적 부정적인 영향이 줄어들었다(17, 4s, 12, Qc).

④ 12(과거) 긍정적인 영향을 받았다. 이는 가족(특히 부모)의 헌신적인 지원에 힘입어 질문자가 성장할 수 있었고, 제 능력을 인정받고자 질문과 같은 과업을 선택했다는 것을 암시한다. 나아가 선택에 따른 책임감 있는 행동이 주위의 신뢰를 얻고 있기에 주변에 질문자의 노고를 모르는 이가 없었다는 것을 알 수 있다(10w, 2p, Np, 14).

⑤ 1(현재/곧 일어날 일) 긍정적인 영향을 받았다. 질문자가 목표를 달성하려 더 뛰어난 실력을 발휘하거나 도와줄 이(학원/과외 강사)를 만나리라는 것을 의미한다. 이는 필요한 역량을 스스로/가족의 도움으로 얻는 데 수월한 환경에 놓여 있거나, 조금만 실력을 늘리면 되는 상황이므로 더 큰 희생/대가를 치를 필요가 없기 때문이다(17, 4s, 12, 2p).

⑥ 2p(미래) 긍정적인 영향을 받았다. 딱히 더 노력하지 않아도 지금 실력을 유지하는 데는 문제 없으며, 그럼에도 질문자가 노력을 멈추지 않고 더 안정적인 수준에 도달하려 하기 때문이다(17, 4s, 1, Np).

⑦ Qc(질문자의 내면) 긍정적인 영향을 받았다. 질문자가 체력/정신적으로 힘들어하면서도 자신의 목표를 이루려 몰두하는 상황을 드러내며, 외부 변수에 쉽게 흔들리지 않을 것을 강조하고 있다(17, 4s, 12, Np).

⑧ Np(제3자가 바라보는 질문자) 긍정적인 영향을 받았다. 겉보기엔 힘들어 보일 수 있으나, 지금까지 질문자가 무리 없이 충분히 목표를 향해 나아가고 있다는 것을 모두 인정하며, 질문자 또한 이런 여론에

부응해 시험을 통과할 것이라는 열의/자신감이 확고하기 때문이다 (10w, 12, Qc).

---

⑨ **14(희망/두려움)** 그동안의 노력, 시간이 아까워서라도 시험에 무난히 합격하길 바라면서도 반대로 떨어지는 것을 두려워하는 것을 쉽게 간파할 수 있다(17, 10w, Qc, Np).

---

⑩ **Ks(결론)** 긍정적인 영향을 받는다. 이는 시험 과정에서 질문자의 단순 실수나 다른 학생의 부정행위로 제 자리를 빼앗기는 등의 변수가 일어나지 않을 것이고, 질문자가 지금처럼 점진적으로 실력을 높여가기만 해도 목표 달성이 어렵지 않으리라는 것을 의미한다.

해석을 마치고, 나는 건강을 먼저 챙길 것을 당부하며, 실력은 충분히 올렸으니 기출 문제를 중점으로 풀어나가되 이를 응용한 문제를 제시해줄 수 있는 인물/문제집을 찾아보도록 권했고, 시험도 얼마 남지 않았으니 별다른 수를 억지로 짜내지 말라고 조언했다.

얼마 뒤, 그녀는 불안해하던 것과 달리 무난하게 지망한 학교에 합격하고 나서 곧장 가족과 함께 축하 여행을 다녀왔다는 소식을 전하며 기쁨을 감추지 못했다.

이 배열에서 10w는 질문자가 그동안 무리해왔고, 그 당시의 학생 대부분이 겪어야 했던 수면 부족이나 스트레스로 생긴 문제에 노출되었다는 것을 암시한다. 다행히 질문자가 자신의 수준에 맞는 목표를 설정하고 진지하게 노력해왔기에 더 큰 문제 없이 뜻한 바를 이룬 것에 가깝다.

이처럼 시험/진로와 관련한 질문에서 10w는 질문자가 소화할 수 있는 수준과 과부하에 걸리지 않을 정도를 가늠할 수 있어야 적확한 조언을 해줄 수 있다. 이에 실패하면 긍정적일 수도 있는 것을 놓치거나 거꾸로 질문자에게 큰 후유증을 남길 수 있으니 해석할 때 유의해야 한다.

실제 사례 (2006년 8월, 경기도 성남시 분당구 모처, 30대 후반 남성)

질문 애들이 내 말을 잘 듣게 하려면 어떻게 해야 하나?

사전 정보 3교대 경비 업무를 하던 주임*이었으며, 자잘한 배려로 아 랫사람들을 포섭/관리하려 했으나 직업 특성상 어려움이 많았다. 이 시기 경비업에 대한 인식은 좋지 않았으며, 근무 환경/복지가 열악한 탓에 젊은이들이 잠시 아르바이트 삼 아 1~2년 정도 근무하다가 이직하는 일이 많았다.

7p – 10w – Pc – 5w - 3s – Aw – 5s – 2s – Ps – 7c

7p (질문자 자신) 굳이 하지 않아도 될 일을 제 욕심 때문에 하려 한다.

10w (장애물) 지금 하는 일도 힘든데 부담만 늘리고 있다.

Pc (기저) 자신의 감정이나 욕망을 충족하려고 이런 일을 꾸몄다.

5w (과거) 이런저런 견제를 받았거나 상황을 자기에게 유리하게 만들려 애썼다.

3s (현재/곧 일어날 일) 계속 무리수를 두다가 다른 사람들과 갈등 을 일으킬 것이다.

Aw (미래) 크게 다투거나 화낼 일이 있을 것이다.

5s (질문자의 내면) 자신이 의도한 바를 이루는 데 필요한 것들을 모으는 과정일 뿐이다.

2s (제3자가 바라보는 질문자) 왜 저러는지 이해받지 못하거나 갈등 에 발을 담그기 싫어하는 이가 많아 주변의 지지를 얻기 힘들 것이다.

Ps (희망/두려움) 자신이 원하는 것을 얻어 목적을 쉽게 달성하길 바라면서, 한편으로는 제 의도가 들통나거나 사람들에게 호응 받지 못해 실패할까 봐 두려워한다.

7c (결과) 헛된 꿈에서 깨지 못하고 계속 엇나갈 것이다.

---

* 소장, 조장, 주임, 대원 순의 직급으로 구성되었다.

이 배열에서 10w는 2번 위치, '장애물'에 드러났다.

직장의 대인관계와 관련한 질문 특성상 질문자가 원하는 바가 무엇이며, 이에 필요한 역량이 있는지 확인해야 한다.

10w에 영향을 주는 카드는 7p, 5w, 3s, 2s다. 이로써 질문자가 바라는 것이 역량에 비해 크거나, 남의 권한을 침해/간섭하는 부분이 있다는 것을 확인할 수 있다.

그렇기에 질문자가 원하는 것을 얻으려면 굳이 지금 같은 방식을 고수해야 할 이유가 있는지 살피고, 갈등을 각오해서라도 얻으려는 것이 무엇인지를 살펴 긍정/부정적인 흐름을 읽어내야 할 것이다.

---

① **7p(질문자 자신) 부정**적인 영향을 받았다. 이는 질문자가 지금처럼 시도하는 것 자체가 무리수이고, 설령 원하는 대로 상황이 흘러가도 분풀이에 가까울 뿐 되레 주변 여론이 더 나빠지기가 십상이기 때문이다. 나아가 질문자가 단순한 온정/배려/동정이 아니라 제 나름의 이해타산을 셈하고 있다는 점 또한 부정적인 영향을 강하게 만든다(10w, Pc, 5w, 5s).

---

② **10w(장애물) 부정**적인 영향을 받았다. 이는 질문자가 목적을 달성하려 쓰는 방법이 주변(특히 상사)과 마찰을 일으키기 쉬우며, 정작 부하 직원들에게도 그리 와닿지 않는 수단을 쓰고 있기 때문이다. 거꾸로 다른 사람들이 질문자가 왜 이렇게 행동하는지 추측하면 결국 사내 정치일 뿐이라는 결론을 내고 제 위신만 더 추락하기 쉽다. 이러한 점을 확인한다면 문제를 일으킬 가능성이 크다는 것을 알 수 있다(7p, 5w, 3s, 2s).

---

③ **Pc(기저) 부정**적인 영향을 받았다. 간단히 말해 질문자의 정치력 부족을 지적하며, 나아가 질문자의 그릇이 작아 구성원/회사의 행보를 이해하지 못하거나 자기 것이라 여긴 대상을 박탈당했다고 여기

며 분개할 뿐이라는 사실을 암시한다(7p, 5w, 5s).

---

④ **5w(과거) 부정**적인 영향을 받았다. 질문자가 과거부터 원했던 것을 얻지 못해 이런 일을 꾸민 상황을 의미하며, 방법이 떳떳하지 못하다는 것을 알기에 질문자가 과거에 애써왔던 것조차 무시당하기 쉽거나, 애쓴 게 맞긴 하냐는 의심만 사람들에게 심어주기 쉽다는 점을 강조한다(7p, 10w, 5s, Ps).

---

⑤ **3s(현재/곧 일어날 일) 부정**적인 영향을 받았다. 이는 단순한 감정 다툼이나 승진 누락을 남의 책임으로 돌리거나 상대(회사 또는 상사) 업무를 방해해 제 뜻대로 길들이는 수작*을 거는 수준에 가까우며, 상대방도 이런 움직임에 불만을 제기하거나 질문자의 의도를 막으려다가 갈등이 커질 수 있다는 점을 강조한다(7p, Pc, 5s).

---

⑥ **Aw(미래) 부정**적인 영향을 받았다. 질문자가 자신의 문제를 직시하지 못하고 남에게 책임을 전가하거나 여론을 동원해 상대방을 핍박하려는 의도도 의도지만, 그만한 역량도 없이 '내 뜻대로 되면 좋고, 아니면 말고' 식으로 일을 진행하다가 문제가 커지면 누구도 돕지 않을 것이기 때문이다. 이는 아무리 부하 직원을 관리해도 과잉 대처거나 질문자에게 남을 음해할 목적이 있는 한 긍정적으로 적용하기 어렵다는 것을 알 수 있다(7p, 10w, 5w/Ps, 2s).

---

⑦ **5s(질문자의 내면) 부정**적인 영향을 받았다. 질문자가 이런 방식을 악용해 자신에게 유리한 여론을 조성하려 한다는 것을 사람들이 쉽게 간파할 수 있고, 이에 대한 보상이 선결되지 않으면 사정을 모르는 부하 직원들이 눈치만 볼 뿐 질문자의 의도에 따르지 않거나 당장 자기 앞에서만 비위를 맞출 뿐이라는 것을 암시한다(10w, Pc, 2s, Ps).

> * 갓 부임한 하사/소대장의 기를 잡는다며 병장이 어깃장을 놓는 상황이 대표적인 예다.

⑧ **2s(제3자가 바라보는 질문자)** 부정적인 영향을 받았다. 다른 이들도 질문자의 좋지 않은 의도를 알거나 갈등에 휘말리기 싫어서라도 행동을 함께하지 않을 것이며, 결정적으로 실제 어떤 문제가 생기면 질문자가 자신을 돕지 않으리라 여기기 때문이다(7p, 10w, 3s, Ps).

⑨ **Ps(희망/두려움)** 큰 비용 지출이나 피해 없이 제 목적을 달성하기를 바라며, 되레 자신이 궁지에 몰리면 책임을 전가하고 도망치려 한다는 것을 암시한다. 이는 질문자 자신이 문제의 원흉이라 여겨질까 봐 두려워 이런 계획/수단을 쓰지만, 이 방식으로도 문제를 해결할 수 없을까 봐 걱정하고 있다(10w, 5w, 5s).

⑩ **7c(결론)** 부정적인 의미가 적용된다. 질문자가 원하는 바가 이루어질 수 없는 망상이라는 것을 지적하며, 자신이 위태롭거나 비난받아도 '난 옳았어'라는 생각에 젖어 문제를 해결/개선하려 하지 않을 것을 암시한다.

해석을 정리하며, 이 사안이 사내 정치와 관계있다는 것을 알고 나는 헛웃음을 지을 수밖에 없었다. 그가 부하 직원들의 인망을 살 수단으로 제시한 것이 고작 점심/저녁을 같이 먹으며 제 반찬을 나눠주고(밥을 사주는 것도 아니다!) 이른바 밥상머리 교육을 빙자해 여론몰이를 시도하려 했기 때문이었다.

그는 어이없어하는 내 표정을 자신의 의견에 대한 동의로 착각했는지, 이런 수단을 쓰는 이유를 말했다. 그동안 근무지에서 일하다가 팀장 자리가 공석이 되자 자신이 그 자리에 앉을 것이라 예상했는데, 지점에서 엉뚱한 이가 내려와 근무지 사정도 모르고 제 방식만 고집하니 애들만 고생한다며 자신을 두둔하는 것이었다.

나는 조언해도 들을 상황이 아니라 여겨 그저 싸우지만 말라고 당부했으나, 결국 그는 두세 달 뒤 팀장에게 대들었고, 제 딴에는 제 편이라 여긴 직원들이 나서주길 바랐으나 그 누구도 나서지 않아 체면만 깎인 채 얼마 버티지 못하고 근무지를 옮겨야 했다.

이 배열에서 10w는 의지는 차고 넘칠지언정 명분/역량이 부족한 이가 수단마저 세련되지 못하고 저열한 방식으로 무리수를 두면 어떤 결말을 맞는지 보여준다.

주임이라 해도 정직원은 아니었기에 공적으로 발언권이 주어질 리 만무한 상황에서 여론을 만들려던 것도 문제지만, 그 수단조차 전혀 효과가 없었기에 실패하는 것이 당연했다.

이처럼 대인관계, 그것도 특정 조직에서 알력과 관련한 질문은 명분, 역량, 여론, 시기 등을 치밀하게 조율해야 하기에 10w가 나왔을 때는 부정적이기 쉬우며, 긍정적이어도 질문자의 본래 목적/성향을 장기간 드러내지 않거나 꾸준한 노력이 선행해야만 긍정적인 효과를 누릴 수 있다는 점을 주의해야 한다.

완드에 관한 작은 이야기

완드 요소는 결국 마음의 불꽃이다.

자신을 불사르더라도 나아가려는 의지이자, 삶을 이어가는 무형적인 원동력의 핵심이다.

이를 쉽게 묘사하면, 한창 젊은이들이 좌충우돌하며 뜻대로 살아보려 몸부림치는 모습 또는 나이 지긋한 이들이 소일거리조차 없어지면 쉬이 기력이 쇠하거나 치매가 오는 모습이 좋은 예다.

삶에서 완드 요소가 없다면 자신이 나아갈 길을 잃어버리고, 뜻을 세우지 못하는 모습으로 나타난다. 아이들의 꿈이 변하지 않되 안정적인 것을 지향하기 시작하면 그 사회는 활력을 잃고, 개인은 자신이 왜 살아야 하며 어떻게 죽고자 하는지 그 뜻을 세우지 못한다.

처음에 그 의지를 높이 세우려 한 집단들은 전성기/절정을 지나면서 서서히 추진력을 잃거나, 본래 내세웠던 뜻을 왜곡하고 사문화하며 급격히 퇴보한다. 자유를 외치는 곳에 자유가 없고, 민주주의를 외치는 곳에 민주주의가 없으며, 평등을 외치는 자들이 자신과 같은 의견/집단/이상/역량/기반을 지니지 않았다는 이유만으로 차별을 일삼는 촌극이 벌어진다.

그러나 그 끝에 닿아 위기감이 팽배하면 역설적이게도 본질, 초심으로 돌아가려 (겉보기로나마) 애쓴다. 시작할 때 내세운 것으로 성공해봤으니, 이 어려운 상황을 이겨낼 수 있는 것도 '우리가 성공할 수 있었던 방식이 답'이라고 생각하며 매달린다. 그러나 과거에 이를 왜 기치로 삼을 수밖에 없었는지 분석하는 과정은 생략하거나 제 입맛에 맞는 것만 고르기 때문에 실패할 수밖에 없고, 설령 제대로 과거와 같은 시도를 하는 데 성공해도 재기에 실패한 채 대부분 멸망하고 만다.

삶의 방향을 잃은 상황을 회복하거나 미리 방지하려면 '나는 왜 사는가?', '나는 이 일을 왜 시작했는가?'를 늘 생각해보아야 한다.

어릴 적에는 누구나 이 질문을 했지만, 의미 없다고 여기거나 현실에 도움이 안 된다는 생각과 다른 사람들의 잔소리로 이에 대한 사색을 포기하는 사람이 많다.

이러한 사색으로 (아무리 단순하더라도) 답을 찾아냈다면, 해야 할 일과 하지 않아야 할 일을 사소한 것이라도 구별한 뒤 행동해보자. 이 과정으로 마음의 불씨Spirit를 발견하고 키울 수 있을 것이다.

이런 모든 것은 무형적이기에, 사람들은 '꼭 그렇게까지 해야 하나', '참 인생 피곤하게 산다', '세상 혼자 사는 줄 아냐', '밥은 먹고 살아야지' 식의 핀잔과 참견을 일삼기 마련인데, 이때 완드 요소로 대변되는 가치들이 힘을 잃기 쉽다. 그러나 되새겨 생각해보라. 내가 목표를 이루려면 다른 것이 필요한 것뿐, 다른 것을 갖춰놓아야만 이루고자 할 수 있다는 전제는 무언가 이상하지 않은가? 만약 이를 느끼지 못한다면 그건 분명 문제가 있다.

보통 이런 상황은 ① 본래 내가 원한 모습이 지금 벌어진 현상과 가깝기 때문이거나, ② 나를 제 뜻대로 움직이려는 외부 세력/인물의 유혹과 개입에 굴복했기 때문이며, ③ 누가 보더라도 현실이 너무 가혹하기에 뜻을 펼치고 싶어도 펼칠 수 없는 상황이기 때문이다.

그렇다면 문제를 하나씩 없애면 된다. 조악하나마 예를 들어보자면, 그림을 그리고 싶은 사람이 그림을 그림으로써 자신만의 행복을 얻으려는 걸까? 그게 아니라면 그림으로 상업적 성공을 거두려는 걸까? 그도 아니라면 자신의 그림을 보고 사람들이 특정한 감정을 얻어가길 바라는 걸까? 그저 남의 관심을 잠시 얻는 것만으로도 충분하다고 여기는 걸까?

그냥 다 비슷한 이야기처럼 들리는가? 아니다. 각각 선택마다 해야 할 일과 하면 안 되는/할 필요 없는 일의 종류, 선택 경로가 모두 다르다. 물론 일정 수준 이상으로 진행하는 데 성공한다면 겹치는 부분이 있으며, 어느 하나만 얻는 게 아니라 모두 다 얻을 수도 있으리라(아마 그림을 그리는 분께서 이 글을 읽고 계신다면 이 말의 차이를 인지하셨으리라 감히 짐작해본다).

이 과정이 험난하더라도 시도조차 해보지 못한 채 속이 곪아가면 결국 자기 자신과 주변을 망치기 시작한다. 차라리 나를 나답게 해주는 것이 무엇인지 조금이나마 파악해간다면 자신에게는 더없이 소중한 가치를 달성하는 여정을 시작할 수 있으며, 끝내 자아실현의 순간을 맞을 수 있다. 그에 못 미치더라도 의미 없는 반복된 삶보다 더 나은 내일을 맞고자 궁리하는 태도를 이어갈 수 있다.

다시 언급하지만, 완드 요소는 결국 마음의 불꽃이다. 생기 잃은 이의 눈처럼 절망을 보여주는 것이 없듯, 각자의 마음속에 아무리 하찮고 별것 아니더라도 무언가를 추구하려는 의지가 있는 한 불타오를, 빛낼 준비가 되어 있다면 언제든 발화할 것이다.

자기 자신이 불타오르더라도 살면서 단 한 점의 후회조차 남기지 않고자 앞으로 나아가는 것. 바로 이것이 순수한 영Spirit이 사람에게 주는 영향이다.

감사의 말

고마운 친구 황민우와 김동석 편집자님. 두 사람 덕분에 지금의 타로 카드 총서가 세상에 나올 수 있었습니다.

늘 응원과 도움을 아끼지 않으신 성훈 형님, 불원천리 달려와 도움을 주신 금은주 선생님. 두 분 덕분에 더 긴 시간을 들이지 않고 타로 카드 총서가 이어질 수 있었습니다.

그리고 과거에 운영하던 커뮤니티에서 강의를 들어주신 분들의 열띤 참여 덕에 총서를 쓰는 기간 동안 어려움을 덜 겪을 수 있었습니다.

과거부터 현재까지 여러 사연으로 만남과 헤어짐을 반복한 인연들에도 감사를 전합니다. 모두 각자의 삶 속에서 빛을 잃지 않기를 바랄 따름입니다.

이 글을 쓰는 동안 버티는 데 성공한 내 육신에게도 수고했다고 말해주고 싶습니다. 요로결석, 당뇨, 관상동맥 기형, 거북목, 소화불량, 빈혈 등 책 한 권 쓸 때마다 이번에는 어디가 아플까 걱정하고 무슨 일만 하면 몸이 아프냐고 헛웃음을 짓는 자신이 웃기고 슬플 따름이지만, 인제 와서 발걸음을 멈출 수는 없으니 조금만 더 힘내주기를 바랄 뿐입니다.

끝까지 응원과 격려를 멈추지 않고, 언제나 밝지는 않더라도 지지고 볶으며 살아 있음을 느끼게 해주는 내 아내에게 평생에 걸쳐 감사함을 전합니다.

마지막으로 이 글을 기다리고, 끝내 구매해 읽어주신 여러분에게.

어떻게든 친절하고 쉽게 쓰려고 했으나 막상 줄이면 잘못 이해했을 때의 부작용이 클 것을 염려해 말이 길어질 수밖에 없었습니다. 여러분들의 성원이 있었기에 힘들 때도 기운 내며 어떻게든 앞으로 나아갈 수 있었습니다. 고맙습니다.

더 많고, 깊고, 다양한 이야기를 새로운 공간이나 소통 방식으로 언제고 다시 찾아뵐 수 있기를 바랍니다.

이제야 첫 단락을 끝낸 타로카드 총서는 당분간 타로카드를 학습할 때 필요한 지식이라 여겨지는 내용을 엄선해 다룰 예정입니다. 더 나은 글과 하고 싶은 이야기를 정리하고자 조금은 긴 휴식을 취할 수밖에 없다는 점을 미리 양해드리고자 합니다.

다만, 제 뼈가 굵고 살에 주름이 가득해지고 생이 꺼질 때까지, 그리고 그 뒤로도 타로카드 총서가 이어지도록 노력하리라는 것을, 지금 여기서 확실하게 말씀드립니다.

맺음말

사마천은 「태사공자서太史公自序」에서 밝히듯, 황제의 변덕 탓에 치욕적인 궁형宮刑을 당하고도 끝끝내 『사기史記』를 엮어내는 업적을 남겼다.

이보다는 한참 부족하지만, 나 또한 그와 같은 심정으로 글을 썼다고 감히 말하고 싶다.

점은 이제 좋지 못한 것, 나쁜 것이 되어 떳떳하게 누구에게 밝히기 힘들어졌고, 괴력난신과 미신의 마지막 보루로 여겨지곤 한다. 이제 사람들은 점을 언제 보는지, 점을 봐야 하는 이유가 무엇인지조차 잊고, 이제는 시대와 맞지 않으며 과학적이지 않기에 없어져야 하고, 점을 추종하는 이들은 혹세무민하려는 것일 뿐이라 여기며 욕하고 헐뜯기 일쑤다.

이들의 말이 틀리지는 않을 것이다. 역사 이래 수많은 요승妖僧과 거짓 선지자, 선동꾼이 세상에 혼란을 일으켰고, 특히 한국은 당장 몇 년 전에도 이 때문에 국난을 겪었기 때문이다.

앞을 바라본다는 말초적인 욕망은 잠시일 뿐, 이 모든 것은 결국 사람을 이해하고자 만들어진 도구라는 점을 설명하고 싶었지만, 이제 이런 이야기를 들어줄 사람도 없고 말하더라도 구석에 추레하게 남아 사람들의 곁눈질과 무관심을 받으며 사그라들 것이라 자조하며 이 이야기를 모두 묻어두려 했다.

그러나 해석편에서 언급한 한 명 한 명의 서사는 희비를 떠나 하나하나가 생의 빛나는 궤적이었다. 때로는 그 자체로도 귀중하고 아름다우며 찬란한 사례들을 함께 바라보고 기뻐했으며, 때로는 깊디깊은 어둠 속에 침잠하는 것을 보며 안타까워했다. 이를 지켜보고, 바꾸고, 더 나아갈 수 있게 도운 수많은 경험이 쌓이며 내게 일말의 소명 의식을 심어주기에 이르렀다.

별 볼 일 없고 시답잖고 하찮은 것으로 치부돼온 분야이지만, 그렇기에 그 나름의 가치를 증명해가는 것이 여생의 과업이라 여기고 앞으로 나아갈 뿐이다.

정작 여기까지 글을 써왔음에도, 앞으로 이어질 시간이 얼마가 될진 모르나 이제야 말하려는 바를 말할 수 있게 되었다는 기쁨보다는 이제야 누군가를 가르칠 최소한의 자격이나마 간신히 채운 것 아닐까 하는 반성만 할 뿐이다.

나아가 이제는 누구도 믿지 않지만, 과거에는 믿었던 이야기들이 왜 묻혔으며 어떻게 사라져갔는지 이야기하고자 노력해보고 싶다.

이 마지막 바람을 끝으로, 많은 실수를 저지르고 어설폈으며 서투르다 못해 내내 말썽만 일으켰던 젊은 시절의 과오를 딛고, 그래도 마지막에는 어떻게든 약속을 지켜냈다는 것을 핑계 삼아보려 한다.

2023년 2월.
행주에서 가장 살기 좋은 곳의 배다리 위에서.